KB038943

프레너미 파트너스

FRENEMY PARTNERS

* 이 도서의 국립중앙도서관 출판시도서목록(CIP)은 e-CIP홈페이지(http://www.nl.go.kr/ecip)에서
이용하실 수 있습니다. (CIP제어번호 : CIP2011001852)

[FRENEMY = FRIEND + ENEMY]

FRENEMY PARTNERS

프레너미 파트너스

복수노조시대 리더들을 위한
노사관계 변화전략과 필수 법률지식

구건서 · 전혜선 지음

이제 대한민국에서도 복수노조시대가 본격적으로 시작된다. 그럼에도 기업이나 노동조합에서는 이에 대한 충분한 대비를 하지 못하고 있는 것이 사실이다. 복수노조는 '쓰나미'와 같이 노사관계에 대한 근본적인 변화를 가져올 수 있는 중대한 사안임에도 그저 '잘되겠지!', '뭐가 문젠데?'라고 대수롭지 않게 취급하는 조직이 많다. 그러나 그렇지 않다. 복수노조와 산별노조, 그리고 비정규직 문제가 한꺼번에 터지게 되면 국제경쟁, 무한경쟁시대에 큰 걸림돌이 될 수 있다. 특히 복수노조의 원년인 2011년이 대한민국 노사관계의 시금석이 된다. 노사관계는 기업경영에서 가장 중요하고도 긴급한 현안이므로 CEO, 임원을 비롯해서 부서장, 중간관리자, 노조간부 등 리더들은 노사관계의 기본을 정확하게 알고 노사관계를 잘 풀어내야 한다.

그냥 잘 푸는 것이 아니라 진짜 잘해야 한다. 대한민국은 인적자원을 활용하는 것 외에는 부가가치를 만들어내는 천연자원이나 돈이 될 만한 특별한 자산이 없다. 외국에서 원자재를 구입해서 그것을 새롭게 가공하여 외국에 내다 팔고 그 차액을 임금과 이윤으로 나누어 가지는 단순한 구조다. 기업이 이윤을 창출하고 노동자가 임금을 가져가려면 양 당사자 관계인 노사관계의 안정이 무엇보다 중요할 수밖에 없다.

1987년 이전이 경제성장을 위한 노사관계의 '암흑기'였다면, 1987년부터 2010년까지는 민주화를 거쳐 세계화를 향해가는 노사관계의 '대립기, 혼란기'가 된다. 이제 2011년부터는 국제경쟁, 무한경쟁, 모바일 디지털 환경 속에서 대한민국이 살아남기 위해서 암흑, 대립, 혼란을 벗어버리고 노사관계를 참여협력적인 '안정기'로 바꾸어야 한다. 복수노조와 전임자급여금지를 바탕으로 한 집단노사관계법이 적용되는 현실에서 산업현장의 노사관계는 어떻게 변화해야 하고 리더들은 어떤 행동을 해야 하는지에 대한 가이드북이 필요한 시점이다.

이 책은 복수노조시대에 기업이 생존하기 위해서 리더들이 꼭 알아야 할 '노사관계와 노동법'을 알기 쉽게 정리했다. 복수노조와 교섭창구 단일화, 전임자급여금지와 근로시간면제Time off, 산별노조와 산별교섭, 불법파견과 위장도급 등 핵심쟁점과 함께 복수노조시대 노사관계 변화전략 및 개인과 기업의 통합에 대해 기본적인 내용을 설명하고 있다.

노사관계는 현장이 가장 중요하다. 노사, 인사, HR부서는 지원조직일 뿐이고 실제로 현장에서 조직을 움직이는 사람들이 노사관계의 핵심이 된다. 따라서 이 책은 노사관계나 인사관리, HR부서에 있는 사람만이 아니라 부하직원을 한 명이라도 두고 있는 리더들에게 꼭 필요한 가이드북 역할을 할 것이다. 꼭 일독을 권하고, 읽는 것으로 그치지 말고 실천하는 리더가 되었으면 하는 욕심을 가져본다.

2011년 4월
구건서 노무사
전혜선 노무사

머리말 · 5

제1부 잡노마드시대 노사관계의 황금률

01 자본주의와 노사관계, 2인 3각 경기를 함께하는 파트너 ·············· 13
02 무한경쟁 · 국제경쟁과 노사관계 변화전략 ··········· 20
03 대한민국 노 · 사 · 정, 어디쯤에 와 있나? ··········· 26
04 대한민국 노 · 사 · 정, 이것만은 기억하자 ··········· 35
05 근로기준법의 노동자, 노동조합법의 노동자 ··········· 52
06 단체교섭과 경영참가의 전략적 활용 ··········· 57
07 정당한 쟁의행의와 부당한 쟁의행위, 그리고 민 · 형사상 책임 ······ 67
08 최후의 수단으로서의 해고권과 파업권 ··········· 72
09 노조를 위협하는 회사의 교육훈련? ··········· 78
10 중간관리자는 사용자의 이익대표자인가? ··········· 83
11 무교섭 타결, 회사 측에의 임단협 위임의 함의 ··········· 88
12 한미 FTA와 노사관계 경쟁력 ··········· 92
13 일자리 창출과 교육제도의 변화 ··········· 97
14 우리 세대, 일하는 모든 이들에게 ··········· 104
15 노사 커플을 위한 주례사 ··········· 117
16 니 편? 내 편? 우리 편! ··········· 122
17 스스로, 함께, 더 크게, 프레너미 파트너스 ··········· 125
18 '50세주'로 바라본 노사관계 ··········· 128
19 싸움은 말리고 흥정은 붙이고 ··········· 130
20 잡노마드시대의 노사관계 ··········· 133
21 경제위기와 1만 시간의 법칙 ··········· 137
22 부족한 1%를 채우는 노사관계 ··········· 141
23 노사관계, 공짜는 없다 ··········· 144
24 자존심을 지키는 노사관계 ··········· 148

제2부 복수노조시대 노사관계와 필수 법률지식

Part 1 _ 복수노조제도의 성격과 핵심 쟁점
01 복수노조의 전면허용, 어떤 변화를 가져올까 ·············· 155
02 2011년 6월 말까지 금지되는 사업장 내 복수노조 형태 ·········· 157
03 기업 내에서 복수노조는 어떻게 만들어질까 ·············· 159
04 현행 노동조합법상 복수노조제도의 주요 내용 요약 ·········· 161
05 노조자유설립주의와 복수노조 전면허용에 따른 법적 문제 ········· 163
06 복수노조시대, 사용자와 노동조합에 예상되는 문제 ·········· 167
07 복수노조와 노동조합의 경쟁력 ·············· 172
08 복수노조와 교섭창구 단일화의 연혁 및 쟁점 ·············· 178
09 현행 노동조합법의 교섭창구 단일화 입법내용 ·············· 188
10 교섭요구노동조합의 확정절차 ·············· 192
11 교섭대표노동조합의 결정절차 ·············· 199
12 복수노조 유형별 교섭대표노동조합 결정 및 교섭방식 ·········· 209
13 교섭창구 단일화의 예외와 교섭단위 분리 ·············· 214
14 교섭대표노동조합의 지위와 공정대표의무 ·············· 218
15 복수노조와 부당노동행위 ·············· 229

Part 2 _ 전임자급여금지와 근로시간면제(타임오프)
16 전임자급여지급금지의 연혁과 외국의 사례 ·············· 235
17 근로시간면제(타임오프) 한도의 이해 ·············· 240
18 근로시간면제(타임오프) 한도 적용 기준(노동부 매뉴얼) ········· 242
19 노조 재정으로 부담하는 노조전임자 관련 기준 ·············· 256

Part 3 _ 산별노조와 산별교섭
20 산별노조의 개념과 산별교섭에 대한 시각 ·············· 260
21 산별노조의 설립과 운영 ······························· 262
22 산별노조와 산별 단체교섭 ··························· 265
23 산별 단체교섭의 절차 ······························· 268
24 산별 노동조합과 쟁의행위 ··························· 271
25 산별노조와 산별교섭의 흐름 ······················· 272

Part 4 _ 불법파견과 위장도급: 도급과 파견의 구별기준
26 일 시킨 사람이 법적 책임을 진다는 원칙 ············ 280
27 실질이 형식을 앞선다는 원칙 ····················· 284
28 도급과 파견의 구별기준 ··························· 287
29 근로자파견의 판단기준에 관한 지침 ··············· 295

제 1 부

●

잡노마드시대
노사관계의 황금률

결혼식은 지금까지는 혼자 달리기를 했지만 이제는 상대와 함께 인생이라는 달리기를 하는 동반자 관계를 형성하겠다는 예식이다. 노사관계도 서로가 서로를 필요로 해서 만난 동업자다. …… 인생의 동반자를 선택하고 성스러운 결혼식을 올리는 것과 마찬가지로 이제 노사관계에서 서로의 동업자를 만나는 자리도 성스럽게 예의를 갖추어야 한다. 명칭이야 뭐라고 하든 서로가 서로를 존중하고, 꿈을 가지고, 상대의 가슴에 상처 주지 않고, 거짓말하지 말고, 상대를 비교하지 않을 것을 다짐하는 '근로계약식' 행사를 만들어야 한다.

01 자본주의와 노사관계, 2인 3각 경기를 함께하는 파트너

노사관계를 둘러싼 혁명적인 환경의 변화

세상은 그야말로 정신을 차릴 수 없을 정도로 빠르게 변하고 있다. 많은 사람들이 21세기의 대표적인 키워드로 '세계화·모바일디지털화·창의지식기반경제화'라는 세 가지를 거론한다. 보는 시각에 따라 다를 수 있지만 대체적으로 공감할 수 있는 것들이다.

자본주의 경제는 지난 400여 년 동안 매세기 혁명적인 변화를 거쳐왔다. 17세기는 상업혁명의 시대였으며, 18세기는 증기기관과 기계가 최초의 산업적 활용을 가져온 1차 산업혁명의 시대였다. 19세기는 철강과 화학 산업이 주도한 2차 산업혁명의 시대였으며, 20세기에는 전기모터와 내연기관을 활용한 3차 산업혁명이 전개되었다.

제1의 물결인 농업혁명을 거쳐 제2의 물결인 산업혁명을 지나서 이제 21세기에 들어서 있다. 21세기는 지식과 정보의 활용을 주축으로 한 지식정보혁명이 진행되는 시기이다. 제3의 물결과 제4의 물결이 함께 몰아치는 것이다. 지식정보혁명을 제3의 물결로 평가한다면 창조혁명은 제4의 물결이 될 것이고, 만약 지식정보와 창조를 하나로 묶어서 제3의 물결로 평가한다면 이제 우리는 제3의 물결의 반환점을 돌고 있는 것이다. 어떤 견해를 취하든 산업혁명의 단계를 지나 창조적인 지식을 중심으로 하는 새로운 세상이 펼쳐지고 있다. 그것은 바로 세계화·모바일디지털화와 함께 21세기를 풍미하는 흐름이 될 것이다.

먼저 세계화에 대해 살펴보자. 자본주의에서는 모든 것이 시장에서 거래되는 특징을 가지고 있다. 상품시장, 자본시장, 노동시장 등등……. 그리고 지금 언급한 가장 중요한 세 가지 시장의 개방 정도는 우리나라가 이미 세계 경쟁의 한복판에 있다는 평가를 가능하게 한다. 상품시장은 이미 100% 가까이 개방된 상태. OECD 가입을 계기로 확산된 시장개방은 이미 농산물까지 개방할 수밖에 없는 상황으로 변했다. 농자천하지대본이라는 말로 농업의 중요성을 역설하던 때가 엊그제인데 농업이 우리 경제에서 차지하는 비율은 극히 미미한 수준으로 떨어졌다.

자본시장은 어떤가? 자본시장 역시 IMF 사태를 계기로 빗장이 열리기 시작하여 이제는 약 50% 정도가 개방되어 있다. 외국 자본이 차지하는 비중이 자본시장의 반을 차지한 것이다. 국가는 대한민국이고 우리나라라고 하지만 경제의 절반은 이미 다른 외국 자본이 떠맡고 있다. 이런 외국 자본이 한꺼번에 이탈한다고 가정해보면 끔찍하기 이를 데 없다. 그야말로 한국경제가 그 자리에 폭삭 주저앉을 것이기 때문이다.

이제 마지막으로 노동시장이 서서히 빗장이 열리는 단계에 와 있다. 3D 업종을 중심으로 외국인노동자나 불법취업자가 노동력의 대부분을 차지하고 있다. 이들이 없다면 중소기업은 심각한 인력난으로 공장 자체를 닫아야 한다. 한편 컨설팅업계를 중심으로 외국의 고급 인력도 증가하고 있다.

전체적으로 노동력의 약 10%에서 20% 정도는 개방되어 있다. 앞으로 그 속도는 점점 빨라질 것으로 예상된다. 얼마 지니지 않아 우리는 중국이나 미국 등 다른 나라로 품을 팔러갈 처지로 전락할 수 있다. 일자리가 충분치 않으면 바깥에 나가서라도 소득을 올려야 한다. 많은 사람들이 벌어먹고 살기 위해 외국의 일자리를 찾아봐야 한다. 그러기 위해서는 세계 공통어인 영어를 자유롭게 쓸 수 있어야 한다. 영어는 이미 미국이나 영국 등에서만 사용하는 국지적인 언어가 아니다. 세계공용어로 쓰이는 언어이다. 심지어 우리는 미국과 전쟁을 하던 이라크의 공보장관이 영어로 브리

핑을 하는 모습을 보기도 했다. 21세기는 영어를 사용하지 못하는 사람은 벌어먹고 살기 팍팍해지는 사회이다.

모바일디지털화는 생활 곳곳을 바꾸고 있다. 디지털 시대는 컴퓨터를 통해서 모든 것이 처리되는 사회이다. 따라서 컴퓨터를 모르면 바보 취급을 받는다. 모든 것은 컴퓨터를 중심으로 변해간다. 일상생활에서부터 업무에 이르기까지 컴퓨터가 우리 생활의 대부분을 지배한다. '모바일 유비쿼터스'라는 용어가 유행이다. 언제 어디서든 스마트폰과 컴퓨터만 있으면 모든 것을 처리할 수 있는 사회인 모바일 유비쿼터스 환경이 도래하고 있는 것이다. 디지털을 모르고는 생활 자체가 힘들다. 그럼에도 생산현장에 있는 노동자들은 디지털 환경에서 멀어져 있다. 육체노동을 중심으로 하는 3D 업종에 종사하는 노동자들도 마찬가지다. 디지털 격차는 바로 빈부 격차로 이어진다. 종전에는 경제학에서 '빈곤의 악순환'을 얘기했다. 마찬가지로 21세기는 디지털 격차가 바로 빈곤의 악순환을 대신한다. 아버지가 디지털을 모르면 아들도 디지털에 대한 접근이 어렵고, 그 아들도 마찬가지다. 그러므로 디지털 격차를 줄이는 방안을 강구해야 한다.

창의지식기반경제화는 가장 중요한 변화다. 노동자들은 그동안 자본에 종속되어 노동을 제공하는 입장이었다. 산업사회에서 노동은 다른 사람의 지휘명령을 받는 종속노동을 의미했다. 시대가 바뀌어 이제는 창조적인 지식을 가진 노동자들이 생산수단을 소유하고 경영자와 대등한 입장에서 경쟁하거나 부가가치를 창출할 수 있는 상황으로 변했다. 이제 노동자는 단순히 시키는 일만 하는 피동적인 입장에서 스스로 판단하고 스스로 결정하는 경영자의 입장으로 바뀌어가고 있다. 즉, 창조적인 지식노동자는 자기를 경영하는 경영자로 보아야 한다. 지금까지 월급만큼만 일하는 월급쟁이 마인드가 있었다면 이제부터는 자기의 창조적인 지식가치와 관계가치를 제공하고 이렇게 자기를 잘 경영한 대가를 받는 경영자의 마인드가 필요하다.

2인 3각 경기의 주자 혹은 2인용 자전거를 함께 타는 파트너

자본주의 사회에서 개별 근로관계는 두 사람이 각자 다리 하나씩을 하나로 묶고 뛰는 '2인 3각 경기'와 비슷하다. 두 사람이 서로 상대방을 배려하고 호흡을 상대방에게 맞춰주지 않으면 절대 이길 수 없는 게임이 2인 3각 경기이다. 노사관계는 노동자(노동조합)와 경영자(자본가) 양 당사자가 서로 한 다리씩 묶고 함께 뛰는 경기이지 혼자만 열심히 해서 이기는 게임이 아니다. 이러한 게임의 기본을 이해하지 못한다면 함께 경쟁에서 탈락하는 것은 자명하다고 할 수 있다.

한편, 집단적 노사관계는 '둘이 타는 자전거'와도 비슷하다. 혼자 자영업을 하는 경우를 혼자 타는 자전거로 본다면, 둘이 타는 자전거는 서로 역할분담이 필요하다. 경영자는 앞에서 핸들을 잡고 자전거를 조종하는 역할이 주된 임무이고 노동조합이나 노동자들은 동력을 만들어내는 역할이 주된 임무가 된다. 물론 경영자도 필요에 따라서는 동력을 만드는 역할을 겸할 수 있고 반대로 노동자들도 핸들을 조종하는 역할을 겸할 수 있다. 왜냐하면 노사관계는 자전거를 함께 타는 '공동운명체'이기 때문이다.

현재 우리의 가장 큰 문제점은 바로 이러한 자본주의와 노사관계에 대한 기본적인 이해가 부족하다는 것이다. 자본주의는 영업의 자유와 계약자유를 이념적 기초로 하고 있다. 노사관계 역시 계약자유를 기초로 이루어진 합리적인 거래관계이면서 인간관계이다. 그리고 경쟁의 원리가 통용되는 사회적 관계라고 할 수 있다. 다만 사회적 세력관계에서 약자인 노동자를 보호하기 위해 노동법을 만들어서 기본적인 근로조건을 보장하고 노동조합을 통한 집단적인 노동력의 거래를 인정하는 시스템을 두고 있을 뿐이다.

노동력만 가지고 있는 노동자는 이 노동력을 기업에 제공하고 임금을 받아 생활한다. 반대로 노동력이 필요한 기업이나 조직은 노동자를 고용하고 그 대가로 임금을 지급한다. 이렇게 보면 노동자는 기업이 필요하고 기업은 노동자가 필요한 관계가 형성된다. 노동력만 가지고 있다고 하더라도 이를 팔지 않으면 먹고살 수 없는 것이 현실이고, 공장이나 사업장을 가지고 있더라도 이를 움직이는 노동자가 있어야 부가가치를 창출할 수 있다. 노와 사는 이와 같이 서로가 필요해서 만난 관계이다.

그런데 서로가 필요해서 만났지만 만들어낸 부가가치를 나누는 과정에서는 다툼이 발생할 수 있다. 서로 자기의 몫을 더 챙기겠다는 것 자체가 비난받아야 할 대목은 아니다. 오히려 자연스러운 현상이다. 따라서 더 달라는 노동조합이나 덜 주려는 사업주나 모두 정당성을 가지고 있으며 합리적인 인간의 모습을 보여주는 것이다.

다만 노사관계는 1회성으로 끝나는 단타적인 거래관계라기보다는 매일매일 반복되는 계속적인 인간관계라는 특수성이 있음을 인정해야 한다. 따라서 분배문제를 협상하는 과정에서도 상대가 손해를 보고 내가 이득을 보는 승-패게임Win-lose Game을 해서는 안 된다. 오히려 상대도 이득을 보고 나도 이득을 보는 승-승게임Win-Win Game이 되도록 해야 한다.

또한 노사관계는 2중적인 성격을 가지고 있다는 점도 중요하다. 한편으로는 부가가치를 공동으로 만들어내는 관계에 있지만 반면에 그 부가가치를 나누어 가지는 관계도 있다. 부가가치를 만들어내는 관계를 생산과정이라 하고 나누어 가지는 관계는 분배과정이라고 한다. 즉, 생산과정과 분배과정이 함께 맞물려 돌아가는 시스템이다. 경영자는 생산과정에 중점을 두지만 노동자나 노동조합은 분배과정에 중점을 두고 노사관계를 바라본다. 똑같은 노사관계라고 하더라도 각 이해당사자가 바라보는 관점이 틀리기 때문에 노사갈등은 항상 존재하고 앞으로도 계속해서 존재할 것이다.

문제는 서로 상이한 관점을 어떻게 조화롭게 조정할 것이냐에 달려 있다. 부가가치를 만들어내는 과정에서는 굳이 노사가 싸울 필요가 없다. 생산과정에서는 최대한 많은 협조를 통해 더 많은 부가가치를 창출하고 이렇게 만들어진 부가가치를 어떻게 나눌 것인가에 대해서는 합리적이고 공정한 거래관계가 형성되어야 한다. 공정한 분배원칙을 만들어서 서로가 손해 보지 않는 방법을 찾아낸다면 싸우지 않고 노사가 함께 사는 길을 찾을 수 있다.

또한 인간이기 때문에 감정으로 치닫는 사례가 많은데, 이는 경계해야 한다. 근로조건을 결정할 때에는 서로 유리한 조건을 얻어내기 위해 다투거나 협상이 결렬될 경우도 있다. 그러한 싸움이나 대립은 서로가 좋은 조건을 확보하기 위한 과정일 뿐이므로 개인적인 감정을 개입시키지 말아야 한다. 교섭과정을 거쳐서 서로 간의 근로조건이 정해졌다면 정해진 근로조건 속에서 최대한의 성과를 내도록 노력해야 한다. 평상시에는 협조관계를 중심으로 노사관계를 형성하는 것이 중요하고 1년에 한 번 정도 서로 간의 근로조건을 정하기 위한 교섭과정에서는 대립관계로 들어갈 수도 있다. 대립은 노사관계의 극히 일부분일 뿐이다. 즉, 노사관계는 80%의 협조와 20%의 대립을 전제해야 한다. 80%의 대립과 20%의 협조라면 머지않아 그 기업은 사라지는 운명을 맞게 될 것이다.

21세기는 무한경쟁의 세계화 시대로서 어느 분야든지 일류가 되지 않고는 살아남기 힘들다. 1등과 2등의 차이가 엄청나고, 1등만 살아남고 1등이 모든 것을 차지한다는 것이 무한경쟁 시대의 생존법칙이다. 이러한 시대에는 사용자와 노동자가 '제로섬^{zero sum} 게임'을 할 것이 아니라 노사협력하에 경제적 성과를 극대화시킨 다음 양쪽 다 크게 분배받는 '플러스섬^{plus sum} 게임'을 해야 할 것이다.

역사적 교훈과 21세기의 시대적 특성을 고려하면 앞으로 노사관계가 가야 할 방향은 분명하다. 즉, 노사관계 혁신을 통한 공존공영이냐 아니면 투쟁을 통한 권익확보라는 구시대적 발상에 집착하여 공멸의 길을 갈 것이냐의 두 갈래 선택이 있을 뿐이다.

진정한 노사화합은 쌍방이 서로의 존재가치를 인정하는 자세를 기본 전제로 한다. 사용자는 투명하고 합리적인 경영으로 기업의 사회적 신뢰를 쌓으면서 창출된 이익을 공정하게 배분해야 할 것이다. 또한 노사간 정서적 교감을 증진하는 노력도 중요하다. 노동자들도 기업의 경제 사정이 어려울 때에는 양보하는 미덕을 보이고 설혹 사용자에 대한 불만으로 야기된 갈등의 국면에서도 반드시 합법적 절차를 밟아서 자신들의 주장을 펼치는 풍토를 조성해야 한다.

이러한 노사관계 시스템을 이해하지 못하면 서로 상대를 망하게 만들기 위해 고민하는 부적절한 관계가 형성된다. 자본주의 시스템과 노사관계 시스템을 잘 이해하고, 협조해야 할 때와 싸워야 할 때를 잘 가리는 지혜가 필요하다.

02 무한경쟁·국제경쟁과 노사관계 변화전략

극한의 경쟁환경에서 노사 공동의 대응이 필요하다

21세기는 '무한경쟁의 시대'이면서 '1등만 살아남는 시대'이다. 모든 것이 국제적으로 분업화된 사회에서 국제경쟁에서 밀려나면 생존 자체가 위협을 받을 수밖에 없다. 국제경쟁을 중심으로 바라보면 기업 내 노사관계는 경쟁에 동참하고 있는 파트너 관계가 된다. 버리고 갈 수 없는 동업자이기도 하다.

우선 큰 틀에서 우리는 미국·유럽·일본을 중심으로 하는 선진국과 중국·동남아를 중심으로 하는 후발 개발도상국 사이에 존재하고 있다. 자칫 잘못하면 미국과 중국 사이에 끼인 넛크래커(호두까기 기계 속의 호두) 신세가 된다. 양쪽에서 협공을 당하면서도 우리끼리 서로 혼자 먹겠다고 싸운다면 그 결과는 안 봐도 뻔하다. 어부지리의 우화를 들먹이지 않더라도 함께 망하는 길이 뻔히 보인다.

우리끼리 서로 내 욕심만 차리려고 싸우는 사이에 미국이나 중국이 우리의 모든 것을 빼앗아갈 위험도 도사리고 있다. 특히 우리는 지정학적으로 중국대륙과 가깝다는 점을 기억해야 한다. 중국과 경쟁하는 기업이나 개인은 위기에 빠질 수 있다. 반면 중국이 성장하면 할수록 동반해서 성장할 수 있는 사업 아이템을 가지고 있다면 오히려 기회가 될 수도 있다. 중국과 경쟁하기 위해서는 노사가 힘을 합쳐서 고부가가치 상품을 만들어서 중국기업이 꼭 필요한 제품을 공급해야 한다.

우선 먼저 상품경쟁에서 가장 중요한 가격경쟁을 보자. 제품의 가격은 원재료에 인건비와 관리비 그리고 이익을 더해서 결정된다. 원재료의 가격은 국제적으로 통일되어가는 추세이므로 논외로 하더라도 인건비 면에서 중국을 비롯한 동남아국가는 우리보다 유리한 입장이다. 관리비 역시 물가수준의 차이 때문에 우리가 불리한 입장이다.

우리나라 기업이 여러 가지 악조건이 존재하고 있음에도 중국이나 동남아국가로 공장을 이전하는 이유는 단순하다. 인건비 경쟁에서 이미 승부가 난다는 판단에서이다. 물론 노동의 질이라는 측면에서 우리나라 노동자들이 앞서 있는 것은 분명하다. 그러나 대량생산제품은 기계를 비롯한 기술력이 오히려 노동자들의 노동력을 선도할 수 있으므로 크게 유리한 부분도 아니다.

그렇다면 우리가 외국과의 경쟁에서 우위를 점할 수 있는 방법은 고부가가치 상품을 만들어서 파는 것밖에 없다. 아니면 원천적인 기술력을 확보하는 것도 한 가지 방법이다. 그런데 원천적인 기술을 확보하는 것과 고부가가치 상품을 만드는 것 모두 사람이 그 중심에 서 있다. 단순노동이나 기계가 대체할 수 있는 노동이 아닌 창조적인 지식노동이 중심이 된다. '사람만이 희망이다'라는 것도 따지고 보면 노동자들의 경쟁력이 곧 전체적인 경쟁력을 좌우한다는 의미일 것이다. 그런데 지금과 같이 대립적이고 투쟁적인 노사관계에서 과연 경쟁력을 갖춘 노동력을 확보할 수 있을 것이며, 노동자들이 열과 성을 다하여 일하려는 모습을 보여줄 수 있겠는가?

100년 전 대한제국과 지금의 대한민국은 어찌 보면 비슷한 입장에 처해 있다. 100년 전에 우리끼리 싸우다가 1910년에 일본에 주권을 내준 경험을 잊지 말자. 100년 전에는 군사력 때문에 먹고 먹히는 관계였다면 지금은 경제력이 먹고 먹히는 관계의 중심에 서 있다.

경제력은 상품의 가격과 질, 인적자원의 양과 질, 사회적인 시스템에 의해 결정될 수밖에 없다. 먼저 상품가격을 살펴보면 상당수의 제품이 중국과의 가격경쟁에서 밀려나고 있다. 물론 질적인 측면에서는 우리가 우위를 점하고 있는 제품이 상당수 있지만 기술력이나 질적인 차이는 그렇게 크지 않다고 한다. 따라서 상품의 가격이나 질적인 면에서는 우리가 우월성을 주장하기 어렵다.

극성스러울 만큼 높은 교육열이 대부분의 사람들에게 대학교육을 받을 수 있는 기회를 제공하고 있다. 다만 무조건적인 고등교육이 인력수급의 불균형을 가져오고 있다. 3D 업종이나 직무에는 사람이 없어서 외국 인력을 도입해야 되는 반면에 일반 사무직이나 관리직에는 지원자가 많아서 공무원시험에 100 대 1, 1000 대 1의 경쟁률을 보인다. 또한 고액 연봉을 받는 고급 인력의 대부분은 미국을 비롯한 선진국 인재들이 차지하고 있다. 우리는 겨우 중간적인 인적자원을 소화하거나 소화시키고 있는 입장에 처해 있다.

지금은 1명의 천재가 1만 명을 먹여 살릴 수 있는 세상이다. 1명의 인재가 만들어내는 부가가치는 어설픈 1만 명보다 더 크다는 얘기가 된다. '80 대 20의 사회'를 들먹일 필요도 없이 핵심인재가 중요한 역할을 해야 함에도 핵심인재를 키워낼 교육 시스템과 인적자원개발시스템이 없다. 따라서 인적자원의 양과 질에서도 우리는 경쟁력이 점차 떨어지고 있다.

마지막으로 사회적인 시스템을 보자. 사회적인 시스템 중에서 가장 중요한 것은 정치 시스템이다. 경제 시스템이나 분배 시스템, 노사관계 시스템도 정치 시스템의 영향을 받을 수밖에 없다. 그런데 지금의 정치 시스템은 100년 전의 시스템과 별로 달라진 것이 없을 정도로 낙후된 모습을 보이고 있다. 말로는 상생을 얘기하면서도 기회만 있으면 투쟁과 대립을 일삼고 있다. 말로는 국민을 위한다고 하면서 당리당략만을 일삼고 있다. 자기만이 잘났고 다른 사람은 아예 인정하려 들지 않는다. 우매한 국민을 위해서 자기가 희생한다고 생각하는 것이 정치인들의 사고방식이다. 국민을 섬긴다고 말로는 떠들면서 실제로는 국민 위에 군림하는 언행을 서슴지 않는다. 정치 시스템이 이럴진대 경제, 노사관계가 오죽하겠는가?

이제는 기업을 둘러싼 직접 당사자인 노사가 스스로 살아남는 방안을 강구해야 한다. 정치가 도와줄 것이라 기대하지 말고, 정부가 무엇을 해줄 것인가 기대하지 말고 노와 사가 힘을 합쳐서 이러한 위기상황을 돌파해야 한다. 노사관계 시스템만이라도 경쟁력을 갖출 수 있도록 새롭게 바꾸어야 한다.

인적자원개발, 노사관계의 안정을 통한 경쟁력의 확보는 우리가 21세기에 생존할 수 있는 전제조건이 된다. 살아남는 것이 곧 진리이다.

자본주의와 노사관계 시스템에 대한 교육을!

자본주의 사회는 모든 것을 돈으로 평가하는 속성을 가지고 있다. 사회적인 가치가 모두 돈으로 환산된다. 노동문제를 중심으로 보더라도 노동자는 돈을 벌기 위해 노동을 제공하고 자본가도 돈을 벌기 위해 자본을 투자한다. 물론 부수적으로 사회적인 봉사라든지, 아니면 사회적인 책임이라는 거시적인 목표를 설정할 수도 있다. 그러나 자본주의 사회에서 돈은 거의 모든 것이다.

요즘 한강에 투신자살하는 사람이 3일에 1명꼴이라는 보도를 본 적이 있다. 자녀와 동반자살하는 기사도 종종 실린다. 심지어는 부모를 유기하거나 내다버리는 자식 얘기도 심심치 않게 들린다. 그와 같은 비극적인 얘기의 이면에는 반드시 돈이 개입되어 있다. 이혼을 둘러싼 당사자 간의 다툼도 결과적으로 보면 돈 문제가 숨어 있는 것이 보통이다.

이렇듯 돈은 이 사회의 모든 시스템을 지배하고 있다. 그것이 자본주의 사회의 속성이다. 인간다운 생활을 하기 위해 꼭 필요한 것이 돈이 되어버린 것이다. 노사관계의 근본적인 목표도 돈이다. 노동자는 돈을 벌기 위해 기업에 자기의 노동력을 파는 것이고, 기업은 돈을 벌기 위해 사업을 운영하고 자본가는 돈을 벌기 위해 자본을 투자하는 것이 노사관계 시스템이다. 노사관계를 둘러싼 모든 당사자는 돈을 벌기 위한 공통의 목적을 가지고 있다. 다만 각자 가지고 있는 자원이 다르기 때문에 역할과 분배의 몫에 차이가 발생하고 이것이 가끔 대립과 투쟁을 불러오기도 한다.

그러나 노동자는 기업이나 사업주가 없으면 실업자로 비참한 생활을 할 수밖에 없고 기업이나 사업주도 노동자가 없으면 이윤을 얻을 수 없다. 서로가 서로에게 힘을 빌려야 자본주의 사회에서 생존의 원천인 돈을 벌 수 있는 것이 자본주의와 노사관계의 기본적인 모습이다. 즉, 노동자는 노동을 제공하고 그 대가인 임금을 받아 필요한 자원을 구매하거나 자신을 위해 소비한다. 기업이나 사업주는 노동력을 잘 활용하여 부가가치를 만들어내고 이를 비싼 값에 팔아 많은 이윤을 남겨 재투자를 하거나 생활비로 쓰게 된다. 그러니까 노사는 서로 필요해서 만난 필연적인 관계이다.

그런데 우리는 이러한 자본주의와 노사관계에 대한 기본적인 부분을 제대로 배우는 기회가 없다. 기업이 무엇인지, 노동이 무엇인지, 자본주의가 무엇인지, 노사관계가 무엇인지 등을 학교 교육에서도 제대로 가르치지 않는다. 가정에서도 성적지상주의에 얽매여 사회생활의 가장 기본이 되는 노사관계를 알려주지 않는다. 기업도 노동자를 채용한 후 당장 노동력을 활용해서 성과를 내는 데 치중하느라 노사관계의 기본을 교육하지 않는다.

따라서 우리는 노사관계의 실체가 무엇인지도 모르면서 대립과 투쟁만 부르짖고 있다. 빨간 리본을 두르고 '투쟁! 투쟁!'만 외친다고 부가가치가 만들어지는 것은 아니다. 그런다고 임금이 보장되거나 이윤이 만들어지는 것은 더더욱 아니다. 노사는 자기가 가지고 있는 자원을 효율적으로 투입해서 부가가치를 만들어내고 그 부가가치를 공정하게 합리적으로 분배하는 시스템을 만들어내야 한다.

노동자만 있다고 해서 사회가 잘 굴러가는 것도 아니요 기업이나 사업주만 있다고 이 사회가 문제없이 돌아가는 것도 아니다. 현대는 부분 사회이면서도 전체가 어울려 돌아가는 시스템 사회이다. 노동자는 기업이나 사업주가 필요하고 기업이나 사업주는 노동자가 필요하다. 우리는 '근로계약'이라는 끈으로 묶고 '2인 3각 경기'를 함께하는 동반자이다. 서로 묶여 있는 입장을 이해하고 서로가 상대를 인정하고 존중하는 것이 다른 팀과의 경쟁에서 이길 수 있는 전제조건이다.

따라서 자본주의와 노사관계에 대한 교육은 가정에서부터 시작하여 학교교육, 기업교육 등 수준을 높여나가면서 계속적으로 이어져야 한다. 자본주의에 살면서 자본주의와 노사관계를 이해하지 못한다면 그 사회시스템이 무너지는 것은 당연할 것이다.

특히 기업에서는 채용 시 실시하는 교육에서 직무교육이나 인성교육도 중요하지만 노사관계에 대한 교육을 적어도 1주일 이상 실시할 필요가 있다. 21세기가 어떻게 진행되고 있고 기업이나 노사관계를 둘러싼 환경이 어떻게 바뀌고 있는가? 그런 환경변화 속에서 우리가 생존하기 위해 어떤 노사관계를 형성해야 하는가? 그리고 근로계약상 노사간의 권리와 의무는 무엇인가? 노동조합이나 단체교섭, 노동쟁의와 쟁의행위 등은 어떤 것이며 어떤 한계를 가지고 있는가 등등…….

그리고 매년 직무교육과 비슷한 시간을 투자하여 노사관계에 대한 전반적인 흐름과 변화관리에 대한 교육을 해야 한다. 노사관계에 대한 교육은 기업 입장에서는 남는 투자가 된다. 적어도 매년 모든 구성원(임원, 부서장,

노조간부, 노동자, 조합원을 가리지 않고)에게 1주일 정도의 노사관계 교육을 해야 한다. 단순히 주입식 교육이 아니라 서로 간에 동질성을 회복할 수 있는 교육과정을 통해서 생각을 공유할 수 있는 마당을 만들어주어야 한다.

03 FRENEMY PARTNERS
대한민국 노·사·정, 어디쯤에 와 있나?

전근대적인 노사관을 가지고 있는 일부 사업주들

다 그런 것은 아니지만 아직도 꽤 많은 사용자들이 노동조합을 색안경을 끼고 바라본다. 아직도 많은 사업주들이 노동자들을 기계의 부속품이나 쓰고 버리는 소모품으로 생각한다. 일부 사업주들은 노동자들을 하인이나 머슴쯤으로 생각한다.

18세기에나 있을 법한 전근대적인 통제형 노무관리가 여전히 존재하고 있다. 블랙리스트가 돌아다니고, 노동조합을 대화의 상대가 아니라 파괴해야 하는 대상으로 인식하고 있다. 일부 사업장이지만 이것이 현장의 모습이나. 아직도 우리에게는 회사의 노조탄압에 맞서 분신자살을 택하는 소위 '노동열사'가 엄연히 존재하고 있다.

아직도 개인적인 친소親疎에 따라 노사관계가 좌우된다. 시스템이 움직이는 것이 아니라 개인적인 인간관계에 노사관계의 모든 것을 걸고 있다. 그러다가 노조 집행부가 바뀌면 다시 처음부터 새롭게 인간관계를 수립해야 한다. 시스템이 움직이는 것이 아니고 개인이 움직이는 전근대적인 노사관계는 이제 그 효용성이 사라지고 있음에도 아직도 많은 사업주들이 어떻게 해서든 문제만 발생하지 않으면 된다는 사고에 젖어 있다. 교섭 당사자나 담당자 개인만 설득하면 된다는 안이한 사고는 위기 시에는 아무런 효과가 없다.

지금부터라도 기업은 21세기에 걸맞은 노사관을 정립하고 새로운 노사관계 시스템을 구축해야 한다. 임기응변이 아닌 전략적인 대응이 절실하다. 최고경영자와 임원을 비롯해서 전 노동자에게 노사관계의 기본이 어떤 것인가를 알게 해야 한다. 무식한 사람이 용감하다는 말과 같이 노사 당사자가 노사관계에 대한 기본을 이해한다면 극한 대립이나 무조건적인 투쟁은 줄어들 것이다. 예방적인 노사관계 관리가 21세기 노사관계의 근본적인 변화이다.

몇 년 전 사회문제가 되었던 D기업의 부당노동행위는 일부 기업의 노사관계에 대한 수준을 적나라하게 보여주는 사례이다. 정당한 노동조합 활동에 대해 부당하게 지배·개입하는 부당노동행위를 한 사실이 당시 노동부 특별조사에서 확인됐다. 사측은 '신노사문화 정립방안'과 '선무활동지침서', '조합원 개인 성향에 따른 등급관리리스트' 등을 작성하고 노조의 파업 찬반투표에 관여했으며, 일부 관리직 컴퓨터에는 실제 조합원관리 리스트에 대한 기록도 들어 있었다. 이와 함께 사측은 파업에 적극 참여한 조합원에 대해 본래의 직종이 아닌 청소 등의 잡무에 종사토록 했다. 이는, 노조의 정당한 활동을 보장하기 위해 노동조합이 정당한 업무를 하거나 정당한 쟁의행위 등에 참가한 것을 이유로 노동자에게 불이익을 주지 못하도록 규정하는 노동조합법 제81조 제1호 및 제5호를 위반한 것이었다. 그러나 이와 같은 사례가 밝혀진 것은 빙산의 일각이고 아직도 이러한 부당노동행위를 당연한 것처럼 인식하고 있는 기업들이 많이 있다.

이러한 전근대적인 노사관을 가지고는 앞으로의 국제경쟁시대에 기업이 생존하기 어렵다. 노동자들이 스스로 사장이라고 생각하고 열심히 일하지 않는다면 아무리 시설이 뛰어나고 경영자가 탁월한 능력을 가졌다고 하더라도 경쟁에서 뒤처질 수밖에 없다. 한번 떨어지면 다시는 따라잡지 못하는 것이 지금의 현실이고, 한번 깨진 노사간의 신뢰는 쉽게 회복하기 어렵다. 깨진 항아리는 아무리 강력한 접착제로 붙여도 물이 새는 것과 비슷하다.

노사간 신뢰는 사업주가 먼저 실천해야 한다. 사업을 한다는 것은 궁극적으로 부가가치를 창출해서 노동자들에게 정당한 임금을 주고 정당하게 이윤으로 분배받겠다는 목적을 갖고 있다. 그런데 산업화 초기와 달리 21세기 창의지식기반경제에서는 노동자들이 부가가치를 창출하는 주역이다. 기계나 시스템 등 물적자원보다는 인적자원인 노동자들이 부가가치를 만드는 시대이다. 그렇다면 사업주의 중요한 임무는 이런 노동자들이 신나게 열심히 일해서 부가가치를 높일 수 있는 환경을 만들어주는 것이다. 노동조합을 탄압하고 노동자를 괴롭히고 싼 노동력을 이용해 돈을 벌려는 생각은 하나를 얻으려다 둘을 잃는 우를 범하는 꼴이다. 하나를 양보하더라도 둘을 얻을 수 있는 방법, 그것은 바로 노동자들에게 신뢰를 얻는 것이다.

이제 전근대적인 노사관은 분리해서 쓰레기통에 버리고 새로운 경영전략을 세워서 실천해야 한다. 노동자와 노동조합을 동반자로 인정하고 하나의 인격체로서 서로 존중하는 마음을 가져야 한다. 노동자가 비록 노동력밖에 가지고 있지 않아 사업주의 지휘명령을 받아 일을 한다고 하더라도 인간적으로는 대등하며 하인이나 머슴이 아니다.

변하지 않는 노동조합

노동조합은 노동자들의 경제적·사회적 지위 향상을 기본 목적으로 한다. 노동조합은 자본주의 사회에서 노사간 세력균형에 아주 중요한 역할을 한다. 노동조합이 견제기능을 충실히 할 때 기업과 노동자 모두에게 이득이 되는 합리적인 경영이 가능하다.

이러한 노동조합은 노동자를 위해서 존재해야 함에도 일부 노동조합은 노조간부를 위한 조직으로 변질된 모습도 보이고 있다. 이에 따라 최근에는 노동조합 집행부에서 파업을 결정하더라도 노조원들이 이를 거부하거나 무시하는 경우도 발생한다. 노동조합은 조합원 전체를 위한 조직임에도 주객이 전도되거나 노조간부의 정치활동을 위한 디딤돌로 악용하는 사례도 있다. 노조의 주인은 역시 노조원이다. 노조간부는 민주주의 원칙에 따라 노조원들에게 권한을 위임받아 이를 선량한 관리자의 입장에서 그 권한을 행사해야 함에도 그렇지 못한 사례도 많이 있다.

노동조합은 궁극적으로 사회적 책임이 있는 사회적인 단체이면서 한편으로 노조원들을 위한 이익단체이다. 사회적인 책임을 다하면서도 노조원의 경제적·사회적 이득이라는 목표도 달성해야 한다. 지금은 절대 빈곤의 시대가 아니다. 또한 노동자나 노동조합이 전부 사회적 약자만도 아니다. 일부에서는 이미 사회적 강자의 위치에까지 다다른 노동자나 노동조합이 존재한다. 비정규직을 비롯하여 사회적 약자의 위치에 있는 노동자들은 국가가 후견자적인 입장에서 보호해야 한다. 그렇지 않으면 사회의 존립 기반이 무너질 우려가 있기 때문이다. 그러나 사회적 강자의 위치에 들어선 지식노동자, 프로선수, 전문가, 대기업 노동조합은 오히려 사회적 책임을 강조해야 한다. 보호의 대상이 아니라 스스로 사회적 책임을 다해야 하는 것이다.

오늘날 대부분 국가에서 노동조합 조직률이 하락하거나 침체를 보이고 있다. 세계적으로 노동조합 조직률의 하락 현상은 특히 80년대부터 본격화됐다. 그 주된 이유로는 전통적으로 노동조합 조직률이 높던 부문과 인력(제조업, 남성, 생산직)의 비중이 줄어들고 노동조합 조직률이 낮던 부문과 인력(서비스업, IT산업, 비정규직, 여성, 외국인, 사무관리직)의 비중이 증가하는 현상이 거의 모든 국가에서 지난 수십 년간 지속된 점과 노동조합의 조직과 유지가 어려운 비정규 인력의 확대 현상, 그리고 신자유주의적인 이데올로기를 등에 업은 사용자의 적극적인 반노조운동이 최근 격화된 점 등을 들 수 있다.

노동조합 조직률의 하락이나 침체 현상은 대만이나 싱가포르 등 특수한 환경에서 노동조합 조직률이 최근 상승한 일부 국가를 제외하고는 거의 모든 국가에서 일어나고 있다. 이런 현상과 맞물려 사용자들이 노동조합에 대해 상충되는 두 가지 전략을 동시에 사용하는 양극화 현상이 일어나고 있다.

이미 강력한 노조가 결성돼 노동조합을 회피할 수 없는 상황에서는 참여와 협력에 기반을 둔 포용전략Fostering Strategy을 사용하고 있는데 제록스, 코닝, 새턴, NUMMI, AT&T 등 미국의 고성과조직에서 이러한 성향이 강하게 나타난다. 이들 초우량기업의 노동조합 역시 무한경쟁 시대에 조합원 이익을 극대화하고 고용안정을 보장하기 위해 참여 · 협력적인 전략을 사용하고 있다. 즉, 대립적인 노사관계의 비효율성은 기업 경쟁력을 훼손하고 결국은 조합원 이익에 반하게 된다는 믿음에 의해 대립과 압박으로 노조 요구를 관철하기보다는 경영참가를 통해 조합원의 실질적인 이익을 획득하는 전략을 쓰고 있는 것이다.

반면 다른 극단에 있는 사용자들은 가능한 한 노동조합을 약화시키거나 회피하려는 전략Escaping Strategy을 쓰고 있다. 즉, 노동조합이 있는 사업장에 투자를 줄이고 노동조합이 없거나 약한 지역과 국가로 사업장을 이전하는 움직임이 회피전략에 해당된다.

과거에는 노동조합의 존재를 인정하면서 대립적인 관계를 설정하는 중간적인 전략이 대부분 사용자의 대노조 정책이었으나 최근에 와서는 대립과 공존이라는 중간적인 전략보다는 협력 혹은 회피라는 양극단으로 사용자의 전략이 이동하고 있는 것이다.

가장 최근의 노동조합 조직률이 지금처럼 하락한 것은 1920년대다. 그 당시 구미 각국에서 미숙련공을 대량으로 고용하는 거대산업이 등장했으나 주로 숙련공을 거느린 AFL 등 전통적인 직업별 노조에서는 미숙련공을 조직하기를 주저하거나 거부했고 이러한 노동조합의 전략적인 실수는 1920년대 노동조합 조직률의 하락을 가져온 주요 이유 중 하나였다. 그 후 미국의 CIO 등 산업별 노조가 등장해 미숙련공을 대거 조직하면서 노동조합 조직률이 다시 반등하는 전기를 마련했다.

1920년대 이래 세계적으로 가장 조직률이 낮은 현재 상황에서 노동조합의 가장 큰 과제는 최근 부상하는 새로운 산업(예를 들면 IT, 서비스 산업 등)에 적응하고 새로운 노동자 그룹(비정규직, 외국인, 사무관리직 등)을 조직할 방안을 찾는 일이다. 특히 대부분의 주요 국가의 경우 30~40%에 달하고 그중 대부분이 비노조원 상태인 비정규직을 어떻게 조직하느냐가 관건일 것이다. 노동조합이 혁신적 전략을 개발해 이들을 성공적으로 조직한다면 1930년대와 같은 재기를 기대할 수 있을 것이다.

자본주의 사회 아래에서 상존하는 노사간 갈등을 해소하고 상대적으로 협상력이 약한 노동자를 보호하는 노동조직에 대한 수요는 사라지지 않을 것으로 보인다. 다만 노동조합이 이러한 기능을 효과적으로 수행하지 못한다면 노동조합은 점점 더 위축되고, 대체기구로서 정부의 노동입법이나 인권단체, 여성단체 등의 비정부기구[NGO]가 협상력이 약한 노동자를 보호하고 대변하는 역할을 할 가능성이 크다.

노동조합이 미래 사회에서도 사회의 주요 세력으로서 계속 기능하기 위해서는 새로이 부상하는 노동자 그룹을 포용하기 위한 혁신적인 전략이 필요한 시점이다.

동네 축구 심판에 머무는 정부

노사관계에서 정부는 노사 양 당사자의 중간에서 공정한 심판자 역할을 해야 한다. 어떤 게임에서나 심판은 공정해야 함에도 노사관계에서는 노사 어느 쪽으로부터도 신뢰를 받지 못하고 있다. 한마디로 심판의 권위가 땅에 떨어져 영이 서지 않는 것이다. 노사관계의 게임 룰이 바뀌었음에도 정부는 아직 전근대적인 노사관계 룰을 적용하고 있기 때문이다. 게임 룰이 국제적으로 통용되어야 함에도 아직 국내용을 고집하고 있는 것이다.

축구게임에 비교하면 1급 국제심판이 필요함에도 아직 우리나라 정부의 심판 수준은 국내용에 불과하다. 동네 축구를 한다면 국내용으로도 충분하겠지만 국제적인 시합이라면 국제적인 룰을 적용할 국제심판이 있어야 한다. 정부가 어떤 정책을 수립하고 집행하더라도 노동조합이나 사업주가 호응하지 않으면 아무런 소용이 없다.

노동법 개정부터 시작해서 제도 개선, 실업정책에 이르기까지 노사가 정부를 믿고 도와주지 않으면 아무런 성과가 없다. 주 5일제(주 40시간 근무제)에 대한 입법과정을 보더라도 그러한 사실은 확연히 드러난다. 1998년 IMF체제하에서 일자리 나누기의 일환으로 주 5일 근무제가 논의된 이래 정권이 두 번이나 바뀌도록 제자리걸음만 하다가 2004년에 겨우 발걸음을 뗀 경험이 그것이다. 물론 양 당사자의 이해관계가 첨예하게 대립하고 있다는 평계를 댈 수 있다. 그러나 근본적인 원인은 정부의 정책에 대한 신뢰가 쌓여 있지 못한 데 있지 않을까?

정부는 우리나라 노사관계에 있어 가장 강력한 발언자다. 유일무이한 심판자이기도 하다. 때론 해결사이기도 했으며 특히 발전·철도 등 공공부문과 관련해서는 사용자로서 직접 당사자이기도 하다. 정부가 바로 서야 노사관계가 바로 선다는 주장은 그래서 나온다. 그러나 정부 노사정책에 대한 평가는 그야말로 낙제점 이하다. 시중의 한 일간지에서 설문조사한 바에 따르면 '정부가 노사문제에 객관적 심판자 기능을 하고 있다고 보느냐'는 질문에 사측은 불과 4.2%, 노측은 20%만 그렇다고 응답해 극심한 불신감을 드러냈다.

정부는 한마디로 노사 양측에서 "도대체 노사관계에 한 일이 뭐가 있느냐"는 협공을 당하고 있는 상황이다. 고용노동부는 주무부처지만 '주무'에 관해 줏대가 없다. 다른 부처들이 오히려 노동문제의 강력한 발언자로서 노동정책에 대한 주인 노릇을 하려 한다. 고용노동부의 위상이 정부부처 중 최하위를 차지하기 때문일 수도 있다. 노동문제가 모든 산업과 연관성을 가지고 있다고 하더라도 노사간 세력균형을 통한 공동발전이라는 측면에서 합리적이고 발전적인 정책을 수립할 역량을 가진 부서는 고용노동부밖에 없다. 다른 부서가 함부로 노동정책의 수립과 집행에 대해 간섭하거나 부서이기주의에 의해 다른 정책을 내놓는다면 배가 산으로 갈 것은 뻔한 이치이다.

재계는 정부의 개입이 자칫 노동시장의 유연성을 저해할 가능성이 있고 정부가 노동계의 요구사항을 적극적으로 수용하려는 태도를 보이는 데 대해 우려의 눈길을 보내고 있다. 여차하면 기업을 중국 등 해외로 이전하겠다고 볼멘소리를 한다. 노동계는 노동계대로 정부의 노동정책이 후퇴하고 있다며 불만을 표시하고 있다. 정부는 이렇게 노사 어느 쪽으로부터도 신뢰를 받지 못하는 처지로 전락했다. 그렇다고 일반 국민이 정부의 노사관계 정책에 대해 믿음을 보이고 있는 것도 아니다. 국가를 경영하는 것은 절대 연습이라는 것이 없다. 모든 것이 현실이고 실전이다. 한번 정책을 그르치면 수십 년이 지나도 회복하기 어려운 고통의 터널에 빠지게 된다.

이제 정부는 공정한 심판자로 자리매김해야 한다. 국민이 세금을 내고 공권력에 복종하는 이유는 국가가 국민의 재산을 보호해주고 모든 일에 공정하다는 믿음 때문이다. 자칫 국가의 존재 이유를 망각하고 군림하거나 통제하려는 사고를 가지고 노사관계를 풀어간다면 더 큰 위기를 맞을 수 있다. 기업주도 국민이고 노동자도 국민이다. 국가라는 공동체에서는 서로가 법과 질서라는 공통의 룰을 만들어놓고 있다. 기본이 지켜지고 원칙이 지켜질 수 있는 국가가 되도록 정부는 공정한 심판자의 역할에 충실해야 한다.

04 대한민국 노·사·정, 이것만은 기억하자

정부, 노사관계의 위상부터 재고하라

정부는 노사관계의 심판자·조정자이면서 경우에 따라서는 노사관계의 한 당사자가 된다. 따라서 21세기에 공존의 노사관계를 정립하기 위해서는 정부가 변해야 한다. 물적자원이 없는 우리나라는 인적자원의 양과 질에 의해서 경쟁력이 평가되고 그 인적자원을 잘 활용하느냐 못하느냐에 따라서 나라의 운명이 뒤바뀔 수 있다.

그렇다면 노사관계는 국가정책의 최우선 과제가 되어야 하며, 그것도 참여와 협조를 통한 상생적인 노사관계라야만이 대한민국이라는 배가 침몰하지 않고 항해를 계속할 수 있는 기본 전제가 된다.

무한경쟁이라는 세계화 속에서 우리가 팔아먹을 수 있는 물적자원이 전무한 상태라면 인적자원은 우리나라의 모든 것이라고 해도 틀리지 않다. 그럼에도 물적자원을 중심으로 편성된 관료제적 정부조직으로는 21세기의 험난한 파고를 헤쳐나가기 어렵다. 그러므로 정부는 노사 문제를 풀어가는 데서 다음과 같은 점을 기억해야 할 것이다.

첫째, 노사관계에 대한 정부조직과 정책의 위상을 다시 확립해야 한다. 말로만 노사관계가 중요하다고 하지 말고 실제로 사람에 관한 문제를 다루는 고용노동부의 위상을 적어도 교육과학기술부와 동등한 위치에 두어야 한다. 교육과학기술부 장관이 부총리급이라면 고용노동부장관도 부총리급으로 격상시켜야 한다. 노사관계 정책이 개발연대의 권위주의하에서처럼 경제정책이나 치안정책에 종속되던 시대는 이미 지나갔다.

노사관계 정책은 21세기 창의적인 지식사회에 국가와 기업의 가장 소중한 자산인 인적자원을 최대한 개발하고 활용하기 위한 전략적 중요성을 지닌다. 그리고 노사관계 정책의 일관성을 유지해야 한다. 자율과 개입의 기준을 정하고 일관된 정책을 통해 합리적인 노사관행이 정착되게 해야 한다.

둘째, **노사 당사자 사이에서 공정한 심판자, 공정한 조정자 역할을 하려면 정부 자체가 도덕적인 정부가 되어야 한다.** 정부나 공무원이 노사 당사자로부터 신뢰를 받아야 한다. 옛말로 하면 '영이 서야' 된다. 노사 모두로부터 불신을 받는 정부가 과연 공정한 심판을 볼 수 있는지, 과연 공정한 조정자 역할을 할 수 있는지 반성해보아야 한다. 기업으로부터 차떼기로 돈을 받는 정치권이 과연 공정한 심판을 볼 수 있을까? 수십, 수백억 원을 강압적인 방법을 써서 거둬들이는 정치권이 공정한 룰을 만들 수 있을까?

셋째, **정부가 국민을 고객으로 모시는 서비스기업으로 변해야 한다.** 지시ㆍ감독ㆍ통제를 위주로 하는 봉건적인 정부 형태로는 국제경쟁에서 살아남을 수 없다. 성과를 내지 못하고 고객에게 서비스를 제공하지 못하는 기업이 망하듯이 국민이라는 고객을 무시하거나 고객을 하인 취급하는 정부와 정치권 그리고 공무원은 퇴출 대상 1호가 되어야 한다.

지속적인 성장을 하는 초일류기업은 '고객은 옳다', '고객은 왕이다'라는 경영철학을 가지고 있다. 이제 정부도 초일류 서비스기업으로서 물질자원이 아닌 인적자원인 국민을 고객으로 생각하고 모든 정책을 사람 중심으로 바꾸어야 한다.

넷째, **노사관계가 안정되기 위해서는 부동산투기를 막고 자본과 노동 사이에 공평한 분배구조를 만들어야 한다.** 부동산투기 등 불로소득을 차단하지 못하면 노사관계는 대립과 투쟁으로 흐를 수밖에 없다. 온 국민이 투기꾼화되어가는 지금의 상황에서 노동자들에게 성실히 일하기만을 바랄 수는 없다. 1년 내내 열심히 일해서 얼마간의 돈을 저금하더라도 하늘 높은 줄 모르고 오르는 집값과 전셋값, 임대료를 감당하지 못하는 비관적인 상황에서 노동자만 참으라고 할 수는 없다. 기업이 아무리 임금을 많이 올려줘도 노동자들의 생활이 나아지지 않고 만족을 느끼지 못한다면 노동자들은 투쟁이라는 방법을 택한다. 그런데 국제경쟁의 시대이므로 기업이 임금을 올려주는 것은 한계가 있다. 이러면 기업이나 노동자나 함께 자포자기의 심정으로 세상을 원망하게 된다.

기본적으로, 자본주의 사회는 모든 것이 돈으로 평가되는 단순한 사회이므로 노동을 통해서 버는 돈과 자본을 통해서 버는 돈이 서로 공평한 구조를 가지고 있어야 한다. 그런데 현실을 보면 부동산투기를 비롯해서 자본을 통한 소득은 큰 반면, 열심히 일한 노동자들은 사는 것이 점점 더 어렵다. 수십 년을 일해도 편히 쉴 수 있는 집 한 채를 가질 수 없다면 그 사회는 공정한 사회가 아니다. 노동자가 수십 년을 뼈 빠지게 일해도 벌 수 없는 돈을 어떤 사람은 투기를 통해서 손쉽게 벌 수 있다면 이 또한 공평한 사회가 아니다. 열심히 노력한 사람이 돈을 많이 버는 것은 당연하지만 투기를 통해 불로소득을 얻는 사람이 떵떵거리며 사는 세상은 바뀌어야 한다.

따라서 정부는 왜곡된 분배구조를 바로잡기 위해 부동산투기를 비롯한 불로소득이 생기지 않도록 해야 한다. 모든 경제 주체들이 공정한 경쟁을 할 수 있도록 경제적인 입법이나 세금제도의 개편을 통해서 합리적인 룰을 만들어야 한다.

다섯째, 공정한 심판과 공정한 조정을 하기 위해 노사가 지킬 수 있는 합리적인 법과 규칙을 만들어야 한다. 가능한 한 노사 자율에 맡기되 마지막에는 법이라는 강제수단을 사용할 수밖에 없다면 그 법은 공정하면서도 노사 당사자가 수용할 수 있어야 한다. '악법도 법이다'라는 말은 이제 통하지 않는다. 그렇다고 '악법은 어겨서 깨뜨린다'는 것도 타당하지 않다. 동네 축구에 써먹는 규칙을 국제 축구에 적용할 수는 없다. 지금까지 동네 축구 심판을 위한 룰을 가지고 있었다면 이제는 국제무대에서 통하는 룰로 바꾸어야 한다.

그것은 약자는 철저하게 보호하되 나머지는 노사 자율에 맡기는 방향이 될 것이다. 군이 노동법으로 보호하지 않아도 되는 사람들은 보호하고 노동법이 꼭 필요한 사람들은 외면한다면 이 또한 공평하지 않다. 보호의 대상과 자율로 맡겨도 되는 대상을 구분해서 합리적인 차별을 하는 것도 필요하다. 청소년은 보호해야 되지만 성인은 자율에 맡기는 것과 다르지 않다.

여섯째, 교육제도와 노사관계제도를 연계시켜야 한다. 학교 교육이 21세기에 맞는 노동력을 양성하지 못하고 현장과 따로 떨어져 있다. 대학을 졸업해도 현장에서 써먹을 지식과 지혜를 갖고 있지 못하다. 기업은 채용 이후 1년에서 3년 정도 새로운 교육을 해야 한다. 가장 기본적인 인성교육부터도 안 되어 있다고 한다. 청년실업을 줄이는 방법은 기업이 청년들의 지식과 지혜를 필요하게 만드는 것이다.

정부에서 지원금을 주거나 취업을 알선하는 것만으로 이윤추구를 목적으로 하는 기업이 고용을 늘리지는 않는다. 교육제도를 전면 개편해서 기업이 필요로 하는 인재를 공급할 수 있도록 해야 한다. 더 극단적인 방법으로, 교육과학기술부와 고용노동부를 하나로 통합해서 교육과 기업현장을 연결시키는 것도 생각해보아야 한다.

일곱째, 노사 당사자를 비롯하여 일반 국민을 상대로 노사관계에 대해 교육할 수 있는 시스템을 구축해야 한다. 노사관계는 동업자 관계가 분명함에도 우리는 대립과 투쟁 위주로 노사관계를 바라보고 있다. 노사관계의 안정과 협조적 노사관계를 정착시키기 위해 정부 예산을 늘려야 한다. 기업의 노사협력 활동을 촉진시키기 위한 재정적 지원제도를 확충하고 협력적 노사관계에 대한 이론적 기반 구축 및 신노사문화의 관행 정착을 위한 정보와 기법의 제공 등을 통해 노사협력 증진을 위한 사회적·인적 인프라를 구축해야 한다.

그 외에도 노동자 참여경영 확대 등 참여경영 실현을 위한 관련 제도를 보완하고, 단체교섭의 효율성을 제고시키기 위한 교섭방식 및 교섭내용 등 교섭제도를 합리적으로 개선하고, 사회복지 확충 및 물가 안정 등을 통해 기업에 대한 임금인상 압박을 완화함으로써 노동자들이 마음 놓고 일할 수 있는 여건을 마련하는 것 등으로 '노사 자치주의 정착'을 지원해야 한다. 임금제도 개선 등 인적관리제도 보완, 생산성 향상과 공정배분 실현을 위한 고용 관련 룰의 선정 및 엄정한 집행 그리고 노사관계에 대한 불필요한 개입을 최소화하여 '공정한 법 질서'를 확립해야 한다.

노사갈등을 해결할 수 있는 공정성과 전문성이 보장된 분쟁조정 제도 확립, 노동권 신장, 노동시장의 유연화와 같이 노사가 제기하고 있는 각종 규제를 합리적으로 정비하는 등 '노동관계 법제'를 정비해야 한다. 노동자의 기여 또는 성과에 대한 보상을 강화하고 지식노동자화를 촉진하기 위한 시책을 펴나가야 한다.

경영자, 노사관계에 쏟는 노력은 비용이 아니라 투자다

우리는 경제가 모든 것을 좌우하는 21세기에 살고 있다. 특히 대한민국에서 사업을 한다는 것은 그 자체로 대단히 큰 애국을 하고 있다는 것이 필자의 생각이다. 기업은 일류, 정치는 삼류라는 외침과 같이 척박한 상황에서 이 정도의 경제발전과 기업성장을 이룩한 것은 순전히 시대를 앞서가는 경영자와 노동자가 흘린 피땀의 결과다. 따라서 회사를 차리고 그 회사를 잘 굴러가게 하는 것만으로도 애국을 말로만 떠들어대는 정치가보다 나은 대우를 받아야 한다.

그런데 환경이 바뀌고 있다. 기업을 둘러싼 환경은 변화가 아니라 혁명적인 상황이다. 외국의 저명한 경영학자는 "It's innovation, stupid!"(문제는 혁신이란 말이야, 이 멍청아!)라는 말로 경고 메시지를 보내기도 한다. 왜 이렇게까지 혁신이 필요하다고 역설할까? 그것은 종전의 잣대를 버리고 새로운 기준을 세우지 않으면 생존 자체가 불가능한 변혁의 시대에 접어들고 있기 때문이다. 종전에는 "왜 사업을 하십니까?"라는 질문을 하면 "돈 벌기 위하여"라는 한마디로 통했다. 그러나 돈은 당연히 벌어야 하지만 이제는 그것만으로는 부족하고 함께 잘 살아야 할 '기업의 사회적 책임'이 강조되는 시대다. 기업은 끊임없이 성장·발전하는 조직체다. 망하지 않고 계속적으로 살아남는 것이 가장 큰 책임이다. 살아남으면 인재를 고용할 수 있고, 세금을 낼 수 있으며, 부가가치를 창출할 수 있기 때문이다. 아울러 환경보호, 인재개발, 지역사회 기여 등도 관심을 가져야 할 사회적 책임의 일부가 되고 있다.

미국의 《포천》이 매년 세계에서 가장 존경받는 기업을 발표할 때 쓰는 평가항목은 ① 기업의 혁신성, ② 기업 자산의 운용, ③ 글로벌화, ④ 경영의 질, ⑤ 임직원의 능력, ⑥ 제품 및 서비스의 질, ⑦ 장기적인 투자가치, ⑧ 재무적 투명성, ⑨ 기업의 사회적 책임 등이다.

《포천》은 혁신 등 효율적인 경영을 통한 우수한 경영 성과 달성은 단지 존경받는 기업의 70%를 충족한 것일 뿐이라고 말하고 있다. 투명성과 사회적 책임 등으로 나타난 기업의 사회적 리더십이 존경받는 기업의 나머지 30%를 결정한다고 밝히고 있으며 사회적 책임, 윤리 등이 기업의 중요한 덕목으로 떠오르고 있다. 매출·이익 등 재무적 성과만으로 지속가능한 성장을 약속받는 시대는 가고 이를 뛰어넘어 기업의 이해관계자들의 신뢰가 성장을 담보할 수 있는 시대가 온 것이다. 삼성, 현대차, 포스코, LG 등 세계적인 기업으로 커가고 있는 국내 대기업들이 최근 사회적 책임, 윤리 등을 강조하고 있는 것도 이 같은 시대 흐름을 쫓기 위한 것이다.

이를 압축적으로 나타내는 말이 '존경받는 기업'이다. 기업이 존경을 받기 위해서는 우선 경영 성과가 탁월해야 한다. '재무적 성과는 기업이 존경받기 위한 요건'이고 '성과가 없으면 기업의 사회공헌 실현이 어렵다'는 것이 통설이다.

실제로 ≪포천≫은 '존경받는 기업' 후보에 연매출 80억 달러 이상을 하한선으로 긋고 있다. 역으로 ≪포천≫의 가장 존경받는 기업들은 S&P500 기업의 배에 달하는 성과를 기록하고 있고, 국내에서도 윤리경영을 실천하는 기업들이 그렇지 못한 기업보다 주가, 이익이 크게 앞서고 있는 것으로 나오고 있다. 전제조건을 충족한 기업들이 윤리경영, 투명경영, 사회공헌 활동을 통해 고객, 주주, 투자자, 종업원, 지역사회 등 이해관계자들의 신뢰를 확보할 때 '존경받는 기업'이 나온다는 지적이다. 기업인이 사회구조, 정치수준, 국민정서 등을 탓하기에 앞서 기업들이 먼저 기업 시민으로서의 역할 수행에 나서야 한다.

우리는 지금 20세기를 지나 21세기를 항해하고 있다. 그런데 일부 경영자들의 인식은 아직도 18세기에서 벗어나지 못하고 있는 것이 안타깝다. 우리 세대는 제1의 물결에서 제4의 물결까지 다 겪은 경험을 갖고 있다. 경영자들 중 상당수가 일제강점기에, 또 대부분이 70년대 경제개발기 이전에 태어났다. 따라서 노사관계와 인적자원 관리에 대한 기본적인 사고는 유교적이고 가부장적이고 봉건적이며, 신분적인 예속관계를 상정하고 있다. 농업 이외에 다른 산업이 발달하지 않았을 때는 그러한 과거의 잣대가 먹혀들었다. 그러나 이제는 직업의 종류만도 3만여 개에 이르고 농사를 지어서 먹고사는 사람은 20% 미만에 불과하다. 앞으로는 단순 제조업에서 일하는 사람도 전체 노동력의 20% 이하로 줄어들 것이다.

최고경영자^{CEO}는 말을 달리는 기수와 같다. 그것도 사력을 다해 경주마를 몰면서 목표지점을 향해 질주하는 기수에 비유할 수 있다. 무생물인 자전거를 타거나 자동차를 운전하는 것과는 전혀 다르다. 자전거는 페달을 밟는 대로 속도를 내게 되어 있으며 자동차도 기어를 올린 후 액셀을 밟으면 능력만큼 무조건 달리게 되어 있다.

그러나 말은 다르다. 아무리 잘 조련된 경주마일지라도 채찍을 가하기만 한다고 무조건 냅다 달리는 게 아니다. 한마디로 레이서와 호흡이 맞아야 하고 레이서는 말을 육체적으로 체력적으로 잘 파악하고 보살펴야 한다. 그러면서도 달리는 찰나마다 심적, 정신적으로도 깊은 교감이 이루어져야 소기의 목적을 눈부시게 달성할 수 있다. 이렇게 말 타기와 자동차 운전이 다른 것은 말이 생명체이기 때문이다. 회사는 곧 생명체다. 울고 웃고 또 괴로워하며 신이 나서 펄펄 뛰기도 하는 반면 풀이 죽어 하는 일마다 잡치기도 한다. 이렇게 살아 있는 법인인 회사를 경영하는 CEO는 기수와 다르지 않다.

변화의 소용돌이 속에 있는 21세기에 기업이 생존하기 위해 필요한 몇 가지를 노사관계 측면에서 정리해 본다.

첫째, 기업은 불법적인 사업(예컨대 마약, 밀수 등)**을 경영하지 않는 한 살아남아야 한다.** 즉, 기업 스스로 확대 재생산을 해야 할 책임이 있다는 사실을 염두에 두어야 한다. 왜냐하면 농업사회 또는 중세 봉건사회가 아닌 21세기에는 기업이 인간생활의 모든 면에 가장 큰 영향을 미치기 때문이다. 다시 말하면, 현대 사회는 특별한 사정이 없는 한 모든 사람이 경영자·관리자 · 노동자 등 기업의 구성원에 포함되고 기업이 성장 · 발전하지 않고 정체된다면 실업문제부터 정치문제에 이르기까지 사회운영 시스템이 제대로 작동하지 않게 된다는 점이다. 따라서 기업이 생존하고 확대 · 성장하는 것을 최고의 가치로 인정해야 한다.

둘째, 노사관계에서 대립적 측면을 무시할 수 없지만 기업이 성장 · 발전하기 위해서는 참여적인 노사관계의 중요성이 나타나게 된다. 참여와 협조는 이념과 구호만으로 달성될 수 없는 실천적인 명제이다. 또한 법률이나 정부에 의한 강제보다는 기업의 주도에 의한 참여가 더 효율적이며 노사자치의 기본 철학에 의하여 경영자가 먼저 노동자들을 경영 의사결정에 참여시키고 대등한 인격자로 대우하며 동반자적 정책을 펴는 것이 중요하다. 노동자와 노동조합을 가장 소중한 파트너로 생각해야 한다. 회사가 없이 노동자가 존재하지 못하는 것과 마찬가지로 노동자가 없는 기업경영은 생각할 수 없다.

셋째, 새로운 노사관계를 정립하기 위해서는 기업조직의 전면적인 개편이 요구된다. 21세기에는 사람만이 희망이다. 사람이 모든 것을 좌우하는 시대다. 기업마다 노사관계 전문가를 채용하거나 인적자원관리팀Human Resource Team을 확대하는 등 사람에 대한 투자를 늘려나가야 한다. 노사관계와 인적자원관리를 단순히 조직상의 지원기능으로 이해한다면 21세기 새로운 환경에 적응하기 어려우며 자칫 생존에 치명적인 바이러스가 될 수 있다. 그러므로 노사팀이나 인적자원관리팀이 전략적인 의사결정에 도움을 줄 수 있는 조직구조를 설계해야 한다.

또한 참여와 협력을 이끌어낼 수 있는 제도의 입안과 실시를 위해 별도의 조직을 만들고 그 조직에서 각종의 노사공동위원회 설치에 대한 계획이나 실시, 효과의 분석, 지속적인 개혁이 이루어지도록 지원을 아끼지 말아야 한다.

넷째, 인적자원 개발에 대한 투자를 늘려야 한다. 앞으로는 사람이 모든 것이 되는 사회다. 종전까지는 자본과 기계 등 물적인 개념이 기업의 대부분을 차지했지만 이제는 인적자원이 기업의 흥망을 좌우하는 시대이다. 사람에 대한 투자는 비용의 개념을 넘어서는 중요한 화두이다. 기업의 구성원 모두가 내가 사장이라는 사고와 행동이 필요한 시기이다. 그렇다면 인적자원에 대한 투자는 늦출 수 없는 시급한 일이다. 교육·훈련비용은 단순한 비용이 아니라 인적자원에 대한 투자로 인식을 바꾸어야 한다. 직능별·계층별·사례별로 교육프로그램을 세분화하고, 내용 역시 단순한 지식의 주입보다는 경제·사회·경영 등 사회 전반적인 관심사항과 함께 노사관계·조직·혁신 등 조직의 일원으로서 필요한 모든 부분이 망라되고 노동자 개인의 경력개발에 도움이 되도록 구성해야 한다. 이러한 교육이나 훈련이 유행에 따라 움직이는 1회용이라면 그 효과를 누릴 수 없으므로 이를 상설화하고 교육·훈련에 대한 투자는 당장 성과가 나타나는 대증요법이 아니라 장기적으로 기업의 체질을 바꾸는 종합적인 치료법이라는 점을 인식해야 한다.

다섯째, 신뢰를 중요시하는 경영을 해야 한다. 많은 경영자들은 사회와 종업원으로부터 마음속에서 우러나오는 존경을 받고 있다. 그러나 아직도 비도덕적이면서 믿음을 주지 못하는 경영자가 존재한다. 약속을 지키고 비전을 공유하는 경영자가 신뢰를 얻을 수 있다. 신뢰가 없는 기업경영은 이제 사상누각에 불과하다. 노사관계의 신뢰는 더욱 중요하다. 서로 믿을 수 있어야 권한도 넘겨줄 수 있으며 모든 것을 맡길 수 있다.

신뢰경영의 출발은 경영자가 먼저 시작해야 한다. 닭이 먼저냐 달걀이 먼저냐는 논란은 필요 없다. 지금도 노동자들이 믿지 못하게 하니까 사장도 그럴 수밖에 없지 않느냐는 불만을 얘기하는 경영자가 있다면 그 사업은 그만두는 것이 현명한 일이다. 믿지 못할 사람은 아예 채용을 하지 말고 이왕 채용했으면 전폭적으로 믿고 맡겨야 한다.

여섯째, 노사관계를 가볍게 생각해서는 안 된다. 노사관계의 중요성을 크게 제고시켜야 한다. 지금까지 많은 기업은 노사관계란 조용하면 좋은 것, 임단협만 끝내면 할 일 다한 것으로 인식하는 경향이 있다. 기업 노사관계 관리의 근본목적은 노동자가 보람과 만족을 느끼며 창의와 열정을 다해 일할 수 있는 여건을 만드는 데 있다. 따라서 노사관계는 일이 생길 때 일시적 문제로 다루어서는 안 되고 평상시에 항상 관심을 가져야 한다. 또한 노사관계 담당부서의 위상을 높여야 한다.

이제 노사관계의 승패 여부가 자금관리나 영업만큼 또는 그 이상으로 기업 성공의 관건이 되고 있다. 그러므로 노사관계 담당부서를 기업의 전략적 부서로 삼고 그 위상을 제고해야 한다. 노사관계에 관한 전문성을 강화해야 한다. 노사관계 업무란 누구나 맡기면 다 할 수 있는 것이 아니고 밀어붙이면 다 해결되는 것도 아니다. 해결의 합리적인 길이 따로 있으며 이 길은 전문가라야 쉽게 찾아갈 수 있다.

일곱째, 정보의 공개와 공유를 통한 열린 경영, 더 나아가 종업원 참여를 통한 참여경영을 발전시켜야 한다. 열린경영·참여경영은 노동자와 노동조합의 기업과 경영자에 대한 신뢰를 높임으로써 불신과 갈등의 소지를 줄여주고 노사 운명공동체 형성의 기반을 강화해줄 것이다. 더 나아가 종업원의 일에 대한 보람과 만족, 창의와 열정을 증진시킴으로써 지식정보화 시대에 기업경쟁력의 제고에 크게 기여할 수 있다. 열린경영을 촉진하기 위한 방법은 노사협의회의 기능 활성화, 최고경영진의 정기적인 경영설명회, 5분 미팅제 등이 있으며, 최근 선진기업에서는 지식경영이 도입되면서 정보공유가 빠르게 진전되고 있다. 또한 경영 성과의 공정한 배분을 통한 성과참가와 종업원지주제를 통한 소유참가를 실시함으로써 종업원의 일과 기업에 대한 헌신을 높여야 한다. 그리고 종업원의 기술, 지식습득을 촉진하는 보상체계의 도입도 필요하다.

여덟째, 노동조합과 노동자를 소중한 내부고객으로 존중해야 한다. 이를 위해서는 노동자를 인격적으로 대하고, 약속이나 합의사항은 반드시 이행해야 한다. 아울러 부당노동행위를 삼가야 한다. 그리고 노사문제의 해결에서 법적 절차를 준수해야 한다. 특히 고용조정은 법적 요건과 절차의 준수는 물론이고 준비 · 실행 · 사후수습 단계에 걸쳐 노사협력적으로 추진하는 것이 바람직하다. 그리고 노동자의 사회적응, 취업알선 및 재취업훈련 등과 같은 배려outplacement service를 충실하게 해야 한다.

노조, 욕심은 최소화 전문성은 극대화

노조간부에게 "왜 노동운동을 하는가"라는 질문을 던져보면 다양한 의견이 나온다. '노동자들의 생존권을 보장하기 위하여'라는 원칙적인 대답에서부터 '할 수 없이 끌려 들어와서'라는 자조적인 대답까지 사람에 따라 다르다.

산입사회 이후 노동운동은 아주 중요한 사회적인 역할을 담당해왔다. 만약 노동조합이 노동자들을 대변하지 못했다면 자본주의가 몰락하고 공산주의나 사회주의가 득세하는 세상이 되었을 가능성도 있다. 그만큼 노동조합은 사회적 세력관계의 균형과 안정을 위해 필요하고 또 사회적인 역할을 충분히 하고 있다. 제4물결인 창의지식사회로 진행되면서도 노동운동은 형태는 변할지언정 여전히 중요한 위치를 차지할 것이다. 다만 사회가 변하는 것에 맞춰 노동운동도 변화를 해야 할 것이며 21세기를 앞서

가는 노조간부가 되기 위해 관심을 가져야 할 몇 가지를 정리해본다.

첫째, 개인의 지나친 욕심을 버리자. 우리나라에서는 특히 노동조합의 조직갈등이 많다. 그것은 정치인과 마찬가지로 노조간부 개인의 권력욕구에서 비롯되는 경우가 대부분이다. 물론 집행부가 잘못하면 견제와 균형을 위해서라도 불신임을 받거나 연판장을 돌릴 수 있을 것이다. 하지만 필자의 경험으로는 조합장이 되고 싶은 간부들의 개인적인 욕심이 많이 개입된다. 겉으로는 노동자 대중을 위한다는 명분을 내세우지만 종국에는 조합장 자리를 차지하기 위한 권력다툼인 경우가 있다는 의미이다. 가장 민주적이면서도 도덕적으로 운영되어야 할 조직이 바로 노동조합이다. 그 첫걸음은 바로 노동운동을 하는 간부가 개인적인 욕심을 버리는 것이다. 노조간부는 단순히 군림하는 자리가 아니다. 가장 도덕적이고 고귀한 사명을 간직해야 한다.

둘째, 공부를 하자. 종전의 노동운동은 목소리 크고 안하무인의 무식한 방법이 어느 정도 통했다. 그러나 이제는 지식혁명, 창조혁명의 시대이다. 노동조합도 연구하고 공부하지 않으면 존재가치를 상실하는 변혁의 시대이다. 특히 노조간부가 되려는 사람이나 이미 노조간부로서 활동하는 사람은 인간에 대한 기본적인 이해를 비롯하여 정치·경제·사회의 모든 면에 대해 새롭게 공부를 해야 한다. 그중에서도 노동법과 노사관계, 경영학과 리더십, 모티베이션 등은 필수적인 지식이다.

종전에는 10년이면 강산이 변한다고 했다. 이제는 1년 아니 1개월이면 강산이 변하는 시대가 되었다. 어제의 지식이 오늘은 쓸모없는 것으로 변하는 시대이다. 꾸준하게 연구하고 공부하는 자세가 노동운동의 앞날을 밝게 열어줄 것이다. 노동단체에서 실시하는 교육 이외에도 대학원이나 각급 교육훈련기관에서 실시하는 교육에 적극적으로 참여해서 이론적인 틀을 갖추어야 한다.

셋째, 미래를 내다보는 안목을 기르자. 노동운동은 보수적이기보다는 진보적이다. 진보적이라는 의미는 다른 것보다 앞서간다는 것이다. 앞서가기 위해서는 미래를 내다보는 혜안이 필요하다. 당장에 보이는 눈앞의 모습만으로 전략과 정책을 결정하는 것은 창칼로 싸우던 중세시대에나 통한다. 이제는 장기적인 비전과 전략을 가지고 운동을 이끌어갈 시기다. 그러기 위해서는 다양한 방법으로 안목을 길러야 한다. 미래를 내다보는 서적 탐독, 세미나 참석 등을 통해서 지식을 습득하고 이를 분석하는 습관을 길러야 한다. 노조간부는 어두운 안개 속에서 노동자들을 인도하는 지도자이다. 지도자가 미래를 내다보는 안목과 비전이 없다면 그 구성원들은 방향을 잃고 헤맬 수밖에 없다.

넷째, 분배도 중요하지만 부가가치의 생산에도 관심을 가지자. 흔히 노동운동은 뺏는 투쟁과정이라고 한다. 더 많이 뺏어내기 위해 사용자와 단체교섭을 하고 또한 유리한 교섭을 뒷받침하려고 단체행동을 하는 것이 노동운동의 본래적 모습이라는 것이다. 대량생산시대에는 그러한 논리가 당연한 것으로 인정되었다. 그러나 이제는 다품종 소량생산, 더 나아가 주문생산의 시대로 접어들고 있다. 따라서 노동조합도 분배적인 측면에서의 투쟁과 함께 분배의 몫인 부가가치의 생산에도 관심을 가져야 한다. 나누어 먹을 몫이 없는데 투쟁만 한다고 없는 몫이 그냥 생기는 것은 아니다. 생산과정에서는 과감한 협조를 통해 부가가치를 창출하고 이렇게 만들어진 부가가치를 공평하게 나누기 위해 노동조합의 단결된 힘을 사용하는 것이 앞으로 노동운동이 지향해야 할 모습이다. 협조하는 것 자체가 어용은 아니다.

노동조합이 기업의 생산성·품질·서비스 향상에 일정한 역할을 하는 등 기업성장의 책임 있는 동반자 역할을 할 수도 있다. 더 나아가 노동조합은 기업의 장기발전전략 설정과정에도 참여하고 협력해야 한다. 미국 AT&T 노사의 '초일류기업으로의 성장을 겨냥한 미래의 작업장Workplace of the Future협약'이 그 좋은 예다. 또한 작업현장 수준에서도 작업조직 재설계, QC 등 제안활동, 자율팀 운영에 참여하고 협력해야 할 것이다.

다섯째, 교섭의 중심 테마를 임금 등 분배문제에서 인적자원개발 등 노동자들의 전체적인 가치를 높이는 쪽으로 바꾸어 나가자. 노동조합에서 적어도 인건비의 10% 이상을 교육훈련비로 투자하도록 요구해야 한다. 또한 노동조합에서 조합원을 교육할 때에도 단순히 노사관계의 대립과 투쟁적인 면만 강조하지 말고 21세기를 인간답게 살기 위해 노동자들이 무엇을 준비해야 하고 어떤 의식과 행동을 가져야 하는지에 대해 알려줄 의무가 있다. 능력향상교육은 노동조합과 회사가 공동으로 프로그램을 개발하고 공동으로 진행하는 방법을 연구해야 한다. 노조전임자도 시간을 잘 활용해서 전문강사로서 강의를 하거나 교육프로그램을 진행하는 것도 참여와 협력이라는 노사관계의 발전방향에 어울린다.

일본의 경우 노조전임자가 회사를 방문하는 외부손님들에게 회사의 전반적인 경영현황을 설명하기도 한다. 임원이나 경영진보다도 회사사정을 더 잘 알고 있고 계속해서 노동조합 업무가 있는 것도 아니므로 노조전임자나 노조간부가 경영현황을 설명하는 것이 당연하다는 입장이다. 노조전임자라고 해서 매일 단체교섭이나 노사협의를 하는 것은 아니므로 주어진 시간을 효율적으로 활용해서 기업의 생산성 향상에 기여하는 것이 노조간부의 역할 중 하나이다.

여섯째, 개인의 경력개발에 투자하자. 노조간부를 그만두면 무엇을 할 것인가에 대하여 고민해 보았는가. 기업별 노조체제에서 가장 바람직한 모습은 원래의 직무로 복귀하는 원직복직이다. 즉, 노조간부가 되기 이전에 종사하던 업무를 다시 이어가는 것이다. 그런데 대부분의 노조간부는 다른 길을 가고 있다. 노사관계가 원만하지 못했던 경우에는 사표를 쓰거나 아니면 해고를 당하는 모습을 볼 수 있다. 본래의 직무를 계속하되 종전보다 높은 직위를 부여받아 일하는 사람도 있고 아예 다른 부서의 업무로 배치되는 사람도 있다.

노조간부가 왜 원직에 복귀하는 것을 꺼리는지 정확한 조사자료가 없지만 노조간부로 활동하는 기간 동안 개인적인 경력개발에 소홀한 것이 결정적인 원인일 것 같다. 3년이나 6년의 기간은 개인의 일생에서 참으로 소중한 시간이다. 인생을 바꿀 수도 있는 긴 시간이다. 노조간부를 하면 경영에 대한 공부는 물론 노동법, 인간관계 등 평소에 경험하지 못한 중요한 학습기회가 주어진다. 이를 잘 활용하는 사람은 노조간부를 그만두고 새로운 모습으로 발전할 수 있지만 매일 매일을 허비한 사람은 더 이상 갈 길을 찾지 못하고 낙오하게 된다.

일곱째, 가정에 충실하자. '수신제가치국평천하'라는 옛 말을 떠올리지 않더라도 많은 노조간부들이 조직을 위해 일한다는 미명하에 가정생활에 소홀하게 된다. 노동운동을 하면서 이혼하는 사람도 종종 있다. 조합원의 환심을 사려는 만큼 가족에게도 봉사하는 마음이 필요하다. 가정이 무너지면 노동운동도 의미가 없다. 노조원도 소중한 고객이지만 가족은 더욱 소중한 고객이다.

여덟째, 교섭문화를 재구축해야 하며 이를 위해 교섭석상에서 상대방에게 정중한 언어를 사용하고 예의를 갖추어야 한다. 특별한 경우가 아니면 사용자 측 교섭위원보다는 노동조합 측 교섭위원이 나이가 어리다. 교섭을 할 때는 대등한 당사자이지만 교섭석상을 벗어나면 인간적인 관계로 복귀할 수밖에 없다. 인간적인 예의를 지켜야 한다. 그리고 요구사항은 객관적인 자료를 바탕으로 합리적인 수준에서 하고 기업의 권한 밖에 있는 사항을 요구해서는 안 된다. 단체행동은 노동조합의 권리이지만 최후의 수단으로만 행사해야 한다. 교섭을 통해 노사가 수용가능한 결과에 도달하기 위해서는 교섭기법도 바꾸어야 한다. 목적과 수단이 전도되어서도 안 되며 목적을 달성하기 위한 수단도 합리적이고 적절한 수단을 사용해야 한다. 빈대 잡기 위해 초가삼간을 태우는 우를 범해서는 안 된다.

아홉째, 노조활동의 전문성을 제고해야 한다. 노동조합은 경영 성과의 책임 있는 한 주체로서 역할을 해야 하기 때문에 전문성과 합리성을 갖지 않으면 안 된다. 개별 노동자도 현장참여의 주체이기 때문에 경영에 대한 이해능력이 향상되지 않으면 경영의 비효율이 발생할 수 있다. 따라서 노동조합은 조합간부와 조합원의 경영에 관한 전문성과 이해능력을 제고하기 위한 노력을 기울어야 할 것이다.

특히 경영참가를 요구하는 노동조합에서는 적어도 노동조합이 조합원이나 교섭위원들을 상대로 경영과 경제에 대한 교육을 실시해야 한다. 경영을 이해하지 못하는 상태에서 노사간 공동의사결정을 한다면 그 결정은 잘못될 가능성이 그만큼 크기 때문이다. 경영은 종합적인 지식과 경험을 필요로 하는 의사결정과정이다. 따라서 노동조합이 경영참가를 요구하려면 경영자에 필적할 만한 경영지식을 쌓아야 한다. 공부하지 않는 노동조합은 경영참가를 주장할 기반을 갖추지 못한 것이다.

마지막으로 노동조합 활동도 법을 준수해야 한다. 자율과 책임의 민주적 노사관계는 법이 제대로 지켜질 때 비로소 정착될 수 있다. 예전과 달리 노동관계법이 공정한 법규범으로서의 위상을 어느 정도 회복했기 때문에 법적 절차를 존중하며 문제를 풀어가야 할 것이다.

05 근로기준법의 노동자, 노동조합법의 노동자

노동자? 근로자?

현장에서 노사관계와 노동법에 대한 강의를 진행하다 보면 가끔 엉뚱한 질문을 받는다. "노무사님! 강의하시면서 어떤 때는 노동자라는 말을 쓰고 어떤 때는 근로자라는 말을 쓰는데 노동자와 근로자가 같은 용어입니까? 아니면 다른 용어입니까?" 노동문제를 가지고 밥벌이를 한 세월도 20년이 넘었지만 이런 질문을 받을 때면 가슴이 답답해진다. 필자는 노동자와 근로자를 가리지 않고 동일한 뜻으로 사용하기 때문에 크게 문제를 삼지 않는 주제이지만 질문을 받고 보면 무슨 답이든 해야 하므로 그냥 웃으며 다음과 같은 설명으로 마무리짓는데 이는 어디까지나 필자의 주관적인 생각이므로 논리적이거나 법적인 근거가 뒷받침되는 이론은 아님을 감안해야 한다.

노동자와 근로자는 노동을 제공하고 임금 기타의 수입에 의해 생활하는 자로서 동일한 개념이다. 다만 사회적인 용어는 노동자임에도 법률적인 용어는 근로자라고 사용하는 것이 현실이다. 그러면 왜 어떤 경우에는 노동자라고 하고 어떤 경우에는 근로자라고 하는가? 그것은 전쟁상황이라는 난리 속에서 근로기준법과 노동조합법이 제정된 아픈 역사가 만들어낸 것으로 보인다. 우리 노동법은 우리의 현실을 반영한 독자적인 것이라기보다는 외국의 노동법, 그것도 일본의 노동법을 대부분 베낀 것이다. 학문적인 용어로는 외국법을 계수했다고 하지만 그냥 일본의 노동기준법과 노동조합법을 우리말로 바꾼 정도에서 시작된 아픔을 가지고 있다.

1953년 부산에서 노동관계법을 제정할 당시 미국 노동기준법과 일본 노동기준법을 중심으로 우리의 근로기준법이 만들어졌다. 일본의 노동조합법을 중심으로 우리의 노동조합법이 제정된 것도 당연한 일이다. 그럼에도 노동기준법이 근로기준법으로, 노동자가 근로자로 변경된 것에 대한 타당한 근거는 찾기 어렵다. 다만 부산 피난 시절에 우리가 북한의 노동당과 전쟁을 하고 있었으므로 노동이라는 용어 자체에 대한 거부감에서 이를 근로로 변경하지 않았나 하는 추측을 할 뿐이다. 즉, 노동이라는 용어보다는 좀 순화된 용어인 근로로 바꾸고 노동자라는 용어도 근로자라는 용어로 바꾸어 입법한 것으로 보인다. 따라서 노동자와 근로자는 동일한 용어이며 노동과 근로 역시 같은 뜻으로 해석해야 한다. 헌법상의 노동3권도 근로3권과 같은 내용이다. 심지어는 5월 1일을 노동조합에서는 '노동절'이라고 부르는 데 반해 법적인 명칭은 '근로자의 날'인 것도 이제는 통일된 용어를 사용해야 할 것이다. 근로자는 '근면한 노동자'를 뜻한다고 보면 노동자든 근로자든 노동을 제공하고 이를 통해서 생활하는 사람을 말한다고 할 수 있다. 어떤 보수적인 논객은 노동자는 빨간색이 더 많은 사람을 뜻하고 근로자는 파란색이 더 많은 사람을 뜻한다는 식의 색깔론으로 해석하기도 하지만 21세기 세계화, 지식기반경제화의 시대에는 이미 흘러간 얘기일 뿐이다. 따라서 이제는 노동과 근로, 노동자와 근로자, 노동3권과 근로3권을 통합할 필요가 있다. 사회적인 용어와 법률적인 용어가 따로 형성될 필요는 없을 것이다. 따라서 이 책에서는 노동자로 통일해서 사용한다.

노동조합법상의 노동자는 실업자와 자유직업소득자를 포함

판례와 행정해석의 대부분은 노동조합법상의 노동자 개념과 근로기준법상의 노동자 개념을 동일하게 판단하고 있다. 학습지교사 판례에서 법원은 학습지교사는 근로기준법상의 노동자가 아니기 때문에 노동조합법상의 노동자가 아니고 따라서 노동조합을 결성할 자격이 없다는 논지를 펴고 있다. 이는 근로기준법과 노동조합법의 입법취지와 보호대상이 다르다는 사실을 간과한 행정편의적, 사법편의적 해석이다. 사회가 빠르게 변하고 있으며 노동을 둘러싼 여러 가지 현상도 마찬가지이다. 1953년에 노동법이 제정될 당시가 아니다. 20대와 10대가 수십 년의 세대 차이를 느낀다고 하는 스피드시대이므로 노동자의 개념도 이제는 구분해서 실정에 맞는 보호대상을 정립해야 한다.

노동조합법상의 노동자는 사회적 약자로서 단결체를 통해 사회적 약자적 지위를 극복하는 데 초점을 두어야 한다. 반면 근로기준법상의 노동자는 사용자의 지휘감독 아래 비자주적 노동에 종사하는 데 초점을 두어야 하므로 노동조합법은 자주적인 노동을 제공하는 사람도 보호의 대상이지만 근로기준법에서는 자주적인 노동에 종사하는 사람은 보호대상은 아니다. 이를 법적으로 뒷받침하는 것이 노동조합법상의 노동자는 "임금, 기타의 수입에 의하여 생활하는 자"라고 되어 있으며 근로기준법상의 노동자는 "사업 또는 사업장에 임금을 목적으로 근로를 제공하는 자"로 구분되어 있다는 것이다.

노동조합법상 노동조합을 조직할 수 있는 사람은 '임금, 기타의 수입에 의하여 생활하는 자'이므로 자유직업소득자나 실업자도 당연히 노동자에 포함된다. 즉, 자기의 노동력을 제공하고 이를 통해서 임금, 기타의 소득을 올리면서 이를 통하여 생활을 영위할 수밖에 없는 사회적 약자를 보호하려는 취지를 가지고 있으므로 노동 이외에 별다른 생산수단을 가지고 있지 않다면 이는 노동조합을 통해서 사회적 세력균형을 이루도록 해야 한다. 따라서 일시적인 실업상태에 있거나 특정 사업장에 소속되어 있지 않더라도 품을 팔아서 품삯을 받아 생활하는 사람들은 자유직업소득자로 분류되더라도 노동조합 활동이 가능한 노동자의 범주에 포함시켜야 한다. 그러므로 학습지교사, 골프장 캐디, 보험설계사 등 자유직업소득자들도 노동조합법상의 노동자로 인정해야 한다.

그러나 노동력 이외에 다른 생산수단을 가진 자영업자는 노동조합을 통한 보호가 아닌 헌법상 결사의 자유에 의해 사업주단체를 조직하거나 자영업자단체를 조직하는 것이 사회적 균형이라는 측면에서 바람직할 것이다. 실제적으로 음식업중앙회를 비롯하여 각종 이익단체와 소상공인협회 등은 결사의 자유에 의해 보호되고 있으며 각각 중요한 이익단체로서 충분히 사회적 세력관계의 균형을 이루고 있다. 최근에 논란이 많은 레미콘기사, 지입차주, 화물연대 등도 차량이라는 별도의 생산수단을 가지고 있으므로 노동조합을 통한 단결권의 행사보다는 결사의 자유에 의해 보호되는 결사체로서 활동하는 것이 타당한 대안일 수 있다. 헌법상의 노동3권은 단결권, 단체교섭권을 비롯하여 단체행동권까지 보호하는 막강한 힘을 가지고 있는 권리이다. 이러한 막강한 힘을 가진 권리는 사회적으로 노동력 이외에는 생활 밑천을 벌 수 없는 사회적 약자인 노동자들에게 인정된 역사적 흐름을 가지고 있다. 따라서 차량이든 중기든 별도의 생산수단을 가지고 있는 자영업자인 경우에는 노동3권의 보호대상이 아니라고 보는 것이 옳을 것이다. 이들에게 노동3권을 보장한다면 개인택시기사, 미용실업주, 학원경영자, 개업의사 등 사업주이면서 본인의 노동력을 일부라도 제공하는 사람은 모두 노동3권을 인정해야 한다는 아이러니가 발생한다.

근로기준법은 비자주적 노동에 종사하는 노동자만 보호대상

노동조합법과 달리 근로기준법은 현실적으로 사업 또는 사업장에서 사용자의 지휘감독을 받으며 비자주적 노동에 종사하는 노동자를 보호대상으로 상정한다. 노동조합법상의 노동자에 해당하여 노동조합을 조직하거나 노동조합에 가입할 권리가 있다고 하더라도 특정한 사업 또는 사업장에서 시키는 대로 일하지 않는 경우에는 근로기준법상의 노동자가 될 수 없다. 이러한 자영업자의 대표적인 사례가 학습지교사와 골프장 캐디, 보험설계사 등이다. 이들은 노동력 외에는 아무런 생산수단을 가지고 있지 않기 때문에 노동조합법상의 노동자에는 포함시켜야 한다. 그러나 학습지교사가 직접 학습지 회사와 근로계약을 맺지 않고 자유직업소득자로서 수수료를 받으며, 출퇴근 의무가 부여되지 않고, 업무수행방법에 대해 회사로부터 구체적인 지시감독을 받지 않고 자유롭게 일을 한다면 근로기준법상의 노동자로 보기는 어렵다. 근로기준법상의 노동자가 아니라면 근로시간, 휴일, 휴가, 퇴직금, 해고제한 등 노동보호법이 적용되지 않는 것이다. 비슷한 개념으로 골프장에서 일하는 캐디의 경우에도 지시감독을 받지 않고 출퇴근의무도 없으며 근로시간의 구속을 받지 않는 등 자유롭게 내장객을 위한 활동을 하고 수수료나 팁에 의해 소득을 얻는다면 근로기준법상의 보호대상에서 벗어나게 된다.

그런데 사용자의 지시감독을 받는 사람은 모두를 근로기준법상의 노동자로 보호해야 하는가에 대해서는 진취적인 해석이 필요하다. 사회의 양극화에 의해 동일한 회사에 근무하는 노동자들도 소득격차가 엄청나다. 소득격차뿐이 아니라 권한도 큰 차이가 난다. 따라서 단순히 사용자의 지휘감독하에 근로를 제공한다는 개념만으로 근로기준법상의 노동자로 보호한다는 것은 형평성에 맞지 않는다. 사용자의 지휘감독하에 근로를 제공하더라도 사용자에 필적할 만한 권한을 가지고 있거나 연봉이 적어도 임원보다 많은 근로자는 근로기준법이 보호하지 않아도 스스로 본인을 보호할 능력이 있다. 그렇다면 앞으로 근로기준법상의 노동자 개념에서 일정액 이상의 연봉을 수령하거나 일정액 이상의 소득을 올리는 사람은 보호대상에서 제외하고 대신 사회적 약자인 비정규직 보호에 더 많은 행정력과 사회적 투자를 할 필요가 있다.

06 단체교섭과 경영참가의 전략적 활용

단체교섭의 바람직한 방향과 전략

생산과정은 참여와 협력을 통한 부가가치의 증대에 초점을 맞춘다면 분배과정은 단체교섭제도의 합리적 운영과 노동쟁의에 대한 공정한 조정에 달려 있다. '싸움은 말리고 협상은 붙여라'라는 말이 있듯이 노사협상이라는 형식을 빌리든 단체교섭이라는 이름을 붙이든 노사간 분배문제를 어떻게 처리하느냐가 가장 중요하다.

사람은 감정에 약한 동물이라 개인적인 감정을 무시할 수 없다. 기업 내부에 있는 노동조합과 사용자가 분배적인 문제를 가지고 교섭을 하다 보면 자칫 감정적인 다툼으로 흘러갈 우려가 있다. 따라서 내부적인 사람들끼리는 서로 이해공통적인 사항을 통해서 서로 간의 이해관계를 조정하고 기업 밖에 있는 사람들끼리 이해 상반적인 문제를 해결하는 것이 바람직할 수 있다.

단체교섭이 산별노조와 산별 사업주단체 간에 이루어지면 기업 내부에 있는 노동조합과 사용자는 싸우는 일이 적어지고 감정으로 치닫는 경우도 줄어들 것이다. 따라서 부가가치의 분배문제는 산별교섭으로, 부가가치의 생산문제는 경영참가(노사협의)로 역할을 나누는 지혜가 필요하다. 협조하는 문제와 투쟁하는 문제를 한 당사자가 처리할 경우 감정적인 부분이 돌출되어 전체적으로 투쟁적인 노사관계가 형성될 위험이 있다.

우리나라에서도 산별 조직화의 확산과 더불어 산별교섭의 문제가 노사 간의 쟁점이 되고 있다. 현재 행해지고 있는 교섭방식은 기업별교섭·통일교섭·집단교섭·공동교섭·대각선교섭 등으로 나누어지고 있다. 산별노조는 동종 산업에 종사하는 노동자들이 직종이나 기업을 초월하여 조직한 노동조합을 말한다. 이 중 노동자들이 그 구성원으로서 직접 가입하고 참여하는 조직형태를 산업별 단위노동조합이라 하며, 동종 산업에 조직된 기업별 노동조합 등을 구성원으로 하는 산업별 연합단체(산별연맹)와 구별된다.

산별교섭이란 통일교섭의 예와 같이 동종 산업 내 다수의 기업에 적용될 단체협약의 체결을 목표로 하는 교섭방식이며 하나의 기업에 적용될 단체협약의 체결을 목표로 하는 대각선교섭 등은 전형적인 산별교섭의 예로 보기 어렵다. 다만, 산별노조가 공동요구안을 제시하고 다수의 대각선교섭을 진행하는 사례도 있다.

기업별교섭은 해당 기업과 그 기업 내의 근로자로 구성된 노동조합이 교섭당사자가 되는 것으로서, 대기업·정규직 중심의 기업별노조가 주축인 우리나라에서 단체교섭은 개별기업을 단위로 이루어지는 가장 분권화된 구조를 가지고 있다. 그렇다고 기업별교섭이 기업별 노조체제에서만 행해지는 것은 아니며, 산별노조 체제에서도 부분적으로 이루어지고 있다.

기업별교섭은 동종·유사산업 내의 기업 간 임금 및 기타 근로조건에 상당한 격차를 발생시킬 수 있는데, 1987년 노동자 투쟁 이후 직종별·성별·학력별 임금격차는 축소되어왔지만 기업규모 간 임금격차는 점차 확대되어온 것이 이를 뒷받침한다. 흔히 기업별교섭의 문제점으로 지적되고 있는 것은 이 구조하에서는 '임단투'가 노조 집행부의 역량과 활동을 평가하는 유일한 기준으로 작용하여, 교섭의 장기화와 소모적인 갈등을 유발함으로써 협력관계의 성숙이 저해될 우려가 크다는 점과 상대적으로 지불능력이 크고 위험 부담의 하방전가가 가능한 독과점 대기업을 중심으로 임금인상이 이루어짐으로써, 기업 규모별 정규·비정규직 간의 임금격차의 확대에 따른 노동시장의 분단화가 고착될 가능성이 크다는 점이다.

일반적으로 교섭방식을 구분할 때 '산별교섭'을 교섭방식의 한 유형으로 언급하지는 않는다. 흔히 우리가 '산별교섭'이라고 할 때 그 의미는 기업별교섭에 대한 상대적 개념으로서, 산업별 노조(직종별 노조 등의 소산별노조도 포함하여) 또는 교섭권을 위임받은 상급단체가 참여하는 교섭방식을 통틀어 일컫는 말이라고 이해하면 될 것이다. 그렇다면 기업별교섭이 아닌 다른 교섭형태, 즉 통일교섭·집단교섭·공동교섭·대각선교섭을 모두 산별교섭의 범위에 포함시킬 수 있는데, 다만 노조에서 주장하는 '산별교섭'의 의미는 산별교섭 중에서도 특히 통일교섭을 지칭한다.

통일교섭은 산업별 노조와 그에 대응되는 산업별 사용자단체가 교섭 당사자가 되는 것이다. 그렇다고 통일교섭이 반드시 산업별 노조와 산업별 사용자단체가 구성되어 있어야만 가능한 것은 아니며, 산업별 노조가 없더라도 기업별 노조로부터 교섭권을 위임받은 산별연맹과 이에 대응되는 사용자단체 간의 교섭이나, 노조법상의 사용자단체가 아니더라도 개별기업으로부터 교섭권을 위임받은 사용자단체와 이루어지는 교섭도 통일교섭의 하나로 볼 수 있다.

서구의 경우 사용자단체들이 산별노조와 교섭을 벌이는 산별 통일교섭이 일반적인데, 산별 통일교섭이 일찍부터 가능했던 것은 노동조합의 경우

보다 광범위한 노동계급의 단결이라는 차원에서 산별 단체협약을 추구하는 방향으로 나간 것이며, 사용자 입장에서는 중세부터 있어온 사용자들 간의 상호협력이라는 오랜 전통이 확립되어 있어 사용자단체 결성이 쉬웠다고 할 수 있다. 1980년대 이후부터 기술 및 조직의 변화, 세계시장에서의 경쟁 격화, 노동시장의 다양화 등으로 인해 단체교섭 체제의 분권화 추세가 뚜렷해진 것은 사실이지만, 이들 국가에서의 분권화는 산별노조에 의해 '조율된 분권화coordinated decentralization'로 안정적으로 진행되고 있다.

양대 노총에서 1997년부터 줄기차게 산별노조 건설을 추진해오면서 상당수 산별노조가 결성되어 있으나, 이에 대응되는 노조법상의 사용자단체가 존재하지 않는 이유로 인해 실제적인 통일교섭은 일부 업종에서만 이루어지고 있다. 물론 앞에서 언급한 바와 같이 노조법상의 사용자단체가 없더라도 통일교섭은 가능한데, 금융업종에서 은행연합회가 각 회원사로부터 교섭권을 위임받아 사용자 대표로 전국금융산업노조와 교섭을 했던 것이 그 한 예이다.

또한, 금속산업에서도 집단교섭의 경험이 있는 민주노총 금속노조와 95개 사 사용자로부터 교섭권과 체결권을 위임받은 금속사용자 대표들이 주 5일 근무제, 비정규직 노동자 차별 철폐, 근골격계 직업병 대책 등에 대해 산별 중앙교섭, 즉 통일교섭을 벌이기로 합의한 사례도 있었다.

기업별교섭이 기업 또는 사업장 수준에서 이루어지는 것이기 때문에 가장 분권화된 교섭형태라면, 통일교섭은 산별노조 또는 교섭권을 위임받은 산별연맹이 교섭권과 체결권을 함께 가지는 가장 중앙집권적인 교섭방식이다. 이런 이유로 통일교섭은 해당 산업에 종사하는 근로자들의 근로조건의 통일성을 높일 수 있다는 이점이 있으나, 기업 간 근로조건의 격차가 심한 경우에는 통일교섭이 여의치 않을 수도 있다.

과거 산별노조가 법에 의해 강제되었던 1960년대에는 통일교섭이 가능했었으나 실제로는 지부장이 교섭을 행하고 사후에 본조의 승인을 받는 형태로 이루어짐으로써, 통일교섭이 아닌 기업별교섭의 성격을 띠었다.

논자에 따라서는 철도노조나 체신노조 등을 산별노조로 보고 이들의 교섭을 통일교섭으로 보는 경우도 있으나, 이것은 기업별교섭으로 봐야 할 것이다. 현재 우리나라에서 통일교섭의 전형적인 형태는 금속노조와 금속사용자협회 간에 이루어지고 있는 교섭을 예로 들 수 있다.

대각선교섭은 산별노조 또는 교섭권을 위임받은 상급단체가 개별기업의 사용자와 교섭을 하거나 역으로 사용자단체가 개별기업별 노조와 교섭하는 형태를 말하는데, 주로 전자의 형태로 이루어진다.

이러한 대각선교섭은 사측에 비해 교섭력이 부족한 기업별노조가 상급단체에 교섭권과 체결권을 위임하거나, 산별노조는 조직되어 있으나 이에 대응하는 사용자단체가 존재하지 않는 경우 차선책으로 선택되는 교섭방식이다. 또한, 사용자단체는 있으나 산별통일협약의 적용을 회피하기 위해 사용자단체에 가입하지 않은 개별기업을 상대로 하는 교섭도 존재한다.

미국의 경우 단체교섭의 형태 중 반 이상이 이와 같은 대각선교섭으로 이루어지고 있는데, 이것은 다시 '단일사용자 단일사업장 교섭'과 '단일사용자 다수사업장 교섭'으로 나누어진다. '단일사업장 교섭'이란 하나의 사업장을 가지고 있는 사용자를 대상으로 전국 노조가 교섭을 벌이는 방식으로 노조에서는 그다지 선호하지 않는 교섭방식이지만 한 지역에 하나의 사업장만을 가지고 있는 사용자들이 별도의 사용자단체를 구성하지 않는 경우 어쩔 수 없이 선택된다. 이 경우 산별노조가 가지고 있는 교섭권은 지역지부에 위임하게 되며, 지부교섭위원회가 실질적인 교섭주체가 되어 지역 수준에서 교섭을 진행시킨다.

대각선교섭과 관련하여 패턴교섭^{Pattern Bargaining}에 대해 살펴볼 필요가 있다. '패턴교섭'이란 산별노조가 특정한 하나의 사업장을 교섭상대로 하여 대각선교섭을 진행하고, 그 결과를 다른 사업장에도 그대로 적용하는 방식이다. 이러한 교섭방식은 독일금속노조^{IG Metall}와 폭스바겐 간의 교섭과 미국 자동차노조^{UAW} 등에서 행하고 있다.

UAW의 패턴교섭은 미국 자동차 3사 중 어느 한 회사를 교섭상대로 하여 앞에서 언급한 '다수사업장 교섭'을 진행하고 그 결과를 다른 회사에도 적용하는 것이다. 예를 들어, 임금인상률이 확정되면 이것은 패턴교섭의 상대가 아닌 다른 기업과의 포괄협약에서 그대로 요구안이 되며, 보충협약에서 부가급이나 후생복지문제 등이 별도로 다루어져 자동차업종 전체에 걸쳐 균등한 임금인상 효과가 발생하도록 한다. UAW에서 이와 같은 패턴교섭이 가능한 것은 교섭권과 파업권뿐만 아니라 중재신청권과 막대한 파업기금 등 세부적인 권한들을 대부분 산별노조에서 장악하고 있어 산하조직에 대해 강력한 통제력을 행사할 수 있기 때문이다.

공동교섭이란 기업별노조 또는 기업단위의 지부교섭에 산별연맹이나 산별노조가 참여하는 방식이다. 현재의 기업별노조하에서의 공동교섭은 주로 기업별노조가 산별연맹에 교섭권을 위임한 후 연맹의 이름으로 교섭을 행하되 실제로는 기업별노조에서도 교섭에 참여하는 형태로 이루어진다. 이러한 공동교섭은 기업별노조의 취약한 교섭력을 상급단체의 힘을 빌려 보완하거나, 교섭은 연맹이 행하되 개별기업의 특수성을 반영시킬 수 있다는 이점이 있다.

거부할 수 없는 대세, 경영참가의 방향과 전략

경영참가는 쉽게 말해 노동자들이 경영자의 전권으로 여겨졌던 경영 의

사결정을 함께 하는 것을 말한다. 즉, 노사관계의 한쪽 당사자인 노동자가 노동조합이나 노사협의회 등 집단적인 방법이나 혹은 개인적인 방법을 통해 기업의 경영과 생산의 모든 과정에 참여하면서 영향을 미치는 제도나 관행을 경영참가라고 한다.

초기의 노사관계는 경영자가 노동자에게 지휘명령을 하고 노동자는 경영자가 시키는 일을 하는 단순한 관계로 보았다. 따라서 경영자는 머리의 역할을 하고 노동자는 손과 발의 역할에 그치는 일방적인 관계가 형성되었다. 그러나 이제 시대가 바뀌었다. 경쟁의 격화, 다품종 소량 생산방식 시스템의 등장, 지식노동의 증가 등은 노동자에게도 단순한 기계의 역할이 아닌 머리의 역할을 맡길 수밖에 없는 상황으로 변했다.

이러한 경영참가는 긍정적인 측면과 부정적인 측면의 양면성을 가지고 있다. 잘 활용하면 노사 양 당사자 모두에게 이득이 되는 반면에 잘못되면 치명적인 불이익이 될 가능성이 있다. 그럼에도 경영참가는 거부할 수 없는 대세이다. 왜냐하면 대립적이고 투쟁적인 노사관계를 가지고서는 치열한 국제경쟁에서 살아남을 기업이 없기 때문이다.

기업이 살아남기 위해서 노사는 전략적으로 새로운 시각에서 경영참가에 접근해야 한다. 경영참가는 무조건 안 된다거나 노동조합의 경영참가는 무조건 옳다는 방식은 맞지 않다. 긍정적인 면을 최대한 살리면서 부정적인 면을 축소시키려는 공동의 노력을 통해 기업도 살고 노동자와 노동조합도 살아남는 전략이 필요한 시기이다.

우리는 이미 많은 부분에서 실질적으로 경영참가를 실천하고 있다. 법적인 측면에서는 「근로자 참여 및 협력증진에 관한 법률」에 의해 30인 이상의 모든 사업장에서는 노사협의회를 설치·운영하도록 강제하고 있으며 법으로 강제하지 않더라도 각 기업은 실정에 따라 다양한 경영참가 시스템을 가동하고 있다. 예컨대 성과배분시스템, 우리사주제도, 스톡옵션 제도, 단체교섭제도 등이 경영참가의 일종이다. 다만 각 기업마다 문화가 다르고 경영환경, 경영자의 의식, 노동조합이나 노동자들의 성향 등이 다 르므로 일률적으로 경영참가를 강제할 수는 없다. 그렇지만 경영참가가 거부할 수 없는 대세라면 이를 오히려 적극적으로 활용하는 방안을 함께 마련해야 한다.

경영참가에 대한 부정적인 시각은 기업 입장에서 경영권 침해 문제와 노조 입장에서 단체교섭 기능의 약화가 거론된다. 또한 노조가 경영참가 를 하더라도 기업이 망할 경우 손해를 보는 것은 자본을 투입한 기업이 모 두 진다는 것도 경영진이 경영참가를 거부하는 이유 중 하나이다. 즉, 노사 가 함께 경영 의사결정을 해서 기업이 잘되면 좋지만 만약 잘못된 의사결 정으로 인해 손해를 보게 될 경우 노동조합은 금전적으로 아무런 책임이 없으므로 의사결정이 왜곡된다는 논리가 그것이다.

어떻든 경영참가는 노사 상호신뢰, 노동조합이나 노동자에 대한 경영진 의 동질감, 노동자들의 근로의욕 등을 증대시킨다. 21세기가 노사간 참여 와 협력을 통한 상생의 시대라면 경영참가는 가장 고차원적인 노사협력제 도라고 할 수 있다.

이러한 경영참가가 성공하기 위해서는 여러 가지 전제조건이 충족되어 야 한다. 가장 중요한 것은 역시 노사간의 신뢰가 형성되어야 한다는 것이 다. 믿지 못하는 사람과 터놓고 얘기하는 것은 어렵고 서로 간에 흉금을 터 놓고 얘기할 상황이 아니라면 경영참가가 성과를 거두기는 어렵다.

노동조합도 경영참가를 한다면 노사관계를 바라보는 시각을 바꾸어야 한다. 함께 의사결정을 하거나 함께 성과분배를 받는다면 손실이 발생한 경우에도 일정 부분 노동조합이 책임을 진다는 자세가 필요하다. 이익만 챙기고 손해를 보지 않겠다면 경영자는 당연히 경영참가를 거부할 것이기 때문이다.

다만 노동조합이 책임을 진다는 것은 노동자들이 더 성과를 내서 손해를 보충해주자는 도덕적인 것에 그칠 수밖에 없다. 금전적인 부분에서는 노동조합이 책임을 지는 것이 현실적으로 어렵다. 경영진도 노동조합이나 노동자의 능력을 믿어야 한다. 노동자는 단순히 시키는 일만 하는 기계가 아니고 생각을 가지고 있으며 숨 쉬는 사람이므로 경영자와 똑같이 머리의 역할을 할 수 있다는 믿음이 중요하다. 믿고 맡기는 경영이 오히려 성과가 높다는 연구보고가 나와 있다. 노동자들이 기업의 주인으로 생각하고 스스로 열심히 일하려는 분위기를 조성해주는 것도 경영자의 역할이다.

집단적 노사관계에서 노사간의 역할분담을 '2인용 자전거 타기'와 비교해보면 경영참가의 전제조건과 한계를 찾아볼 수 있다. 2인용 자전거를 탈 경우 두 사람이 각각의 역할을 충실히 할 때 목적지에 빨리 도착할 수 있다. 앞에 탄 사람은 주로 조종자 역할을 하면서 보조적으로 추진력을 만든다. 한편 뒤에 탄 사람은 주로 추진력을 만드는 역할을 하면서 보조적으로 조종을 하기도 한다. 상황에 따라서 역할을 바꾸는 것도 가능하다. 뒤에 탄 사람이 조종을 맡고 앞에 탄 사람이 추진력을 책임지는 방법이다. 이렇게 역할을 서로 바꿀 경우 앉아 있는 자리까지 옮기는 것이 아니므로 전제조건과 한계를 충족해야 한다.

가장 중요한 것은 역시 신뢰관계가 있어야 한다는 점이다. 앞사람이 뒷사람을 믿지 못하면 조종을 맡길 수 없으며 뒷사람이 앞사람을 믿지 못하면 자리를 뺏으려 하기 때문이다. 또한 조종을 하려면 그에 어울리는 자격이나 능력을 가지고 있어야 한다. 적당한 훈련을 통해서 조종을 배우거나 기술을 습득하지 않으면 위험한 상황을 초래할 수 있다.

노사관계에서 경영참가도 마찬가지이다. 경영자는 종합적인 사고를 통해서 전체적인 시각을 가져야 하는 전문가이다. 따라서 노동조합이나 노동자가 경영참가를 하려면 그에 걸맞은 능력을 갖추어야 한다. 기업경영에 필요한 경영지식과 경영전략을 갖추고 적당한 훈련을 통해서 경영자와 대등한 정도의 기본적인 경영마인드를 가지고 있어야 한다. 그렇지 않을 경우 면허증이 없거나 훈련을 받지 않는 조종사가 조종하는 비행기와 마찬가지로 추락할 가능성이 있다. 물론 영화를 보면 비상상황에서 일반인이 비행기를 무사히 착륙시키는 경우도 있지만 그것은 어디까지나 영화 속의 이야기일 뿐이다. 노조에서 경영참가를 요구하려면 적어도 경영자보다도 기업경영에 대해 더 알아야 한다. 그렇지 않은 경우 잘못된 의사결정으로 기업경영에 치명적인 약점을 노출하게 된다.

따라서 노동자들도 경영자 수업을 받아야 한다. 특히 노동조합 임원을 비롯하여 의사결정에 참여하는 노조간부는 경영전략, 리더십, 마케팅, 핵심기술 등 경영진에게 필요한 모든 부문에 대해 철저한 공부를 해야 한다. 임원으로 승진하는 사람들에게 필요한 지식은 노조간부에게도 필요한 지식이다. 또한 노사관계에 대한 전반적인 의식이 바뀌어야 한다. 대립 위주의 노사관계 마인드로는 경영참가를 거론하기 어렵다. 기본 전제조건이 다르기 때문이다. 단체교섭을 하면서 가지고 있는 투쟁적이고 대립적인 자세로 경영참가를 한다면 오히려 기업을 파탄 낼 가능성도 부정할 수 없다.

또한 아무리 좋은 제도라 하더라도 한계를 지켜야 한다. 즉, 의사결정과정과 집행과정을 구분해서 의사결정 과정에는 노사가 함께 참가하지만 그렇게 결정된 의사결정을 집행하는 과정에서는 경영자의 권한을 존중해야 한다. 경영자는 경영권을 주주들에게 위임받았으므로 경영에 책임을 지고 집행을 할 권한을 가지고 있다. 경영참가를 허용한다고 해서 경영에 관련된 구체적인 집행에까지 노동조합의 참가를 인정하는 것은 아니다. 그렇게 되면 결과적으로 노동조합이 경영권을 행사하는 결과가 된다. 노동조합 스스로 한계를 찾아내야 한다. 자전거 뒤에 탄 사람이 조종을 하더라도 앞에 탄 사람이 이끌어주지 않으면 제대로 가기 어렵다. 능력을 갖추고 역할과 책임의 한계를 인식하는 것이 경영참가가 성공할 수 있는 전제조건이다.

07 정당한 쟁의행위와 부당한 쟁의행위, 그리고 민·형사상 책임

예전에 지방에 강의를 갈 기회가 있어서 택시를 타고 가면서 기사분과 당시 관심을 모았던 H차 사태에 대한 대화를 나눈 적이 있다. 기사분이 노조와 회사 중에 누가 잘못이냐는 질문을 하면서 연봉이 5,000만 원이 넘는 대기업 근로자가 파업을 하는 것은 옳지 않다는 투로 선수를 치는데 그도 그럴 것 같았다. 그리고 파업이 불법이라고 하면서 왜 회사에서는 이를 막지 못하는지 모르겠다면서 대답을 재촉했다. 그 후 H차 사태는 노사간 합의가 타결되었는데, 조건부이지만 회사가 문제가 되었던 성과급 50%를 지급하기로 했다. 다만 마지막까지 진통을 겪은 대목이 10억 원의 민사상 손해배상청구소송을 어떻게 할 것인가 하는 문제였다. 노조는 손해배상 청구소송을 취하하라는 입장인 반면 회사는 불법에 대한 손해배상이므로 양보할 수 없다는 입장이었다. 형사상의 문제는 회사와 노조가 합의한다고 해결되는 문제가 아니므로 결국 검찰이 부당한 파업을 어떻게 처리할 것인지의 문제로 넘어가게 된 것이다.

정당한 쟁의행위란 어떤 것인가

쟁의행위는 파업, 태업, 직장폐쇄 등 업무의 정상적인 운영을 저해하는 행위로서 엄격한 요건이 필요하다. 상대방을 압박해서 내 주장을 관철하려는 집단적인 행동이므로 법에 따른 절차도 중요한 기준이 된다. 따라서 정당한 쟁의행위의 요건은 판례가 제시한 대로 ① 그 주체가 단체교섭의 주체로 될 수 있는 자이어야 하고, ② 그 목적이 근로조건의 향상을 위한 노사간의 자치적 교섭을 조성하는 데에 있어야 하며, ③ 사용자가 근로자의 근로조건 개선에 관한 구체적인 요구에 대해 단체교섭을 거부했을 때 개시하되 특별한 사정이 없는 한 조합원의 찬성결정 등 법령이 규정한 절차를 거쳐야 하고, ④ 그 수단과 방법이 사용자의 재산권과 조화를 이루어야 함은 물론 폭력의 행사에 해당되지 아니해야 한다는 여러 조건을 모두 구비해야 한다. 특히 그 절차에 관해 쟁의행위를 함에 있어 조합원의 직접·비밀·무기명투표에 의한 찬성결정이라는 절차를 거쳐야 한다는 노동조합법 제41조 제1항의 규정은 노동조합의 자주적이고 민주적인 운영을 도모함과 아울러 쟁의행위에 참가한 근로자들이 사후에 그 쟁의행위의 정당성 유무와 관련하여 어떠한 불이익을 당하지 않도록 그 개시에 관한 조합의사의 결정에 보다 신중을 기하기 위해 마련된 규정이므로 위의 절차를 위반한 쟁의행위는 그 절차를 따를 수 없는 객관적인 사정이 인정되지 않는 한 정당성을 인정받을 수 없다.

H차 노동조합 파업이 부당한 몇 가지 이유

판례의 입장에 비추어 H차 노동조합의 파업이 정당한 행위인지를 살펴보면 전체적으로 부당하다는 결론을 내릴 수 있다. 부당한 쟁의행위이기 때문에 불법이라는 용어를 사용하는 것이고 민형사상 책임을 물을 수 있으며 더 나아가 징계책임까지도 확대시킬 수가 있다. 정당한 쟁의행위는 민형사면책을 받으며 징계책임도 지지 않는다는 것과 대비되는 것이다.

첫째, 그 주체가 '단체교섭의 주체로 될 수 있는 자'이어야 하는데 이 부분은 크게 문제가 없었다. H차 노동조합은 노동조합법상의 노동조합으로서 단체교섭의 주체가 될 수 있는 자에 해당했기 때문이다. 따라서 주체적인 정당성은 인정된다. 둘째, 그 '목적이 근로조건의 향상을 위한 노사간의 자치적 교섭을 조성'하는 데에 있어야 한다는 요건을 판단해보면 문제가 발생한다. 단체교섭은 근로조건의 결정에서 노사간 합리적 교섭을 통해 공정한 근로조건을 결정하자는 목적을 가지고 있다. 따라서 임금이나 근로조건을 새롭게 결정하거나 변경하는 경우에 발생하는 다툼을 집단적으로 해결하는 이익분쟁 해결제도이다. 이미 체결된 단체협약을 집행하는 과정에서 벌어진 권리분쟁을 해결하는 제도적인 장치는 파업 등 쟁의행위가 아니라 법원에 소송을 제기하거나 노동위원회에 해석을 요청하는 절차를 통해야 한다. 따라서 성과급의 지급 여부를 둘러싸고 벌어졌던 당시 H차 사태는 이익분쟁이 아니고 권리분쟁에 해당하며 이의 해결은 쟁의행위에 호소하는 것이 아닌 법원이나 노동위원회를 통해 해결방안을 찾아야 하는 것이었다. 셋째, 사용자가 근로자의 근로조건 개선에 관한 구체적인 요구에 대해 '단체교섭을 거부했을 때' 개시해야 한다는 요건이 필요한데 이 부분에서도 문제가 있다. H차의 성과급 지급문제는 근로조건의 결정에 대한 것이 아니었으므로 교섭을 요구한 것도 아니고 그렇다고 단체교섭이 진행된 것도 아닌 사안이었다. 즉, 단체교섭의 대상사항이 아니면서 단순히 성과급 50%를 지급하지 않아서 파업을 했다는 것이므로 H차 노동조합의 쟁의행위가 부당하다는 중요한 근거가 된다. 넷째, 특별한 사정이 없는 한 조합원의 찬성결정 등 법령이 규정한 절차를 거쳐야 한다. 그런데 H차 노조는 조합원의 찬성을 얻기 위한 총회를 열지도 않았고 찬반투표도 거치지 않고 간부회의에서 일방적으로 쟁의행위를 결의하고 곧바로 부분파업에 돌입했다. 파업 찬반투표는 단순히 절차상 거쳐야 하는 것이 아니고 이를 거치지 않은 파업은 민주적 정당성을 인정할 수 없기 때문에 다른 부분이 정당하다고 하더라도 전체적으로 부당하다는 판단을 받게 된다. 따라서 찬반투표를 거치지 않은 H차 노조의 파업은 부당한 쟁의행위라는 결론에 이르게 된다.

부당한 쟁의행위에 대한 노동조합의 책임은 무엇인가

정당한 쟁의행위는 민형사책임과 징계책임을 지지 않는다. 대신 부당한 쟁의행위는 민사책임과 형사책임, 그리고 회사 내 질서를 위반한 것이므로 징계책임까지 물을 수 있다. 먼저 민사책임을 살펴보면 파업 등 쟁의행위로 인해 발생한 손해에 대해서 회사는 손해배상청구소송을 제기할 수 있고 법원은 파업과 인과관계가 있는 손해에 대해서는 배상하라는 판결을 내리게 된다. 그러면 파업과 인과관계가 있는 손해란 무엇을 말하는가? 그것은 불법파업과 상당인과관계가 있는 모든 손해를 의미한다. 다만 불법쟁의행위로 인해 절감된 부분이 있다면 그 금액은 공제하고 계산하게 된다. 신문보도대로 H차 노조의 불법파업으로 인해 3,000억 원의 손실을 입었다면 그 3,000억 원이 상당인과관계가 있는 모든 손해일 것이고 그 금액에서 절감된 자재비, 관리비, 인건비를 공제한 금액이 실질적인 손해배상액이 될 것이다.

불법쟁의행위에 대한 귀책사유가 있는 노동조합이나 불법쟁의행위를 기획·지시·지도하는 등 이를 주도한 노동조합 간부 개인이 그 배상책임을 지는 배상액의 범위는 불법쟁의행위와 상당인과관계에 있는 모든 손해이고, 그러한 노동조합 간부 개인의 손해배상책임과 노동조합 자체의 손해배상책임은 부진정 연대채무관계에 있는 것이므로 노동조합의 간부도 불법쟁의행위로 인하여 발생한 손해 전부를 배상할 책임이 있다. 다만, 사용자가 노동조합과의 성실교섭의무를 다하지 않거나 노동조합과의 기존합의를 파기하는 등 불법쟁의행위에 원인을 제공하였다고 볼 사정이 있는 경우 등에는 사용자의 과실을 손해배상액을 산정함에 있어 참작할 수 있다. (대법원 2006. 9. 22, 2005다30610)

그러면 누가 민사상책임을 질 것인가, 노동조합만 책임지는가, 조합간부의 책임인가, 조합원 모두의 책임인가 하는 문제가 불거진다. 노동조합은 조합이라는 명칭을 사용하지만 일반적인 사단법인과 마찬가지로 사단성을 강하게 나타내고 있다. 이러한 사단성을 강조한다면 손해배상책임은 사단인 노동조합이 져야 한다. 그러나 판례는 조합이라는 성격을 참조하여 노동조합과 조합원 모두가 연대책임을 져야 한다는 입장이다. 대부분의 불법파업 사례에서는 조합원에게 민사배상을 청구하기보다는 조합간부나 핵심적인 역할을 한 조합원에게 손해배상을 청구하게 된다. 또 실질적으로 손해를 전보塡補받기보다는 앞으로 불법파업을 막자는 예방적인 차원의 손해배상청구소송이 많다.

민사배상과 함께 불법 쟁의행위는 형사책임도 진다. 정당한 쟁의행위는 형사상 면책이 되므로 업무방해 등의 혐의가 있어도 위법성이 조각되기 때문에 무죄가 되지만 부당한 쟁의행위는 위법성이 인정되고 따라서 형사처벌을 받게 된다. 아울러 징계책임도 물을 수 있으므로 정도에 따라 징계해고도 가능하게 된다. 이러한 민형사책임, 징계책임은 노사간 원만한 타협을 보면서 면책합의를 하는 경우가 많다. 즉, 최종적인 합의를 보면서 서로 간에 민형사책임을 묻지 않기로 합의하는 것이다. 이럴 경우 징계책임도 면책된다는 것이 판례의 입장이다. 따라서 징계책임을 물으려면 징계에 대한 것은 책임을 면할 수 없다는 단서를 포함시켜야 한다.

08 최후의 수단으로서의 해고권과 파업권

사회적 강자의 투쟁만능주의

7월이면 대부분의 기업에서 임단협 최종단계로 접어든다. 보통 3월에 시작한 교섭은 지리한 힘겨루기를 하다가 하계휴가를 앞두고 대부분 타협을 통해서 마무리하는 것이 일반적인 교섭형태이다. 다만 당사자 간에 의견 차이가 심한 경우에는 휴가를 끝내고도 하반기까지 교섭과 투쟁을 지속하기도 한다.

노사간 임단협은 서로 간에 공정한 근로조건을 형성하기 위한 합리적인 타협과정이다. 노동자들은 사회적 약자이므로 개별적인 교섭보다는 집단적인 교섭을 통해서 사용자와 대등한 관계에서 좀 더 유리하게 협상을 진행하려는 것이다. 이러한 집단교섭은 노동자들이 사회적 약자이기 때문에 인정되고 있는 형태이다. 즉, 사회적 약자인 노동자들이 그 약자적인 입장을 극복하기 위해 노동조합을 조직하는 것을 법적으로 인정하고(이를 단결권이라 한다), 그 조직된 힘을 바탕으로 사용자에게 집단적인 교섭을 요구하고(이를 단체교섭권이라 한다), 교섭이 결렬된 경우 집단적인 힘을 사용하여 사용자를 파업 등으로 압박할 수 있는 권리(이를 단체행동권이라 한다)는 헌법상의 기본권으로 인정된다.

그런데 이러한 노동3권 중에 파업 등을 할 수 있는 단체행동권은 교섭상 대방인 사용자를 망하게 할 수 있는 강력한 무기이므로 함부로 사용해서는 안 되는 권리이다. 권리로서 보장되어 있지만 이는 최후에 마지막으로 사용해야 하는 무기이다. 또한 이 무기는 사회적으로 약자의 입장에 있는 노동자들이 생존권을 보장받기 위해 행사하는 것이므로 이미 사회적 강자의 대열에 들어선 노동자들이 이를 행사하는 것은 단체행동권의 남용이라고 평가받을 수 있다.

대한민국의 노동운동은 그 전투력을 세계적으로 인정받고 있다. 투쟁력역시 가장 화끈하고 다른 나라에서 이를 벤치마킹하려는 움직임도 보인다. 근로기준법도 지키지 못하는 사업장에서 장시간 저임금으로 억압과 착취를 당하고 있는 노동자들이 이를 극복하기 위해서 투쟁을 하는 것은 오히려 사회발전을 위해서 소중한 밑거름이 된다. 최저임금에 허덕이며, 해고위협에 시달리는 비정규직이나 저임금노동자들에게 단결권 등 노동3권 보장은 무더운 여름에 한줄기 소나기와 같이 삶의 청량제가 된다. 사회적 약자를 보호하지 않으면 이들은 혁명적인 투사가 되고 자본주의 사회를 뒤집어엎는 혁명세력으로 변할 수 있다. 자본주의가 지속적으로 생존하고 성장하는 길은 자본을 가지지 못한 노동자들의 생활을 인간다운 생활수준으로 보장해주는 것이다. 따라서 사회적 약자인 노동자들의 투쟁은 오히려 자본주의를 온전히 발전시키는 원동력이 될 수 있다.

문제는 이미 사회적 강자의 대열에 들어선 노동자들이 더 많은 것을 얻기 위해 투쟁이라는 무기를 함부로 사용하는 데 있다. 우리 사회에서 적어도 연봉이 1억을 넘는 사람들은 아무리 노동자라고 하더라도 사회적 약자의 개념에 포함시킬 수 없다. 따라서 연봉 1억이 넘는 조종사들이 파업을 한다고 했을 때 대부분의 국민들은 곱지 않은 시선을 보낸 것이다. 설사 연봉이 1억에는 못 미치더라도 정년이 보장되어 있으면서 연봉 금액이 일정 수준을 넘는다면 이들을 사회적 약자라고 말하기는 어렵다. 이렇게 사회적 약자의 개념을 벗어난 노동자들이 더 많이 얻기 위해 파업 등 투쟁을 지속한다면 이 사회는 더욱더 양극화가 심각하게 전개될 것이다.

노사관계에서는 두 가지 최후수단원칙이 존재한다. 노사간의 세력균형은 자본주의가 확대성장하기 위해서 반드시 필요하고, 이에 반드시 요구되는 원칙이 최후수단의 원칙이다. 독일에서 발전된 것이지만 우리나라의 현실에서 더욱 그 의미가 큰 최후수단의 원칙을 살펴보도록 하자.

최후 수단의 원칙 1: 사용자의 해고권 행사

계약 자유의 원칙상 사용자는 마음에 안 드는 노동자를 해고할 수 있다. 일을 제대로 못하거나 질서를 위반하거나, 또는 경영상의 이유가 있을 때 사용자는 근로계약을 해지하고 근로자를 기업에서 퇴출시킬 수 있다. 다만, 사회적 약자인 노동자를 보호하기 위해 현행 근로기준법에서는 해고, 휴직, 정직, 전직 등 징벌을 가할 때에는 반드시 '정당한 이유'가 있어야 한다는 해고제한 규정을 두고 있다. 즉, 정당한 이유가 없으면 아무리 그 노동자가 밉거나 마음에 안 들어도 함부로 배제하지 못하도록 규제를 하고 있다.

이는 생존권보장의 차원에서 노동력 외에는 팔아먹을 것이 없는 노동자들의 생존을 확보해주기 위한 배려차원의 정책이다. 그 외에도 업무상재해기간이나 산전후휴가기간 등에는 해고를 원천적으로 할 수 없다. 노동조합활동을 이유로 하는 불이익취급도 부당노동행위로서 금지되며 다양한 형태로 해고권을 제한하고 있다.

이렇게 법에서 제한하지 않더라도 기업에서 근로자에게 해고권을 행사할 때에는 '최후 수단의 원칙'을 반드시 지켜야 한다. 이는 통상해고는 물론 징계해고와 정리해고에서도 마찬가지로 적용되는 원칙이다. 왜냐하면 우리나라는 노동시장 자체가 횡단적인 시장이 아니라 종단적인 시장으로 형성되어 있기 때문이다. 미국이나 유럽과 마찬가지로 직종을 중심으로 수평적인 이동이 가능한 노동시장구조라면 어느 기업에서 해고당하더라도 다른 기업에 동일한 직종으로 이직을 하면 그만이다. 단지 기업이 변동될 뿐이지 하는 일이 변동되는 것은 아니므로 노동자들의 생존에 크게 영향을 미치지 못한다.

그러나 우리나라와 같이 노동시장이 종단적으로 조직되어 있는 경우에는 어느 기업에서 어떻게 승진하고 어떻게 정년까지 버티느냐가 중요하다. 하나의 기업에서 근무하다가 다른 기업으로 전직을 하는 것이 어려운 것은 물론, 다른 기업으로 전직하는 경우 전에 하던 일과 동일한 일을 하라는 보장도 없다. 물론 앞으로 우리나라 노동시장도 경력사원을 중심으로 해서 횡단적으로 바뀌어나갈 것이므로 점차 서구적인 노동시장이 형성될 것이다. 그렇지만 아직까지는 어느 기업에서 해고당하는 것은 곧 직장을 잃고 생존의 터전을 잃어버리는 것과 마찬가지이므로 사용자의 해고권은 최후의 수단으로 행사되어야 할 것이다.

아무리 노동자가 잘못했다고 하더라도 해고 외에는 다른 대안이 없는지 수천 번도 더 고민한 후에 그래도 해고를 해야 한다면 어쩔 수 없지만, 다른 대안이 있음에도 함부로 해고권을 행사한다면 이는 해고권 남용에 해당함은 물론 개인의 생존권을 위협하는 부당한 것이다.

최후 수단의 원칙 2: 노동조합의 파업권

파업을 비롯한 쟁의행위는 '업무의 정상적 운영을 저해하는 행위'로서 교섭 상대방인 사용자를 압박하는 투쟁수단이다.

노동자들은 사회적 약자의 지위를 극복하기 위해 노동조합을 조직하고 이를 바탕으로 사용자에게 집단적으로 교섭을 요구하고, 그 요구가 관철되지 않을 경우 쟁의행위로서 파업권 등을 행사할 수 있다. 노동조합을 조직하는 단결권이나 집단적으로 근로조건을 결정하기 위한 단체교섭권은 평화적인 과정이기 때문에 상대방에게 손해를 주는 것은 아니다. 그런데 파업 등 쟁의행위는 '업무의 정상적인 운영을 저해하는 행위'이기 때문에 교섭 상대방인 사용자에게 엄청난 손해를 주게 된다. 사용자는 이 손해를 감수할 것인가 아니면 노동조합의 요구를 수용함으로써 손해를 최소화할 것인가 의사결정을 하게 된다. 보통은 합리적인 선에서 노사가 양보를 통하여 교섭을 마무리 짓는 윈-윈Win-Win게임을 하고자 하지만, 경우에 따라서는 노사간 교섭이 결렬되어 파업 등 쟁의행위로 들어가게 되는데, 이러한 쟁의행위는 실력행사로서 사용자는 물론 노동조합이나 노동자들에게도 무노동 무임금이라는 손해를 줄 수 있으므로 그 행사에 신중을 기해야 함은 물론 '최후 수단'의 원칙을 지켜야 한다. 힘이 약한 노동자들에게 파업이라는 무기를 주었지만 이 무기는 꼭 사용해야 하는 것이 아니라 다른 대안이 없을 때 상대방을 위협하는 무기로서 사용하라는 것이다. 파업이라는 무기는 사용자를 압박하는 중요한 것이지만 자칫 남용될 경우 상대방을 망하게 할 수 있는 엄청난 파괴력을 가지고 있기 때문이다. 노사관계는 노동자도 필요하고 사용자도 필요한 관계이기 때문에 사용자가 망해서 문을 닫으면 노동조합도 간판을 내려야 하는 것이다.

따라서 이 방법 외에는 다른 방법이 없는지 수천 번도 더 고민하고, 그래도 정답은 이것밖에 없다고 판단될 때 최후의 수단으로 활용해야 할 무기가 파업이다. 이 무기를 사용하는 순간 노동자들도 직장을 잃을 수 있다는 것을 각오하고 행사해야 하는 것이므로 더욱 신중해야 한다. 미국과 소련이 모두 핵무기를 보유하고 있지만 아직까지 한 번도 상대방에게 행사해보지 않은 것과 마찬가지이다. 미국이 먼저 발사하든, 소련이 먼저 발사하든 어느 쪽이든 상대방도 핵무기를 발사할 것이 뻔하고 이는 모두가 망하는 길이므로 섣불리 사용하지 못한다. 파업권이나 인사권도 마찬가지이다. 모두가 최후의 수단으로 활용해야 할 무기이므로 함부로 파업이나 해고라는 말을 해서도 안 된다.

09 노조를 위협하는 회사의 교육훈련?

노동조합이 무서워 교육을 못 하는 현실

최근 어느 회사의 인사부서장에게 충격적인 얘기를 들었다. 생산직 노동자들에게 '일과 생활의 균형Working and Life Balance', '노사관계의 이해'라는 주제로 2박 3일간 교육을 기획했다가 노동조합의 반대로 실행하지 못했다는 것이다. 사무직은 노조에 가입한 노동자가 없기 때문에 필요한 교육을 언제든 할 수 있지만 생산직은 노조에 가입해 있고 노조가 반대하면 교육은 아예 어려운 것이 현실이라고 한다.

교육훈련과 능력개발은 21세기 무한경쟁, 국제경쟁의 치열한 생존경쟁 시대에 기업이 살아남을 수 있는 유일한 대안이다. 노동자들의 기술이나 의식이 교육훈련과 능력개발을 통해서 높아지고 이를 바탕으로 기업의 전체적인 경쟁력과 가치가 높아질 수 있기 때문이다. 그럼에도 노동조합이 의식화교육이니 반조합적이니 하면서 회사의 교육훈련 자체를 반대하는 것은 노동조합으로서의 사회적 책임을 포기한 것이다. 또한 이것은 이미 노동조합의 권한을 벗어난 권력남용의 한 모습이다. 누가 뭐라고 해도 기업이 능력개발에 투자하는 것을 막는 노동조합의 행태는 비판받아야 한다.

창의와 지식을 바탕으로 하는 현대 사회에서 18세기의 노사대립의 논리인 사용자는 악이고 노동조합은 선이라는 단순한 등식을 가지고 있다면 그러한 노동운동은 이미 노동조합으로서의 존재가치를 잃어버린 것에 다름없다. 노동조합은 노동자의 경제적·사회적 지위 향상을 목적으로 하는 이익집단이다. 단순히 임금인상과 근로조건의 미시적인 개선만이 노동조합의 존재목적은 아니다. 큰 틀에서 전체 노동자들의 능력을 개발하고 이를 통해 제대로 된 대우를 받을 수 있도록 도와주는 것이 노동조합의 책임이다.

임금인상은 지금 당장의 밥벌이를 책임지지만 교육훈련이나 능력개발은 미래의 밥벌이를 책임지는 중요한 주제이다. 요즘 유행하는 말로 재수 없으면 100살까지 사는 세상에서 60세 정년까지의 임금인상만으로 노동조합의 사회적 책임을 다한 것은 아니다. 정년 이후에도 소득을 얻으려면 현재의 근로조건보다 더 중요한 교육훈련이 있다. 미래를 설계하고 그 미래를 위해서 능력을 개발하는 것보다 노동자들에게 더 중요한 것은 없다.

노동조합이 교육훈련을 방해·거부할 권리가 있는가?

노동조합은 기업이 실시하는 교육훈련과 능력개발을 방해하거나 거부할 권리가 없다. 기업은 채용한 노동자들이 능력을 최대한으로 발휘할 수 있도록 각종 제도와 시스템을 정비하고 이를 통해 부가가치를 창출해서 노동자에게 보상하고 나머지를 이윤으로 가져가는 이익단체이다. 그런데 노동조합이 이를 방해하거나 거부한다면 기업은 성과를 내기 어렵다. 성과를 내지 못한다면 치열한 경쟁에서 탈락하고 결국에는 노동자들의 일자리도 보장할 수 없다.

노동조합이 조합원을 교육할 때 회사와 상의해서 회사가 싫어하는 내용은 빼고 회사가 좋아하는 내용만으로 구성하지 않는다. 노동운동사와 노동조합의 사회적 역할, 조합원의 권리와 의무 등 노동조합이 필요한 내용을 중심으로 커리큘럼을 짠다. 그럼에도 회사의 교육프로그램에 대해서 일일이 시비를 걸고 특별한 이유 없이 의식화교육이라는 핑계로 이를 거부하는 것은 노동조합이 가진 본래의 권한을 벗어난 것이다. 당장의 조직적인 이기심 때문에 노동자들의 장래를 망가뜨리는 미시적인 행동이 될 수 있다. 이제는 더 큰 것을 보아야 한다. 87년 당시에는 사업주들이 노동자를 탄압하고 노동운동을 억압한 시절이었기 때문에 단결투쟁을 통해서 대등성을 회복하려 노력했다. 이제 상당수 노동조합은 대기업노조를 중심으로 이미 사용자보다 우월한 힘을 가진 막강한 단체가 되었다. 노동조합이 반대하면 기업이 교육훈련을 포기해야 하는 현실에서 무조건 단결투쟁만을 지원할 수는 없다.

노동조합은 집단적인 힘을 바탕으로 근로조건의 유지개선을 통해 노동자의 경제적 · 사회적 지위를 향상시키는 단체로서 헌법상 보장된 노동3권을 누릴 수 있다. 따라서 임금, 근로시간 등 근로조건의 결정에 대해서 노동자들을 대신해 교섭하고 협약을 체결할 권리가 있다. 노동자들은 개인의 결정권을 노동조합에 양보하는 대신 더 유리한 조건을 얻어낼 수 있으므로 노동조합의 결정을 존중한다.

그러나 교육훈련과 능력개발은 노사 공동의 이익이며 노동자에게는 미래의 양식을 미리 준비한다는 측면에서 중요한 문제이다. 이를 노동조합이 노동조합의 조직에 방해가 된다는 이유로 반대한다면 이러한 노동조합의 결정을 조합원들은 존중할 이유가 없다. 노동조합의 정체성과 이념도 중요하지만 노동자 개인의 성장과 발전도 중요하다. 미래는 개인과 기업의 창의력과 지식이 경쟁력의 주요한 바탕을 이룬다. 개인은 미래를 위해서 본인 스스로 자신의 창의력과 지식가치를 높여야 한다. 마찬가지로 기업도 조직의 창의력과 지식을 키우기 위해서 능력개발에 많은 투자를 해야 한다.

또한 조합원들은 조합원이기 이전에 회사의 노동자로서 회사의 지시감독을 받아야 한다. 그렇다면 회사에서 준비하는 교육훈련이 노동조합을 부정하거나 노사관계에서 한쪽을 폄하하는 것이 아닌 한 그 교육을 받아야 한다. 또한 노동조합은 조합원들의 교육훈련에 대한 권리를 집단적으로 막을 권한도 없다.

노동조합의 사회적 책임

노동조합은 막강한 힘을 가지고 있는 단체로서 기업과 마찬가지로 사회적 책임을 가지고 있다. 기업과 대등한 교섭력을 가지고 기업을 흥하게도 할 수 있고 망하게도 할 수 있는 압력단체로서 조합원들의 경제적·사회적 지위 향상을 위한 교육훈련을 지원할 사회적 책임이 있다. 그런데 회사가 실시하려는 교육훈련을 반대하는 것은 이러한 사회적 책임을 포기하는 것으로 노동조합의 권한을 넘는 것이다.

다만, 회사가 준비하는 교육내용이 노동조합활동을 약화시키기 위한 지배개입이라면 이에 대한 대응방안으로서 교육훈련을 방해하거나 거부하는 것도 가능하다. 예컨대 노동조합을 약화시키기 위한 의도적인 비난이나 노동조합 활동에 대한 근거 없는 방해교육은 지배·개입으로서 노동3권을 침해하는 부당노동행위에 해당한다. 이러한 지배·개입에 대해서는 노동조합이 당연히 반대할 수 있고 부당노동행위구제절차를 거쳐 시정을 요구할 수 있다. 그러나 사회변화를 일깨워주고 새로운 생존환경을 이해시키는 커리큘럼이 반드시 노동조합을 지배·개입하는 것은 아니다.

노사관계와 노동법에 대한 교육도 마찬가지다. 노동조합이 주장하는 것만이 노사관계의 모든 것은 아니다. 노동조합만이 선이고 회사는 반드시 악인 2분법이 통하는 사회도 아니다. 회사의 역할이 있고 노동조합의 역할이 있다. 그 역할을 무시하고 지나치게 정치적인 이념을 중심으로 일방통행적인 논리를 내세워 조합원들의 능력개발을 막는다면 그러한 노동조합은 이미 노동자의 이익단체가 아니라 정치단체화된 집단일 뿐이다.

노동3권이 중요한 만큼 노동자들의 장래를 위한 준비도 중요하다. 교육훈련은 노동조합활동을 방해하기 위한 것이 아니라 미래를 위한 준비를 도와주는 과정이다. 교육은 국가 100년 대계라고 한다. 종전에는 학교에서 배운 지식과 기술이 평생의 밥벌이가 되었지만 지금은 급격하게 변화하는 환경 속에서 매일 새로운 지식과 기술을 습득해야 한다. 새롭게 바뀌는 환경에서 노동조합만 옛날 방식을 고수한다면 이는 노동자를 위한 단체가 아니라 몇 명의 조합간부를 위한 단체로 전락하게 된다.

얼마 전 우리나라를 방문한 덴마크의 마르그레테 2세 여왕은 "덴마크는 석탄이나 철강 산업도 없는 작은 나라지만 탄탄한 인적자원이 경쟁력의 원천입니다. 중소기업들은 반짝이는 아이디어로 혁신을 이뤄 세계적인 경쟁력을 자랑합니다"라고 말했다. 이것은 인적자원개발의 중요성을 강조한 것으로 우리나라도 다를 바가 없다. 인적자원개발은 대한민국의 희망이다. 조합원들의 교육훈련을 방해하고 거부하는 노동조합을 비판하는 것도 그 때문이다. 조합원들의 미래를 위해서 인적자원에 투자를 하고 이를 바탕으로 기업이 성장하는 것이 대한민국이 살아남을 수 있는 유일한 대안이다. 노동운동은 진정으로 조합원을 위하는 길이 어떤 것인지 고민하고 또 고민해야 한다.

10 중간관리자는 사용자의 이익대표자인가?

중간(중견)관리자의 노조활동 문제

일반적으로 기업에서 생산직이 아닌 관리직은 자신이 담당하는 분야에서 능력을 발휘하여 인정받게 되면 중간관리자로 승진하게 된다. 보통 과장·차장·부장 등의 계층을 지칭하는 중간 관리자는 조직의 허리로서 경영진과 사원층을 연결해주는 '연결고리'일 뿐만 아니라 실제 현장에서는 업무를 관리·수행하는 일선 지휘관 역할을 하고 있다.

이러한 중간관리자들은 기업이 조직의 위계를 줄이기 위한 작업을 하는 과정에서 인원 정리대상 제1순위의 대상이 되기도 한다. 또한 일상적으로는 능력 있는 신세대 부하 사원들로부터 끊임없이 압박을 받으면서 정작 이들과의 사이에서 문제가 생기면 경영층으로부터 언제나 지적을 받는 쪽이 되는 등 '낀 세대'로서 희생양이 되곤 한다.

노사관계는 노동조합(노동자)과 사용자(경영자)가 때로는 협조하고 때로는 대립을 하면서 자율적으로 문제를 해결해나가는 시스템이다. 노동자들은 사회적 약자이기 때문에 사회가 이들을 노동보호법으로 보호하거나 노동3권이라는 특별한 권리를 부여하는 형태로 노사간의 세력균형을 유지하고 있다.

그런데 한편으로는 노동자이면서 또 다른 측면에서는 사용자에 해당하는 중간계층이 존재하는데 이들을 보통 중간관리자 또는 중견관리자라고 통칭한다. 중간관리자는 기업에서 사용자의 지시감독을 받으면서 비자주적인 노동에 종사하므로 당연히 노동자에 해당한다. 다만, 경우에 따라서는 '그 사업의 근로자에 관한 사항에 대해 사업주를 위해 행위하는 자'로서 사용자의 이익대표자에 포함될 수 있다.

만약 사용자의 이익대표자에 해당한다면 노동조합에 가입할 수 없고 집단적 노사관계에서 사용자 편에 서야 하는 위치를 가지고 있다. 이러한 사용자의 이익대표자가 노조에 가입하는 경우 법에서는 노동조합으로 인정하지 않는다는 명시적인 규정을 두고 있다.

'사용자의 이익대표자'는 노동자에 관한 사항에 대해 사업주를 위해 행위하는 자로서 노동자의 인사, 급여, 후생, 노무관리 등 근로조건의 결정 또는 업무상의 명령이나 지휘감독을 하는 등의 사항에 대해 사업주로부터 일정한 권한과 책임을 부여받은 자를 말한다(대법원 2006.5.11, 2005도8364). 따라서 그 직무의 특성에 따라 요구되는 의무와 책임이 조합원으로서의 의무 및 책임과 상충되는 자를 의미한다(노조 68107-383, 2002.5.7).

사용자의 이익대표자가 노동조합에 참여하는 경우 노동조합의 결격사유가 된다(노동조합법 제2조 제4호 가목). 그것은 사용자에 해당하는 자가 노동조합에 가입하여 노동조합의 운영에 지배·개입하는 행위를 방지하여 노동조합의 자주성을 보호하는 한편, 사용자의 노무 관련 기밀에 관한 사항이 노동조합에 누설됨을 예방하여 노사 교섭력의 균형을 기하고자 하는데 그 입법취지가 있다(노사관계법제팀-1988, 2006.7.18).

사용자 또는 그 이익대표자에 해당 되는지 여부에 대해서는 형식적인 직급 명칭이나 지위보다는, 회사 규정의 운영실태, 구체적인 직무내용 및 근로자에 관한 사항에의 관여 정도 등 구체적인 사실관계를 토대로 인사·급여·후생·노무관리 등 근로조건의 결정 또는 업무상의 명령이나 지휘감독을 하는 등의 사항에 관해 사업주 또는 사업의 경영담당자로부터 일정한 권한과 책임을 부여받고 있는지 여부, 근로관계에 대한 계획과 방침 등 사용자의 기밀에 속하는 사항을 접하고 있어 직무상의 의무와 책임이 조합원으로서의 의무와 책임에 직접적으로 저촉되는지 여부 등을 종합적으로 고려하여 판단해야 한다(노사관계법제팀-273, 2006.1.31).

따라서 팀장, 부서장, 지점장, 지사장 등 중간관리자는 위와 같은 기준에 의할 때 사용자의 이익대표자로서 노동조합에 가입하지 못하는 비가입대상이 될 수 있다. 대부분의 기업에서 지금까지 중간관리자들은 당연히 노동조합에 가입할 수 없다고 판단하고 노조활동을 포기하고 있었다.

중간(중견)관리자노조 설립을 어떻게 볼 것인가?

그동안 노조 가입대상에서 제외되어왔던 금융권 중간관리자들이 최근에는 노조를 결성해 인사고과제도 개선과 고용안정 등을 요구한 사례가 있다. 대표적인 것이 사측의 희망퇴직 권고와 이에 이은 인사처리에 반발해 노조를 설립한 H증권 중견사원 노조이다. 노조는 지점장을 제외한 부장, 부장대우, 차장급 등 중견관리직 200여 명을 조직대상으로 해 조합원 수를 늘려나가고 있다.

W은행과 E은행 중간관리자들이 불합리한 인사조치에 따른 고용불안에 반발해 노조를 만든 것도 비슷한 맥락이다. W은행 관리직 노조는 1,500명에 달하는 행원 3급 이상의 관리직 출신을 대상으로 결성된 은행권 최초의 관리직 노조다. 노조 설립배경은 구조조정과 은행 간 합병 등으로 인한 심각한 고용불안과 열악한 근무환경에 가장 시달리고 있는 중간관리자급의 위치 때문이라고 한다. E은행 관리직 노조도 고용노동부로부터 설립신고 필증을 받고 3급 이상 부점장 600여 명과 지점장인 4급 직원 일부를 대상으로 노조를 결성했다. 이 역시 노조 가입 대상이 아니어서 보호를 받지 못한 채 열악한 근무환경으로 내몰리고 있어 노조를 설립하게 된 것이라고 한다.

이렇게 중간관리자들이 노조를 설립하는 데는 긍정적인 측면과 부정적인 측면이 함께 공존하고 있다. 상대적으로 조합원에 비해 고용안정을 보장받지 못하던 중간관리자들의 어려움을 노조활동을 통해서 극복하는 것은 인격권의 보장이라는 측면에서 바람직한 현상이다. 반면 사용자의 이익대표자로서 집단적 노사관계에서 경영자 편을 들어야 할 중간관리자가 노조를 결성함으로써 노사간의 세력균형이 급격하게 노동조합 쪽으로 쏠리는 불균형현상이 벌어질 위험도 있다. 노사간 세력균형은 노사공존의 중요한 모티브가 됨에도 어느 한쪽으로 힘이 몰리게 되면 노사공존의 틀이 무너질 수 있기 때문이다.

중간관리자가 노조활동을 하는 경우의 법률문제

사용자의 이익대표자가 참가하는 노동조합은 노동조합의 실질적 요건인 자주성이 없으므로 노동조합으로 보지 않는다(노동조합법 제2조 제4호 단서). 이런 경우 행정관청은 설립하고자 하는 노동조합이 노동조합의 결격요건(예컨대 사용자의 이익대표자가 참가하고 있는 경우)에 해당할 경우 설립신고서를 반려하도록 규정하고 있다(노동조합법 제12조 제3항). 또한 노동조합이 설립신고증을 교부받은 후 위와 같은 설립신고서의 반려사유(이익대표자의 참가 등)가 발생한 경우에는 행정관청은 30일의 기간을 정하여 시정을 요구하고 그 기간 내에 이를 이행하지 아니할 경우에는 당해 노동조합에 대해 이 법에 의한 노동조합으로 보지 아니함을 통보해야 한다(노동조합법시행령 제9조 제2항).

그러나 실질적으로 사용자의 이익대표자가 조합임원이나 조합원으로 활동하는 것을 이유로 행정관청이 적극적으로 설립신고서를 반려하거나 노동조합으로 보지 않는다는 통보를 하는 것은 아니므로 노사간에 조합원의 범위를 둘러싸고 다툼이 벌어진다. 구체적으로 단체협약을 통해서 조합에 가입할 수 없는 사용자의 이익대표자의 범위를 정하는 것이 바람직하다. 조합원의 범위에서 제외시키는 경우는 관리감독직(0급 이상자), 인사·노무담당자, 경리·회계·재정 담당자, 감사·비서 종사자, 임원차량 운전자, 기획·기밀사무 종사자, 임시직·계약직, 고문·촉탁직 등이 해당된다. 그러나 이렇게 노사간 단체협약에 의해 사용자의 이익대표자를 정한다고 하더라도 최종적인 판단은 노동조합법상의 노동자와 사용자의 이익대표자를 종합적으로 고려하여 법원이 결정할 수밖에 없다. 노사간의 합의로도 개별노동자의 노동3권을 함부로 침해할 수 없기 때문이다.

사용자의 이익대표자가 사용자로서의 역할을 하지 않고 노동조합에 가입해서 적극적인 활동을 하는 경우 이를 이유로 징계가 가능한지에 대해 고등법원 판례(서울고법 2007.7.13, 2006누26082)는 "노조에 가입할 수 없는 간부직원임에도 노동조합 활동에 적극적으로 참여해 사업장 질서가 흐트러졌다면 이를 이유로 한 징계사유는 징계의 형평성에 반하지 않는다"는 입장이다.

중간(중견)관리자 협의기구가 필요하다

기업 내 복수노조가 허용되는 2011년 7월 1일부터는 더 많은 중간관리직노조가 설립되고 활동하게 될 것이다. 중간관리자들은 노동자이면서 동시에 사용자의 이익대표자도 되는 이중적인 위치에 있으므로 중간관리자들이 어떤 입장을 취하느냐에 따라 노사관계에 중대한 영향을 미치게 된다. 사용자의 이익대표자로서의 중간관리자들은 별도의 노조를 설립하거나 기존의 노조에 가입해서 활동하는 것보다는 별도의 협의기구를 구성하는 것이 바람직하다. 사용자의 이익대표자이기 때문에 노조 설립은 어렵더라도 부서장협의회, 중간관리자협의회 등을 통해서 고충을 처리하고 노사의 중간적인 입장에서 양쪽을 조율할 수 있을 것이다.

별도의 협의기구를 두지 않더라도 노사협의회 근로자위원의 일정 비율을 중간관리자를 대표하는 사람으로 위촉하게 되면 중간관리자협의기구로서의 역할을 충분히 할 수 있다. 분배와 교섭을 중심으로 하는 노동조합보다는 참가와 협의를 중심으로 하는 협의기구가 중간관리자들의 성격에 더 어울린다는 생각이다. 다만, 회사의 일방적인 이득을 위해 중간관리자들의 희생을 강요하는 조직이라면 오히려 노동조합이 더 큰 역할을 하게될 것이므로 각 기업은 중간관리자들의 기본적인 권리를 보장하는 장치를 마련할 필요가 있다.

11 FRENEMY PARTNERS
무교섭 타결, 회사 측에의 임단협 위임의 함의

임단협의 일반적인 과정과 무교섭 타결의 확산

임금 및 단체협약(이하 임단협)은 원래 노동조합과 사용자가 임금이나 근로조건을 주장하고 지루한 협상과정을 거쳐 타결로 이어지는 것이 보통이다. 주로 노동조합이 각종의 요구조건을 제시하고 사용자가 이에 대한 대응안을 노조에 주면서 교섭이 시작된다. 노사 양측이 제안설명을 하고 예비교섭에서 일부를 추려낸 후 본 교섭에서 심도 있게 검토해서 최종적인 타결에 이르게 된다. 만약 교섭이 결렬될 경우 노동조합이 조정신청을 하게 되고, 노동위원회의 조정이 종료되거나 조정이 이루어지지 않은 경우

조합원 과반수의 찬성을 얻어 합법적인 쟁의행위가 가능하다.

그런데 무교섭으로 임금협정을 타결하거나 회사 측에 교섭권을 위임하는 것이 집단적인 노사관계에서 긍정적으로 작용할 것인지, 아니면 부정적으로 작용할 것인지에 대한 다툼이 있다. 긍정적인 입장은 기업 내 노사관계에서 투쟁적인 교섭보다는 무교섭이나 교섭권의 위임이 참여적이면서 협력적인 노사관계를 정착시키는 계기가 된다는 주장을 한다. 반대로 부정적인 입장은 헌법에 보장된 노동3권을 포기하는 행위로서 오히려 노사관계에 악영향을 끼친다는 주장을 한다. 지금까지 무교섭 타결은 포스코, 동국제강 등 몇몇 기업에 나타난 현상이었으나 최근 포스코협력회사를 비롯한 철강업체는 물론 다른 업종과 지역까지 확산되고 있다. 동국제강그룹의 5개 회사는 한꺼번에 교섭권을 위임한 최초의 그룹이라는 언론의 조명을 받았다. 또한 한국관광공사, 교통안전공단, 시설공단을 비롯한 공기업도 이에 가세했다.

일부 언론과 연구기관은 무교섭 타결현상을 '상생의 노사관계를 만드는 새로운 노사문화 정착'으로 진단하는 등 부푼 기대감을 나타내고 있다. 그러나 노동계 내부에서는 무교섭 타결에 대해 "새로운 노사관계 정착이란 진단을 뒷받침할 근거가 부족하고 노동3권을 후퇴시킨다"는 우려를 제기해 평가가 엇갈리고 있다. 무교섭 타결을 한 이유는 많지만 노사는 무엇보다 회사의 경영환경을 고려한 현실적 선택이란 것을 공통으로 밝히고 있다. 고유가, 환율, 원자재 가격 상승 등으로 기업경영을 둘러싼 외부환경이 급박하게 돌아가는 상황에서 내부적인 경쟁력을 높이기 위해 무교섭을 선택하기도 한다는 것이다. 또한 임금을 양보하는 대신에 고용보장을 받는 경우에도 무교섭이라는 전략을 활용할 수 있다.

무교섭 타결 확산, 독인가 약인가

대체로 경영계는 무교섭 타결에 대해 긍정적인 반응을 보인다. 반면 노동계는 상당히 경계하는 움직임이다. 그렇다면 무교섭 타결은 노사관계에 독이 될 것인가, 아니면 약이 될 것인가? 이에 대해서는 누구도 선뜻 답을 내기 어렵고, 경우에 따라서는 독이 될 수도 있고 경우에 따라서는 약이 될 수도 있다. 다만 현재 우리가 처해 있는 상황에서는 긍정적인 부분이 더 많은 것으로 보인다. 노동기본권이 헌법에 보장된 역사적인 시대상황은 근로자의 근로조건이 아주 열악하고 사업주가 무소불위의 권력을 행사하던 시기였다. 사회적 약자인 노동자들이 그들의 인간다운 생활을 보장받기 위해서 집단적인 단체 결성과 집단적인 교섭, 집단적인 단체행동을 통해 사용자와 대등한 세력관계를 형성하려던 시대였다. 따라서 그 당시에는 노동조합은 투쟁적이며 전투적인 조직을 갖추고 사용자와 교섭을 하고 교섭이 결렬될 경우 쟁의행위를 하면서 그들의 정치적인 역량을 키워나갔다.

그러나 현재의 시대상황은 노동기본권이 헌법상 보장된 100년 전의 상황과 많이 달라졌다. 경영자가 종전과 같이 무소불위의 권력을 행사하는 것은 시대에 뒤떨어진 경영방식으로, 그런 기업이 생존하기는 어려운 상황이다. 노동자들의 보상수준도 최저임금에 허덕이는 경우도 있지만 노동조합이 존재하는 기업에서는 특별한 사정이 없는 한 상위의 임금수준을 유지하고 있다. 물론 비정규직을 비롯한 사회적 약자를 보호하는 장치는 필요하지만 대기업을 중심으로 하는 기업군과 노동조합이 잘 조직되어 있는 기업군에서는 이미 사회적 약자라는 표현이 어울리지 않을 만큼 상대적으로 수준이 높아진 것이 사실이다. 그렇다면 투쟁을 통해 임금을 인상하기보다는 노사가 서로를 존중하면서 힘을 합하여 부가가치를 높이고 높아진 부가가치를 합리적으로 분배하는 상생전략을 실천해야 한다.

노사는 프레너미 파트너스

그런데 무교섭 타결이 기업경영이나 노동조합에 약이 되려면 노사관계를 바라보는 시각에 근본적인 변화가 있어야 한다. 노사관계는 부가가치의 분배라는 투쟁만 있는 것도 아니고 부가가치의 생산이라는 협조만 있는 것도 아니다. 2인 3각 경기를 함께 뛰는 동업자이면서도 한편으로는 생산한 부가가치를 나누어야 하는 투쟁의 상대방이 될 수도 있다. 부가가치를 생산하는 것은 협조적인 측면이지만 부가가치를 나누는 것은 투쟁적인 측면이기 때문이다. 무엇을 강조하느냐에 따라서 투쟁적인 노사관계가 전면에 나타나기도 하고 협조적인 노사관계가 전면에 나타나기도 한다.

이러한 현상은 신조어인 경쟁적 협조관계로 표현할 수 있으며 영어로는 프레너미 파트너스Frenemy Partners가 된다. 즉, 친구이면서도 적이고, 적이면서도 친구가 되는 관계가 노사관계로 볼 수 있다. 바꾸어 표현하면 적도 아니고 친구도 아닌 관계가 된다. 따라서 노사는 부가가치를 키우는 데는 적극적인 협조를 해야 하지만 부가가치를 나누는 데는 합리적인 분배를 위해 싸움을 할 수도 있다. 무교섭 타결은 노사간에 협조를 통해서 생산된 부가가치를 합리적으로 분배하는 룰이 이미 마련되어 있거나 상대방에 대한 신뢰가 쌓여 있는 경우 선택할 수 있는 대안이다. 서로 간에 신뢰가 없다면 무교섭 타결은 이루어지기 어렵다. 노사가 상대를 최고로 존중하는 동업자로 인정하게 되면, 무교섭 타결도 새로운 노사관계를 형성하는 하나의 흐름으로 자리매김하는 것도 가능할 것이다.

12 한미 FTA와 노사관계 경쟁력

지금 한국과 미국은 FTA로 가는 길목에 있다. 정치권과 경제계는 FTA 타결을 놓고 찬반양론으로 분열되었고 FTA에 반대하다 분신하여 사람이 목숨을 잃는 일까지 있었다. 앞으로 국회 비준 등 수없이 많은 과제와 난관이 있겠지만 우리는 세계화 이후의 세계화인 FTA시대를 살아가야 할 운명에 처해 있다.

모든 세상일은 동전의 앞뒷면과 마찬가지로 양지와 음지가 있다. 한미 FTA가 정부에서 홍보하는 대로 'KORUS(화음)'를 낼 것인지 아니면 우리에게는 돌이킬 수 없는 짐이 될 것인지는 역사가 증명할 것이지만 지금 우리가 해야 할 일은 함께 힘을 합쳐 FTA가 우리에게 도움이 되는 방안을 찾는 것이다.

그중에서도 가장 중요한 것은 노사관계의 안정이다. 노사관계가 안정되지 않은 상태에서 FTA 국면으로 들어간다면 오히려 우리 경제에 독이 될 가능성이 높다. 국제화 시대에 우리의 경제를 대외에 개방하는 것은 필수적인 선택이지만 그 개방이 선진국의 보증수표는 아니다. 오히려 개방을 통해서 후퇴한 선례도 얼마든지 있다. 그리스는 1995년 국민소득 1만 달러 돌파 이후 강력한 노조와 정치적 갈등의 장기화로 더 이상 발전하지 못하고 정체되어 있으며 스페인도 종신고용보장 등 노동경직성 때문에 성장의 덫에 걸려 있다.

농업 등 1차 산업은 날씨, 기후 등의 영향을 많이 받는 산업이지만, 자동차 등 2차 산업, 법률서비스 등 3차 산업은 노사관계의 안정이 가장 큰 영향을 미친다. 생존을 위해서는 우리의 노사관계를 상생의 노사관계로 변화시켜야 한다. 더 나아가 서로가 서로를 존중하는 존중의 노사관계를 정착시킬 때 한미 FTA는 우리에게 긍정적인 영향을 미칠 것이다.

한미 FTA 노동 관련 합의

한미 FTA에서 노동분야의 주요 타결내용은 국제노동기준 준수노력, 공중의견제출제도Public Communications, 노동협의회Labor Affairs Council, 분쟁해결심판제도 등이다.

'국제노동기준 준수노력'의 구체적인 내용으로는 국제적으로 인정된 노동권의 법제화 노력, 국제적으로 인정된 노동권 관련 노동법의 효과적 집행, 무역·투자 촉진 목적의 국내 노동법 보호수준 저하 금지 등이 제시되고 있다. 미국이 기존에 맺은 FTA에서 규정하는 다섯 가지 노동기준은 결사의 자유, 단결권 및 단체교섭권, 강제근로 폐지, 최악 형태의 아동노동 폐지, 적정수준의 최저임금·근로시간·안전보건에 관한 합당한 근로조건의 보장 등이 포함된다. 이미 우리나라의 노동권에 대한 보장도 상당히 개선되었고 대부분 국제적인 수준을 달성하고 있으므로 이 부분은 크게 문제될 것이 없다.

'공중의견제출제도'는 협정 체결 당사국이 국제노동기준을 준수하지 않을 경우 노동계, 시민단체 등 일반 대중이 양국 정부를 상대로 의견을 제출하는 제도이다. 의견제출 대상은 국제노동기준 법제화 노력, 투자촉진을 위한 노동기준 저하 금지 노력, 지속적 노동법 집행의무 불이행 등 노동 협정과 관련된 사항 등이다. 이러한 공중의견제출제도의 도입으로 양국 정부는 국제적으로 인정된 노동권의 법제화 노력 및 노동법의 효과적 집행 의무를 지게 된다. 이 제도는 노동기준을 실질적으로 강제하는 모습을 보이게 된다. 모든 노동문제가 다 이의제기 대상이 되는 것은 아니다. 공중의견제출은 국내 구제절차를 거칠 것, 국제기구에서 다루고 있지 않을 것, 검토 가치가 있고 반복적이지 않을 것이라는 요건을 거쳐야 한다.

'노동협의회'는 노동단체 등에서 공중의견서를 접수한 국가의 정부가 위반국의 관련 사업장 근로자와 사용자 등을 대상으로 공청회를 개최하거나 해당 사업장 방문 등의 방법으로 조사를 벌인 후에 구성된다. 조사결과 위반사실이 인정되면 양국 노동 관련 부서 고위 공무원으로 구성된 노동협의회에서 정부가 협의를 하게 된다.

마지막으로 '분쟁해결절차'를 보면, 협의에서도 문제가 해결되지 않을 때 상대국 정부가 3인의 중립적 인사로 구성된 분쟁해결 패널에 문제를 회부하고 패널 결정에 따라 연간 최대 1,500만 달러의 벌과금을 부과하며 이 벌과금은 위반국의 노동환경 개선에 사용된다.

이러한 노동부문의 타결내용은 당장 우리의 노사관계와 노동현장에 큰 영향을 미치지는 않는다는 것이 전문가들의 견해이다. 협정체결 자체로 노사분규가 심해지기보다는, 노사 모두 국제기준에 미달하는 노동정책이나 제도를 제3기구를 통해 해결하려 들 가능성이 있기 때문에 노사갈등이 심해지거나 분쟁해결비용이 증가하리라는 전망이다.

지구촌 힘의 이동과 FTA, 그리고 노사관계

2007년 스위스의 다보스에서 열린 다보스포럼에서는 '힘의 이동'을 주제로 지구촌의 힘의 방정식을 이해하면 미래의 승자가 될 수 있다는 결론을 내렸다. 변화하는 힘의 방정식을 이해하는 개인과 기업, 국가는 승자의 길로 들어서지만 새로운 힘의 방정식을 만드는 주역이 되지 못하면 낙오자의 길을 걷게 된다는 것이다.

오늘날 힘의 축은 미국과 유럽 중심에서 중국과 인도 등 아시아로, 시장에서는 생산자에서 소비자로, 커뮤니티에서는 거대 기관에서 개인과 소그룹으로, 제조업자에서 부품과 원료 공급업자로 이동하고 있다. 신흥시장이 부상하고 있고 신흥소비자들이 기존 시장의 질서를 바꿔놓고 있다. 인터넷 혁명은 전통적인 비즈니스 모델을 위협하고 기후변화와 물 부족, 테러 위협 등의 글로벌 리스크가 우리의 미래를 어둡게 하고 있다.

이러한 '힘의 이동' 시대와 FTA시대를 맞아 우리는 새로운 생존전략을 수립하고 실천해야 한다. 개인과 조직, 국가가 생존하기 위해서 경쟁과 협력을 적절히 활용하는 지혜가 필요하다. 개방 자체가 경쟁력을 보장하는 것은 아니며 개방에 필요한 체질과 의식, 문화수준을 갖추어야 한다.

우리보다 먼저 개방의 파도타기를 시작한 나라를 통해 우리의 앞길을 예상해보면 노사관계의 경쟁력이 가장 중요한 관건임을 알 수 있다. 자체적인 경쟁력 없이 개방만 하는 경우에는 대외의존적 경제만 구조화시킬 뿐이다. 아르헨티나, 스페인, 그리스 등은 강력한 노조와 종신고용 등의 경직적 노사관계를 극복하지 못하고 있다. 반면 영국, 아일랜드, 노르웨이 등은 노동유연화, 노사정사회협약 등을 통해서 노사관계를 안정시키고 이를 바탕으로 위기를 극복한 경험을 가지고 있다.

노사간 상생 체제를 구축하는 것은 지역을 불문하고 선진국으로 가는 중요한 전환점이 된다. 기업은 지속적으로 성장해야 하고 지속적인 성장을 위해서는 인적자본과 물적자본이 조화롭게 통합되어야 한다. 노동과 자본이 서로 경쟁적Competition이면서도 협력적Cooperation인 관계를 형성해야 한다. 경쟁적 협조관계는 서로가 서로를 존중해야만 만들어질 수 있는 고차원의 관계이다. 이러한 경쟁적 협조관계가 성공하기 위해서는 존중의 노사관계가 선행되어야 한다. 존중의 노사관계는 하루아침에 그냥 만들어지는 것이 아니라 의식과 문화, 제도와 시스템에 혁명적인 변화가 뒤따라야

만들어질 수 있다.

우리와 같이 천연자본이나 부존자원이 없는 경제에서는 한미 FTA든, 한중 FTA든 가리지 않고 개방을 하는 것 외에 다른 대안이 없다. FTA란 쉽게 말하면 우리가 잘하는 것을 바탕으로 부가가치를 창출하고 이를 다른 나라에 제공하는 대신 우리가 필요한 것을 구입하는 것이다. 그러므로 인적 자본 이외에 별다른 부가가치 창출 대안이 없다면 노사간 경쟁력을 갖추기 위해서 상생의 노사관계, 존중의 노사관계를 함께 만들어나가야 한다. 한미 FTA는 이제 시작에 불과하다. FTA를 통해서 얻는 것도 많겠지만 잃는 것도 많을 것이다. 자유시장경제체제가 경쟁의 효율성을 높이는 것은 사실이지만 사회의 양극화와 계층 간 갈등이 깊어질 우려도 있다. 노사관계의 경쟁력을 높이고 이를 통한 외부 경쟁력을 높이는 길만이 대한민국호가 10년, 20년 후에도 굳건히 살아남을 수 있는 유일한 길이다.

13 일자리 창출과 교육제도의 변화

기업하는 사람이 애국자

실업률이 높다는 것은 심각한 사회문제이다. 청년실업은 더욱 큰 문제이다. 개인의 불행을 넘어 사회적인 갈등과 불만이 증폭되어 사회 시스템 전체가 흔들릴 위험도 있다. 현대 산업사회에서 일자리란 개인이 사회적 위치를 갖게 되는 경로로서, 이를 통해서 개인은 모든 인간관계를 형성하고 사회적 권리를 누릴 수 있게 된다. 일자리가 없다는 것은 단지 소득의 원천이 없다는 것 이외에 정상적인 사회생활에 필요한 모든 경제·사회·문화적 수단으로부터 배제된 상태social exclusion라는 것을 의미한다. 따라서 장기실업과 이에 따르는 사회적 배제의 문제는 단지 소극적인 생활비의 지급이나 사회보장시스템으로 해결할 수 있는 것이 아니다. 보다 적극적으로 일할 수 있는 일자리를 만들어주어야 한다.

옛날 농사를 지어서 먹고 살던 시절에는 '농자천하지대본'이라는 슬로건을 내세웠다. 그러나 지금은 '기업천하지대본'이다. 기업은 정부를 제외하고는 노동자들을 고용하여 실업문제를 해결할 수 있는 유일한 대안이기 때문이다. 현대 사회에서 기업을 빼놓고는 실업문제와 사회불안을 해결할 방법이 없다. 따라서 기업을 하는 기업가 또는 사업주는 애국자라고 보아야 한다. 심지어 어느 기업에 부당노동행위를 일삼거나 임금을 떼어 먹는 악덕기업주가 있다고 하더라도 그 사람은 퇴출시켜야 하지만 기업은 계속 존속시켜야 한다. 하나의 기업이 망하면 그 기업에 근무하던 노동자들은 일단 실업자가 될 운명을 맞게 된다. 실업자가 되면 그를 포함한 가족의 생활이 비참한 나락에 떨어지고 심지어는 가족이 동반해서 자살하는 경우까지 발생한다.

노동조합도 일자리를 만들어내는 데 힘을 합쳐야 한다. 일자리가 늘어난다는 것은 기업이 그만큼 돈을 잘 벌기 때문에 투자를 늘리거나 고용을 늘리는 현상이다. 따라서 기업이 돈을 잘 벌거나 성장·발전하는 것을 배아파하거나 시기할 필요가 없다. 노동조합은 분배문제에서 노동자들의 몫을 합리적인 룰을 통해서 찾아주는 역할에 충실해야 한다. 경우에 따라서는 전체적인 사회 시스템을 개편하거나 법을 바꾸는 방법으로 노사간 세력균형을 통해서 노동자들의 인간다운 생활을 보장해주어야 한다. 그렇다고 기업을 망하게 하면서까지 분배에 치중할 필요는 없다.

가끔 성장과 분배의 우선순위를 두고 다투는 경우가 있다. 성장이 먼저냐 분배가 먼저냐를 두고 논쟁을 벌이기도 한다. 성장과 분배가 다 중요한 변수이기 때문에 어느 것이 우선이 될 수는 없지만 성장이 없는 분배는 확대 재생산을 하지 못하기 때문에 일정한 한계를 가져올 수밖에 없다. 따라서 경제의 성장과 부가가치의 생산이 부가가치의 분배에 우선해야 한다. 나눠먹을 몫이 있어야 나누는 룰이 중요한 것이지 나눠먹을 몫도 없는데 아무리 공정한 분배의 룰을 정해놓는다 하더라도 거추장스러운 장식에 불과하다. '경제의 성장과 부가가치의 생산'은 우리가 처한 상황에서 가장 중요한 목표가 되어야 한다.

일자리를 창출하는 것은 구호로 되는 단순한 것이 아니다. 기업주가 애국자로 대우받는 사회가 되어야 한다. 기업하는 사람은 이윤이라는 목표를 가지고 있지만 그 목표를 달성하기 위해 노동자를 고용해서 임금을 지급하게 되고 이를 통해 바람직한 분업이 이루어진다. 기업이 없는 현대 사회는 존재할 수 없다.

따라서 우리는 기업가(사업주)와 졸부를 구분해야 한다. 부자를 적대시하는 사회현상이 있다고 한다. 그것은 사업주를 상대로 하는 것이 아닌 졸부를 표적으로 하는 것이다. 기업주는 자기가 노력해서 돈을 번 정당한 수입을 기반으로 하지만 졸부는 투기를 하거나 부정적인 방법을 통해 돈을 벌기 때문에 사회적으로 이를 환수하는 제도를 두어야 한다. 본인이 노력해서 번 것이 아니라 불로소득이기 때문이다.

노동자들이 평생을 뼈 빠지게 일해도 만질 수 없는 돈을 졸부들은 단 한 번의 부정적인 방법으로 끌어 모을 수 있다면 누가 열심히 일할 생각을 하겠는가? 평생을 벌어도 강남에 10평짜리 집 하나도 살 수 없는 상황이라면 누가 자부심을 가지고 일하려 하겠는가?

2004년에 노사합의에 의해 만들어진 「일자리만들기 사회협약」 전문을 소개한다.

최근 우리 경제는 내수의 부진과 투자의 감소 등으로 어려움이 지속되고 있으며, 특히 경제성장에도 불구하고 일자리가 감소하는 등 경제의 전반적인 고용창출 능력이 둔화되고 있다. 아울러 제조업의 해외 이전 가속 등 산업공동화가 진행되고 노동시장의 양극화와 청년실업의 증가 등으로 고용불안 심리가 가중되고 있으며, 이는 다시 내수침체와 기업의 투자부진, 노사관계의 악화로 이어지는 악순환을 초래하여 급기야 우리 경제의 성장잠재력의 훼손까지 우려되는 상황에 이르렀다. 이러한 상황인식을 토대로 노사정은 지난 2003년 12월 26일 회의에서 일자리만들기 사회협약 체결을 추진키로 하였고, 그 후 '일자리만들기사회협약기초위원회'를 구성하는 등 집중적인 논의를 거쳐 오늘 역사적인 사회협약을 체결하기에 이르렀다. 이번 「일자리만들기 사회협약」은 양질의 일자리를 늘려 청년실업 등 당면한 고용불안을 해소하고 여성·고령자 등 잠재인력이 최대한 노동시장에 진입할 수 있도록 하며, 부문 간 소득격차를 완화하여 성장과 고용과 분배가 선순환되는 지속 가능한 경제 · 사회 발전을 뒷받침하는 데 목적을 두고 이를 위한 노사정의 협력정신과 각 경제 주체의 역할을 담았다. 앞으로 우리는 노사정 협력체제의 정착이야말로 지속적인 국가발전의 관건이라는 공동 인식을 바탕으로 본 협약의 정신과 내용이 산업현장 전반으로 확산되도록 긴밀히 협력하는 한편, 이번 대타협의 정신이 노사관계의 새로운 패러다임을 정립하는 계기가 되도록 함께 노력할 것을 다짐한다.

직업인과 학자를 구분하는 교육

교육은 100년 앞을 내다보아야 한다. 교육은 그 사회에 필요한 인재를 육성하는 기본적인 토양이다. 그럼에도 우리의 교육 시스템은 거꾸로 가는 느낌을 지울 수 없다. 농업사회와 산업사회에 어울리는 교육 시스템으로 창의지식기반경제에 어울리는 창의적인 지식노동자를 키워내기는 어렵다. 대학을 졸업하고 기업에 입사하면 처음부터 다시 교육을 시켜야 하는 것이 현실이다. 심지어는 가장 기본적인 매너에서부터 전화 받기, 대화에 이르기까지 어린아이 가르치듯 해야 한다. 어느 때부터인가는 기업이 신입사원을 뽑지 않고 다른 기업에서 기본을 배운 경력직원을 채용하기 시작했다.

이것은 우리의 교육 시스템이 기업에서 필요로 하는 인재를 양성하지 못한다는 한계를 그대로 보여주는 서글픈 단상이다. 군대를 마치고 대학을 졸업하면 적어도 27세에서 30세가 된다. 성인을 넘어 사회적으로 독립적인 생활을 충분히 할 수 있는 환경이 된다. 그런데도 기업에서 기본적인 예절이나 직무능력을 배워야 한다는 것은 쓸데없는 낭비에 불과하다.

지금의 대학은 학문을 연구해서 학자를 양성하는 기관은 아니다. 적어도 직장생활이든 자영업이든 본인이 스스로 생존을 책임질 수 있는 직업인을 양성하는 기관이 되어야 한다. 학자가 되려는 사람은 대학원을 진학하든 외국 유학을 하든 별도의 과정을 거치더라도 일반적으로 대학을 마친 사람은 어느 기업을 들어가든 현장에서 필요한 기능과 능력을 갖추어야 한다. 청년실업자는 매년 수십만 명씩 늘어나는데도 기업은 쓸 만한 인재를 찾지 못한다고 아우성이다. 놀고 있는 사람은 많아도 정작 기업이 필요로 하는 인재는 없다는 얘기를 한다.

단순히 직장을 구하기 위한 마찰적 실업이 아니라 아예 서로가 궁합이 맞지 않는 구조적 실업이 상존하고 있는 것이다. 이럴 경우 개인 입장에서는 아무리 여러 군데 이력서를 제출한다고 하더라도 취업을 하는 것은 불가능하고 반대로 기업 입장에서는 많은 비용을 들여 구인광고를 내더라도 쓸 만한 인재를 찾는 것도 어렵다. 공단을 중심으로 벌어지는 3D 업종의 구인난만 보더라도 사업주들은 우리나라 젊은이들을 찾을 수 있다면 굳이 외국인을 채용할 필요가 없다고 한다. 월급이 적어서 일을 안 하는 것이 아니라 힘든 일을 하지 않기 때문에 한국인과 동일한 임금을 주고 외국인을 고용할 수밖에 없다는 볼멘소리를 한다. 일할 만한 한국 사람이 있다면 외국인을 쓰지 않고 한국 사람을 쓸 수 있다는 의미이다.

너나 할 것 없이 대학을 졸업했기 때문에 육체적인 노동이 필요한 직업에는 사람을 구할 수 없고 덕분에 일반사무직에는 구직자가 몰려 있다. 사회 전체적인 인력수급 시스템이 제대로 작동하지 않고 한쪽으로의 쏠림현상이 균형을 무너뜨리고 있다. 그렇다고 전문적이고 고부가가치를 창출하는 사람을 구하는 것 역시 하늘의 별따기만큼 어렵다고 한다. 단순사무직을 찾는 사람은 많지만 단순사무직은 이미 컴퓨터가 사람의 노동력을 대신한 지 오래다. 그럼에도 아직도 학교교육은 단순사무직을 양산하는 대량생산 시스템을 고집하고 있기 때문에 실업자 양성소에 다름없는 것이다.

열심히 일한 당신, 더 열심히?

우리 사회에 부족하거나 필요한 인력이 어떤 모습인가를 빨리 파악하여 사회에서 직업인으로 부가가치를 생산할 수 있는 교육 시스템을 하루빨리 구축해야 한다. 일부이지만 몇몇 대학이나 기술대학의 특정학과는 100% 취업을 자랑한다. 취업을 안 하더라도 스스로 자영업에 종사하는 일을 찾을 수 있기 때문에 졸업을 미루는 일은 없다고 한다. 일반적으로 대학을 졸업하면 직장을 구하거나 자기 사업을 시작하는 것이 보통인의 모습이어야 한다.

그런데 지금은 졸업을 하면 실업자군에 포함되므로 의도적으로 휴학을 하거나 군대를 가거나 그도 아니면 도피성 유학으로 시간 때우기를 하고 있다. 잠재적인 실업자가 점점 더 늘어나게 만드는 것이 지금의 교육 시스템이다. 자의 반 타의 반 휴학을 한 학생들 혹은 군입대자, 유학생이 다시 돌아올 때쯤에는 우리나라의 실업문제가 해결될 것인가? 오히려 더 심각한 사회문제가 될 것이다. 사회가 필요한 기능을 갖춘 능력 있는 인재가 되기 전에는 국가도 특별한 방법이 없다. 스스로 변화하지 않는 경우에는 영원히 '캥거루족'으로 살아갈 것이다. 이 얼마나 비참한 일인가?

지금의 기성세대는 선배 세대인 노령층도 부양해야 하지만 캥거루족인 후배 세대도 부양해야 하는 처량한 신세로 전락할지도 모른다. 100살이 되어 늙어 죽을 때까지 노동을 하며 가족을 부양해야 하는 입장이 될 우려도 있다. '열심히 일한 당신, 떠나라!'가 아니라 '열심히 일한 당신, 더 열심히!'라는 광고가 나올 수도 있다.

물고기를 주기보다는 낚시하는 방법을 가르치자

이제 21세기에 필요한 인력과 노동력을 양성하는 문제를 해결하기 위해 전체적인 교육 시스템이 직업인을 양성하는 데 초점을 맞추어야 한다. 물론 형이상학적인 철학이나 인문사회과학도 육성해야 한다. 이는 대학원을 비롯한 전문교육기관에서 담당하게 하고 일반적인 대학에서는 직장생활을 하거나 자영업을 할 수 있는 사람을 육성하는 데 초점을 맞추어야 한다. 대학을 다니지 않아도 할 수 있는 직업이라면 별도의 특수학교나 기능학교를 통해서 미래의 인력을 준비해야 한다. 개인의 행복과 나라의 발전을 함께 이룩하는 길은 직업을 가진 국민이 열심히 일하는 방법밖에 없다. 직장을 구하지 못하고 남이 버는 돈으로 세상을 살아가는 사람이 많은 한 나라 전체의 부가가치가 줄어들고 종국에는 소멸해가는 길을 가게 될 것이다.

이제 먹을 것을 주는 것이 중요한 것이 아니라 앞으로 먹을 것을 벌 수 있는 교육이 중요하다. 물고기를 그냥 주기보다는 고기를 잡는 방법을 가르쳐주어야 한다. 학교교육 이외에도 평생교육이나 직장에서의 교육도 중요한 위치를 차지한다. 이러한 교육은 뜻하지 않은 실직이나 곤궁에 빠진 노동연령층 국민들에게 취업교육을 통해 어려움을 스스로 극복할 기회를 준다.

빈곤층 자녀들에게는 교육 기회를 확대하여 가난의 세습 현상이 확대되는 것을 막아야 한다. 빈곤의 세습을 끊기 위해 부모에게 무한정의 물적 지원을 제공하기보다는 그들의 자녀들에게 교육의 기회를 제공하는 것이 필요하다. 교육이야말로 빈곤 극복의 가장 합법적인 지름길이다. 가정환경으로 인해 아이들이 자신들의 재능과 성실성에도 불구하고 가난의 족쇄에 매여 있을 가능성을 최소화해야 한다. 빈곤의 악순환을 교육을 통해 끊어야 한다.

그리고 시장경제의 주체인 기업과 교육기관과의 연계를 높여야 한다. 기업들은 교육내용에 기업의 요구를 반영할 수 있어야 하며 이런 정책은 기업의 구인난을 해소하고, 교육을 마친 수료자들의 실업난을 완화하는 데 기여할 수 있을 것이다.

14 우리 세대, 일하는 모든 이들에게

청년세대(2030)세대, P세대답게 두려움 없이 앞으로!

요즘 청년세대는 보통 P세대라고 표현한다. P세대는 386세대의 사회의식과 X세대의 소비문화, N세대의 생활방식 등이 융합된 컨버전스 시대에 걸맞은 새로운 인간형이다. '참여Participation', '열정Passion', '사회패러다임의 변화 주도Paradigm-shifter'의 'P'에서 따온 말이다.

P세대는 90년대 이후 정치참여 기회 확대로 자유주의 성향을 띠고, 해외여행 자유화와 외환위기 이후 글로벌 스탠더드 확산으로 '노마디즘'(유목주의)의 특성을 갖고 있다. 인터넷과 스마트폰의 보급으로 다양한 커뮤니케이션이 가능해진 것도 P세대가 등장한 배경이며 경제적 풍요로움 속에 자란 세대로서 ▲ 기존 질서에 대한 '도전', ▲ 네트워크를 통한 '관계', ▲ 다양성에 바탕을 둔 '개인', ▲ 다양한 분야에 대한 '경험', ▲ 재미와 즐거움을 추구하는 '감성' 등의 특성을 가지고 있다. 즉, 도전과 네트워크, 개성 표출, 참여를 통해 실제 변화를 이끄는 세대가 P세대이다.

"도전하는 젊음은 아름답다." 도보로 국토대장정을 하는 대학생들을 표현한 말이다. 젊음은 도전할 수 있는 특권이 있다. 꿈과 열정이 아름다운 시절이다. 그리고 자기개발을 통해서 인생이라는 장거리마라톤의 초석을 쌓는 시기다. 긴 인생을 놓고 볼 때 20대는 인생을 알아가는 시기이며 30 대는 도약을 하는 시기다. 잠자고 밥 먹는 걸 뺀 나머지 시간 동안 원하는 일에 악착같이 매달리고 좋아하는 일을 열심히 하면서 인생에서 새로운 도약을 준비해야 한다. 그리고 스스로 자립할 수 있는 기회를 찾아야 한다.

일반적으로 고등학교를 졸업할 때까지는 미성년자이기 때문에 법적·경제적으로 부모에 의지하는 것이 보통이고 스스로 독립하는 사람은 소수에 불과하다. 그러나 만 19세가 넘는다면 부모의 그늘에서 벗어나서 자기의 인생을 살아야 한다. '캥거루족'이 되어서는 안 된다. 부모가 인생을 대신 살아줄 수도 없고 평생을 지원해주어야 할 의무도 부모에게는 없다. 다음 세대의 주인으로서 당당히 혼자의 힘으로 서려는 노력을 해야 한다.

대학생이라면 아르바이트 등을 통해서 학비를 스스로 버는 일부터 시작해야 한다. 경제적인 자립이 가장 중요하다. 경제적으로 홀로서기를 하지 못하면 명목뿐인 독립이지 실질적인 독립은 아니다. 다행히 부모가 학비를 충분히 지원해줄 형편이 되는 학생은 정말로 열심히 공부해야 한다. 노는 것을 학생의 본분으로 잘못 알고 있는 학생도 있다. 물론 잘 노는 것도 활력을 키우는 요체가 된다. 그러나 학생은 열심히 공부하는 것이 본래의 직분이고 노는 것은 머리를 식히는 정도에 그쳐야 한다. 먹고, 마시고, 노는 것이 대학문화인 양 호도되고 있는 현실은 우리의 장래를 어둡게 한다.

대학을 졸업하면 장래의 진로로 많은 고민을 하게 된다. 재학 중에 취업을 하거나 창업을 하는 사람은 선택받은 사람이다. 고용 사정이 좀처럼 나아지지 않고 있으며 특히 한창 일해야 할 20대 청년층의 실업자가 전체 실업자의 절반에 육박할 정도로 고용 사정이 심각하다. 취업대란 시대에 취업을 하려면 멀티 스페셜리스트^Multi specialist가 되어야 한다. 기업체는 '지금 현장에 바로 투입해서 쓸 수 있는' 인재를 뽑고 싶어 한다. 채용절차에 '경험'과 '성과' 개념을 넣는 것이 대표적인 예이다. 입사 전에 어떤 경력을 쌓았는지가 중요한 변수이며 입사시험이 점차 '수행평가' 형식으로 바뀌고 있는 것도 이런 현상의 일부이다. 앞으로 취업을 위해서는 '현장 밀착형 인재'가 되어야 한다. 특장점으로 꼽을 수 있는 부문에 대해서는 인턴십을 통해 꾸준히 경력을 쌓되, 다른 분야에도 폭넓은 관심을 유지해야 한다. 최근 기업들의 경력사원 채용비율이 신입사원의 두 배 가까이에 이르는 등 경력직 위주의 수시채용 경향이 뿌리를 내리고 있는 것으로 나타났기 때문이다. 또 채용방법에서도 정기공채(42.2%)보다는 수시채용(57.8%) 비율이 훨씬 높고 이런 경향은 외국계 기업과 벤처기업, 대기업일수록 더욱 두드러진다. 이럴 때는 유망 중소기업이나 벤처기업에 입사해 전문성을 키우는 것도 취업난을 극복할 수 있는 방법이다.

국내에서 직장을 구하기 어렵다면 해외로 눈을 돌리는 것도 한 가지 방법이다. 세계화 시대에 직장이 어디에 있느냐는 중요하지 않다. 세계 어디에 가서도 직업을 구할 수 있고, 돈을 벌 수 있는 기회를 찾아야 한다. 해외에서 직장을 구하거나 창업을 하는 것은 인적자원밖에 없는 우리나라 젊은이들이 21세기에 생존할 수 있는 대안이다. 그것이 꼭 선진국이 아니라도 좋다. 동남아, 아프리카, 남미 등 우리보다 경제적으로 조금 뒤처진 나라가 오히려 더 많은 기회를 제공할 것이다. 피부색이 다르다고 업신여기지 않는 코스모폴리탄적 품격과 정직·근면·신용 같은 한국인의 천부적 성공 기질 그리고 자신과의 약속에 대한 신실함이 있다면 외국에서도 충분히 성공할 수 있다.

그런데 불행하게도 많은 젊은이들이 도피성 유학을 떠나고 있다. 또한 유학이 끝나더라도 국내로 들어오고 현지에서 정착을 하거나 직업을 구하는 사람이 많지 않다. 대한민국의 돈으로 공부를 했으면 적어도 그곳에서 돈을 벌어 국내로 송금하는 형태가 되어야 한다. 공부할 때도 한국 돈으로 하고 공부가 끝나서도 한국 돈으로 생활을 한다면 한국 사람들이 열심히 번 돈을 외국에 퍼다 주는 것과 다르지 않다. 유학을 준비한다면 그곳에서 취업을 하거나 그곳에서 창업을 한다는 각오를 가져야 한다. 국내의 부를 외국에 가져다주는 사람이 아닌 외국의 부를 국내로 끌어오는 사람이 필요한 시대다.

또한 앞으로는 반드시 취업을 해야만 되는 세상은 아니다. 스스로 자기의 재능을 팔 수 있는 환경이므로 열심히 준비한다면 자유직업인으로서 얼마든지 행복한 생활을 할 수 있다. '프리터족'이 사회의 주축이 될 수도 있다. 사람들은 필요에 따라 팀을 만들기도 하고 해체하기도 하는 과정을 반복하면서 새로운 부가가치를 만들고 있다. 모두가 '프리터족'이 된다. 다만 그러한 팀에 속해서 일하고 또다시 다른 팀에 합류하는 과정을 반복해야 하므로 사회적인 네트워크가 중요하다. 인터넷을 통해서 네트워크는 결성과 해체를 반복할 것이다. 개인은 모두가 자기를 경영하는 경영자이며 이러한 경영자들이 서로 힘을 합쳐서 기업이라는 조직이 하지 못하는 성과를 낼 수 있다. 각자 모두 '네트워크'로 연결되어 있는 조직인 것이다.

지금 현재 직장생활을 하고 있거나 창업을 하고 있는 젊은이라면 그 일에 목숨을 걸 정도로 열심히 해야 한다. 술 마시고 노는 것은 40대 이후에도 얼마든지 할 수 있다. 그러나 젊음은 유한하다. 젊을 때 돈도 많이 벌어야 한다. 돈이 없으면 인간다운 생활을 할 수 없을 뿐만 아니라 다른 사람을 도와줄 수도 없다.

빌 게이츠는 매년 수십억 달러를 자선단체에 기부한다. 빌 게이츠가 아무리 다른 사람을 도와주고 싶어도 돈이 없으면 불가능하다. 돈을 많이 벌어야 하지만 불법적인 방법이나 비정상적인 방법으로 벌어서는 안 된다. 정당한 방법으로 많은 돈을 벌어서 잘 써야 한다. 내가 번 돈이라고 해서 다 내 것이 아니다. 많이 버는 사람일수록 사회에 환원하는 돈도 많아야 한다. 그것이 돈을 많이 버는 사람들의 의무(노블레스 오블리주)이다.

기성세대(4050세대)는 하프타임을 의미 있게

공자는 나이 40을 불혹不惑이라 했다. 어떤 것에도 마음이 흘리지 않는 나이라는 40대와 50대. 그러나 세상 만사에 흔들리지 않고 꿋꿋하게 살아갈 수 있는 기성세대가 몇이나 될까? 마흔 살은 '마魔의 나이'이다. 공자는 불혹이라고 했지만 한국적 현실에서 마흔은 미혹迷惑에 더 가깝다. 청춘을 불살랐던 일터에서는 '사오정'이라는 이름의 멸종동물로 분류되는 씁쓸함을 감내해야 하고, 젊은 남자의 벗은 몸이 우상시되는 TV가 지배하는 가정에서는 허물어져가는 육체를 감추기에 급급해야 한다. 자녀들이 장난감처럼 다루는 디지털 기기 앞에서는 사자와 맞서는 검투사처럼 식은땀이 배어나오는 손바닥을 닦아야 한다.

점점 불확실한 미래가 우리를 의기소침하게 한다. IMF 구제금융을 기점으로 상당수의 노동자가 '명예퇴직(?)'으로 직장을 떠나면서 '사오정'의 희생양이 됐고 '오륙도', '육이오'가 기다리고 있다. '살아남은 자들'의 일부는 이사·상무 등 임원 자리에 오르며 쭉쭉 뻗어나간 이들도 있다. 그러나 대부분은 빈자리가 된 동료들의 몫까지 일하면서 노동 강도가 훨씬 심화됐다. 지금의 자리조차 흔들리고, 앞선 선배들처럼 정년퇴직을 보장받는 것도 아니다. 일을 그만두기에는 젊고, 다른 일을 다시 시작하기에는 늙어버린 자신이 원망스럽다. 20·30대의 '젊음'과 60대 이상의 '경륜' 사이에 놓인 세대, 실상은 이도 저도 아닌 어정쩡한 세대가 40~50대이다.

가족을 돌봐야 하는 부담감도 어깨를 짓누른다. 마지막으로 부모를 모시는 세대, 바꿔 말하면 자식의 부양을 기대할 수 없는 첫 번째 세대다. 컴퓨터에 능숙하지 못해 부하나 자식들에게 무시당하고, 아내로부터도 예전과 같은 대우를 받지 못한다. 사정이 이렇다 보니 집 안팎에서 권위를 찾기가 쉽지 않다. 사회적으로 너무 만만한 존재가 돼버렸고 과로사나 돌연사, 부도, 생활고로 인한 자살이 가장 많은 연령대도 40~50대다. 변화경영연구소 구본형 소장은 '낭떠러지에서 뛰어내려 스스로의 길을 갈 수 있을 정도의 자신감이 40대에게 필요한 키워드'라며 '자신만의 철학을 가져야 한다'고 강조한다.

현대인의 평균수명이 80세라고 볼 때 인생은 크게 태어나서 25세까지의 준비기, 25세부터 45세까지의 전반전, 45세부터 60세까지의 하프타임, 60세부터 80세까지의 후반전으로 구분할 수 있다. 그리고 80세부터 죽을 때까지는 연장전이라고 볼 수 있다. 그래서 40대는 인생의 전반전을 마무리하고 후반전을 준비하는 '하프타임'이 되도록 해야 한다. 인생의 후반전을 어떻게 살아가야 할까를 준비하는 시기이다. 50대가 되면 뭔가 다시 시작하기가 쉽지 않기 때문에 늦어도 40대 중반에는 적극적으로 인생의 전환을 모색해야 한다. 40대는 죽어야 살 수 있는 나이다.

앤드루 그로브 인텔 회장은 "지금은 출구를 알 수 없는 전략적 변곡점에 놓여 있다. 디지털 시대에는 과거와는 전혀 다른 새로운 전략이 필요하다"라는 말로 변화의 필요성을 역설하고 있다. 그렇다. 디지털은 사람들의 일하고 노는 방법은 물론 생각하는 관점까지 송두리째 바꿀 것이다. 변화Change는 위기Risk인 동시에 기회Opportunity이기도 하며 시대 흐름을 정확히 파악하고 이에 재빨리 대응하는 조직과 개인은 단숨에 성공이라는 단어를 선물 받는다. 그렇지 못하면 20세기에 아무리 선두를 달렸다 하더라도 퇴락의 길을 밟게 될 것이다. 이 시대에 40·50세대가 낙오하지 않고 살아남기 위해 필요한 몇 가지를 정리해본다.

첫째, 상상하기 힘든 속도로 빠르게 변화하고 있는 현실을 받아들이자. 앨빈 토플러는 그의 저서 『제3의 물결』에서 가장 큰 역사적인 흐름을 농업혁명(제1물결), 산업혁명(제2물결), 지식정보혁명(제3물결)으로 구분해놓고 있다. 그 후 창조혁명(제4물결)이 다른 학자에 의해 추가되었고 우리는 이제 좋든 싫든 지식정보와 창조혁명의 시대에 살고 있다. 원시사회에서 제1물결인 농업혁명까지는 수억 년의 절대적인 시간이 필요했지만, 다시 제2물결인 산업혁명에 이르기까지는 3천 년 정도의 시간만 걸렸다. 그 후 제3물결인 지식정보혁명까지는 불과 300년이라는 짧은 시간이 걸렸고, 다시 제4물결인 창조혁명까지는 불과 30년의 시간이 소요되고 있다. 변화의 물결과 속도는 점점 빨라지고 기간은 기하급수적으로 단축되고 있는 것이다.

중요한 것은 이렇게 수천 년에 걸쳐 이룩된 경제발전단계의 모든 변화를 우리나라의 4050세대는 자신이 살아온 짧은 기간에 모두 경험했다는 사실이다. 우리는 분명 농사를 주업으로 하는 시대(농업혁명 시대)에 태어나 70년대의 경제발전기(산업혁명 시대)를 거쳤고, 90년대의 컴퓨터 시대(지식정보혁명 시대)를 거쳐 사람의 창의력과 아이디어가 바로 돈이 되는 21세기(창조혁명 시대)를 살아가고 있다. 그런데도 우리는 옛날 농사짓던 시절이나 경제개발기의 사고와 행동을 그대로 가지고 있다는 데 문제의 심각성이 있다.

일전에 『공자가 죽어야 나라가 산다』라는 책이 큰 반향을 불러일으킨 적이 있다. 물론 비유적인 표현이지만 우리는 너무 형식적이고 외형적이며 큰 것이 최고라는 논리에 집착하고 있다는 비판이다. 교통수단이 발달하지 않고 한 동네에 옹기종기 모여 살 때에는 공자님 말씀이 지극히 타당하고 사리에 딱 들어맞다. 그러나 이제 외국도 이웃과 마찬가지로 드나들 수 있고 더 나아가 컴퓨터를 이용하면 아무리 먼 곳에 있는 사람과도 자유롭게 토론을 하거나 자료를 주고받을 수 있는 세상이다. 농사를 짓던 시절에는 정치가 모든 것을 좌우했지만 21세기 글로벌 시대에는 경제와 기업이 모든 것을 좌우한다. 따라서 자식들에게 정치가, 판·검사가 되기를 기대하지 말고 그들의 창의성을 발휘하고 하고 싶어 하는 일을 하도록 도와주어야 한다. 큰 것보다는 작은 것을, 형식적인 것보다는 실질적인 것을, 통제보다는 자율적인 것을, 외형적인 것보다는 내적인 것을 더 중요시하는 사고를 가져야 할 것이다.

둘째, 이 시대를 재미있게 살기 위하여 컴퓨터와 인터넷, 디지털 기기와 친구가 되어야 한다. 물론 컴퓨터를 몰라도 세 끼 먹고사는 것은 가능하지만 모든 것이 컴퓨터와 인터넷으로 통하는 21세기에 컴맹은 어디에서나 소외당하고 인정받지 못한다. 컴퓨터 안에는 눈에 보이지 않지만 새로운 세계가 존재한다. 컴퓨터를 통해 편지를 주고받고, 대화를 할 수 있으며 강의를 듣거나 미지의 세계를 여행할 수 있다. 운동과 취미생활도 이제 컴퓨터를 모르면 어렵다. 컴퓨터가 모든 세상을 삼키고 있는 이 시기에 컴퓨터를 만지지 못한다는 것은 비참함 그 자체다. 컴퓨터를 알아야 자식들과 대화가 가능하고 어린이들과도 어울려 놀 수 있다. 그러면 어떻게 할 것인가? 가장 간단한 방법은 거금을 투자하여 모바일 기기를 사는 것이다. 가능하다면 이동하면서도 사용할 수 있는 스마트폰이나 태블릿 PC가 좋을 것이다. 컴퓨터와 디지털 기기를 친한 친구로 생각해야 한다.

셋째, 다양성을 인정하자. 그동안 우리는 너무 흑백논리에 치중된 세상을 살아왔다. 전부 아니면 전무全無, 선악, 흑백, 자본주의와 공산주의, 노사,

지배와 피지배자, 가진 자와 못 가진 자, 도 아니면 모 등등……. 앞으로는 그러한 이분법적인 사고로 생존하기 어렵다. 영국과 독일에서 얘기되고 있는 '제3의 길'이라는 의미도 결과적으로 전부 아니면 전무의 이분법적 사고를 버리고 제3, 제4, 제5 등 다양성을 찾자는 것이다. 숲속에서 지저귀는 새들도 각자의 목소리를 낼 때 더욱 아름답게 들리듯이 단 하나의 정답을 바라지 않아야 한다. 특히 지연이나 학연 등을 우선시하는 습관은 하루빨리 버려야 한다. 아직도 누구를 만났을 때 고향이 어디냐, 어느 학교를 나왔느냐는 질문이 먼저 나오는 분들이 많은데, 어디 출신인 것이 뭐 그리 중요한가. 따라서 니 편 내 편의 편가르기도 가능한 한 버려야 할 유산이다. 앞으로의 사회는 네트워크를 통해서 누구나 이웃이 될 수 있다. 니 편 내 편 식의 단편적인 사고로는 생존이 불가능한 시대로 접어든 것이다.

넷째, 모든 것을 긍정적으로 바라보자. 주변의 일상 속에서 즐거움을 찾고 '삶을 긍정적으로 받아들이기'와 '인생 후반전을 슬기롭게 설계하기' 등 스스로의 시간을 가져야 한다. 미국의 경우 45~65세 남자의 자살률은 같은 나이 여자의 세 배에 이른다고 한다. 어떻게 대처할 것인가. 젊음이 사라져버린 자리에 시선을 붙박아두고 있는 것은 바람직한 자세가 아니다. 지금까지 살아온 방식, 삶의 목표, 신체의 이상 등을 서두르지 말고 하나씩 점검해보도록 해야 한다. 사회적 관계에서도 기존의 성취지향적 태도만을 고집할 필요가 없다. 이루지 못한 꿈들과 화해하고, 정말 하고 싶은 일을 찾아 즐겁게 그것을 하고, 동년배 남성을 경쟁자가 아닌 친구와 동지로 인식하고, 공동체의 정신적 버팀목으로서 책임감을 가지고 세상을 아름답게 바라볼 수 있다.

다섯째, 건강에 투자하자. 돈을 잃으면 조금 잃는 것이요, 건강을 잃으면 모두 잃는 것이다. 영어 속담에 'A sound mind in a sound body'라는 말이 있다. '건전한 육체에 건전한 마음이 깃든다'라는 뜻이다. '40대 이후의 얼굴은 본인의 책임'이라는 링컨 대통령의 말을 빌려보면, 40대 이후의 건강도 본인의 책임이다. 긍정적인 생각과 정열을 불태울 수 있는 일 그리고 적당한 운동이 건강의 지름길이다. 아무튼 건강이 최고의 자산이다.

여섯째, 보람차고 풍요로운 제2의 인생을 위하여 자기 자신에게 투자하자. 적어도 수입의 10% 이상을 자신의 업그레이드에 투자해야 한다. 자식에게 쓰는 것은 아깝지 않은데 본인에게 쓰는 것은 아까워하는 사람도 있다. 자식이 소중한 만큼 자기 자신도 중요하다. 임금인상을 예로 들면, 노동자 개인이나 노동조합은 매년 일정액의 임금인상을 요구한다. 그 근거는 주로 물가가 올랐기 때문에 생활비로 충당해야 한다는 논리가 대부분이다. 앞으로는 내 가치가 10% 올랐으므로 10%의 임금을 인상해달라는 방식으로 바뀌어야 한다. 자신에게 투자하지 않으면서 임금만 올려달라는 것은 공짜심리와 다르지 않다. 수입의 10% 이상을 매년 투자한다면 10년 후에는 수십 배의 소득을 가져다주는 남는 장사가 될 것이다.

노년세대(6080세대)는 인생의 후반전을 뛰는 현역선수!

요즘 탑골공원이나 경로당에 가면 '늙어서 자식에게 대접 받으려면 돈이 있어야 돼'라는 말을 심심찮게 들을 수 있다. 또 젊은 여성들 모임에서는 '시媤자만 들어도 머리가 지끈거려'라는 이야기가 들린다. 효를 놓고 세대 간의 논쟁이 뜨겁지만 이 논쟁에서 승자는 없다. 그래서 세태를 탓하지도 못하고, 오늘의 6080세대는 숨죽이며 쓸쓸한 하루를 보내고 있다. 노인문제연구소 조사에 따르면, 노인들이 가장 중요하게 꼽는 노후준비는 첫째가 돈이고, 둘째가 건강, 셋째가 재교육이라고 한다. 젊어서 정신을 바짝 차리지 않고서는 아름다운 노후를 바라기 힘들다는 뜻이기도 하다.

시중의 우스개에 '환갑 전후의 시니어층 3대 바보'가 있다고 한다. '결혼한 자식 애 봐주기', '재산 다 물려주고 용돈 타서 쓰기', '손주들이 와서 놀라고 늙어서 큰 집으로 이사가기'가 그것이다. 물론 많은 어버이는 아직도 바보처럼 살고 있지만 시대의 흐름을 거스를 수 없음을 통계는 말해준다. 고령자소득 국제통계를 보면 최근 15년간 한국은 자녀로부터 받는 돈(소득이전)이 그전 72%에서 56%로 줄었다. 연금이나 사회보장 등 공공성 지원은 겨우 5% 정도에 그치고 있다. 자녀들로부터 도움은 급격히 줄고 정부 지원은 게걸음인 것이다. 그래서 앞으로 10년, 20년 후에는 세상이 바뀔 것이니 자녀 교육에 과다 투자하지 말고 역모기지를 해서라도 자신의 미래에 투자하라고 권고한다. 자식 덕 보기도 힘들고 사회보장도 어려운 것이 6080세대의 미래이니 바보가 되지 말고 '세종대왕(1만 원짜리 지폐)'을 연금 삼아 꼭꼭 재어놓으라는 것이다.

단순히 나이가 많다는 이유로 인생이라는 게임을 몰수할 수는 없으며 얼마든지 행복한 인생을 살 수 있다. 다만 그냥 주어지는 것이 아니라 준비를 해야 한다는 것이다. 전반전을 열심히 뛴 사람은 조금 여유가 있고 그렇지 못한 사람은 조금 힘들다는 것뿐이다. 즉, 전반전을 열심히 뛰어서 어느 정도 여유가 있는 사람은 봉사하는 삶을 살면 되고, 여유가 없는 사람은 능력에 맞는 일을 찾아 소득을 올리면서 나름대로의 삶을 정리하면 된다. 즉, 자립과 봉사가 6080세대의 키워드인 셈이다. 자립적인 삶은 자녀나 국가에 의지하지 않고 스스로 생활비를 벌면서 인생을 마무리하는 것이고 봉사하는 삶은 자원봉사활동을 통해서 사회에 환원하는 것이다.

"인생은 80세부터다. TV만 보지 말고 밖으로 나가라. 이 나이에도 얼마든지 재미있는 일을 할 수 있다." 조지 H. W. 부시 전 대통령이 얼마 전 자신의 80회 생일기념으로 3,900m 상공에서 낙하산 점프를 한 후 던진 말이다. 여든살에 고공낙하를 하는 부시 전 대통령에게서 우리가 발견하는 것은 다름 아닌 '도전과 열정'이다. 열정은 항상 새로운 미래를 열기 마련이다. 헨리 데이비드 소로의 말처럼 열정을 잃지 않고 사는 사람은 늙지 않는다. 열정과 도전 그리고 꿈이 있는 한 삶은 마침표를 찍지 않는 법이고 결국 열정만 한 보약이 없는 셈이다.

인간의 평균수명은 중세 39세, 20세기 초 49세에서 현재 66세(한국인 79세)로 늘었다. 암과 심혈관 질환을 고치면 110살까지 살 수 있다고 하거니와 체세포 복제기술로 인공장기가 만들어지면 수명이 얼마나 더 늘어날지 모른다. 문제는 단순히 오래 사는 게 아니라 아름답고 힘찬 젊음을 유지하면서 장수하는 것이다. 같은 60세라 해도 100살 먹은 노인처럼 비치는 사람이 있는가 하면, 40대의 청춘으로 보이는 사람도 있다. 몸 관리와 생활습관에 따라 큰 차이를 보이는 것이다.

맥아더 장군은 77세 때 LA의 한 모임에서 유명한 연설을 했다. 그는 젊음과 늙음을 이렇게 구분했다. "신념이 있으면 젊고, 의심이 있으면 늙습니다. 자신감이 있으면 젊고, 두려움을 가지면 늙습니다. 희망을 품으면 젊어지고, 절망을 가지면 늙습니다." 19세기의 시인 롱펠로는 생전에 두 아내를 먼저 보낸 불행한 삶을 살았다. 그러나 그의 시는 여전히 아름다웠다. 한 기자가 임종 직전 그에게 비결을 물었더니 그는 창밖의 사과나무를 손짓하며 "저 나무는 늙었지만 해마다 달디 단 사과를 주렁주렁 맺는다. 나는 고목枯木을 보지 않고 그 나무의 새순을 보았다"라고 대답했다고 한다. 노인들이 많이 나오는 미국 플로리다의 한 교회 벽에는 '나이 들면서 드리는 기도문'이 붙어 있다고 한다.

언제나 주변에 한마디 해야 한다고 믿는 나쁜 버릇을 버리게 해주시고, 모든 것을 아는 양 자처하지 않도록 해주십시오. 나이는 먹어도 늙지는 않도록 해주소서.

앞으로의 10년은 지나온 100년보다도 훨씬 빠른 속도로 변하는 세상이 될 것이다. 컴퓨터와 모바일 기기를 모르면 그 변화를 느낄 수도 없으며 외톨이로 돌봐주지 않는 젊은이를 탓하며 살아야 한다. 누구도 남의 삶을 대신 살아줄 수는 없다. '내 인생 내가 살지'라는 오기로 컴퓨터와 인터넷 서핑, 운전과 멋진 드라이브를 즐겨야 한다. 다른 것은 몰라도 인터넷을 활용할 줄 알아야 한다. 자녀, 손주 녀석들과의 대화도 이제는 인터넷으로 해야 하는 시대다. 인터넷에는 모든 것이 들어 있다.

그리고 젊은이들과 어울려야 한다. 젊은이들과 친구가 되어야 한다. 경로당에서 고스톱으로 시간을 때우지 말고 젊은이들이 즐기는 레포츠를 함께하거나 젊은이들을 친구로 사귈 수 있는 곳에 가야 한다. 여행을 즐기는 것도 한 가지 방법이다. 필자가 활동하는 인라인 동호회에는 예순이 넘은 분이 젊은 회원들과 어울려 한강변 자전거도로를 비롯하여 각 지방으로 인라인 여행을 떠나곤 한다. 물론 인라인 마라톤대회에도 참가한다. 가르치려 들지 말고 함께 어울리면 된다.

15 노사 커플을 위한 주례사

개인적으로 친한 분 결혼식에 참석했다가 마침 존경하는 선배의 주례사를 듣게 된 적이 있다. 한국노총위원장을 역임하고 국회의원을 거쳐 지금은 노사발전재단의 공동이사장 역할을 훌륭하게 수행하고 계시는 박인상 선배님이 특유의 친근함과 어른스러움으로 새로 출발하는 신랑과 신부에게 인생의 동반자로서의 기본이 되는 얘기를 짧지만 강한 톤으로 해주셨다.

주례사를 통해서 결혼이라는 것도 서로 다른 환경에서 자란 젊은이들이 한 지붕 밑에서 함께 고락을 나누는 것이라는 전제에서 출발하므로 노사관계와 비교해서 크게 다르지 않다는 사실을 배웠다. 박인상 선배님이 주례사에서 강조한 것은 크게 다섯 가지 정도인데 모두가 기본을 갖추어야 된다는 내용이다. 꿈을 가지고, 상대의 가슴에 상처를 주는 말을 하지 말고, 상대에게 거짓말하지 말고, 서로 상대를 다른 사람과 비교하지 말고, 상대의 부모에게 잘하라는 것이다. 이러한 것은 노사관계에서도 그대로 통하는 얘기다.

결혼식은 지금까지는 혼자 달리기를 했지만 이제는 상대와 함께 인생이라는 달리기를 하는 동반자 관계를 형성하겠다는 예식이다. 노사관계도 서로가 서로를 필요로 해서 만난 동업자다. 노동자는 가지고 있는 노동력을 사줄 기업이 필요하고 기업은 기계를 돌리고 조직을 운영할 근로자가 필요해서 만난 좋은 관계가 노사관계다. 다만 동업을 했으므로 어떻게 임금과 이윤으로 분배할 것인지에 대한 다툼은 있게 마련이다. 인생의 동반자를 선택하고 성스러운 결혼식을 올리는 것과 마찬가지로 이제 노사관계에서 서로의 동업자를 만나는 자리도 성스럽게 예의를 갖추어야 한다. 명칭이야 뭐라고 하든 서로가 서로를 존중하고, 꿈을 가지고, 상대의 가슴에 상처 주지 않고, 거짓말하지 말고, 상대를 비교하지 않을 것을 다짐하는 '근로계약식' 행사를 만들어야 한다.

꿈을 키워라

꿈은 크고 원대해야 한다. 결혼은 서로가 서로를 사랑하고 인생의 동반 자로서 함께 호흡을 맞춰 꿈을 실현하겠다는 약속이다. 노사관계 역시 동 업자로서 서로의 꿈을 이루겠다는 약속이다. 결혼의 성공이 좋은 상대를 만나는 것이라면 노사관계의 성공도 서로가 좋은 상대를 만나는 것이다. 그것은 서로가 같은 꿈을 가지고 있고 그 꿈을 이루기 위해 힘을 합칠 때 진가를 발휘한다.

노동자는 우선 돈을 많이 받는 것이 꿈이며 사업주도 돈을 많이 버는 것 이 꿈이다. 서로가 같은 꿈을 꾸고 있는 것이다. 그런데 노사관계에서는 노동자에게 성과 이상으로 많이 주면 사업주가 거덜나고, 반대로 사업주가 투자한 것 이상으로 많이 가져가면 근로자의 몫이 줄어든다. 그러니 노사 관계라고 하면 '대립과 투쟁'이 먼저 떠오르게 된다. 그런데 나누는 몫을 얻기 위해서는 서로가 서로를 존중해서 자기의 맡은 역할을 충실해 해야 한다는 전제기 깔려 있어야 한다. 상대방이 가지고 있는 것을 뺏는 것이 아 니라 내가 가지고 있는 자산을 투자하고 그 투자의 대가로 임금과 이윤으 로 분배받는 것이다. 노동자는 노동력과 열정을 투자하고 사업주는 자본 과 경영, 리더십을 투자하여 그 대가를 가져가는 구조인 것이다.

노동자가 돈을 많이 받고 사업주가 돈을 많이 버는 것은 서로 상대적이 다. 우선은 기업이 부가가치를 키워야 하고 성과를 높여야 한다. 수입이 지출보다 많아야 한다. 나가는 사람보다 들어오는 사람이 많아야 한다. 그

것은 노사 당사자 모두 큰 꿈을 가지고 그것을 실현하기 위해 서로가 힘을 합쳐야 가능한 얘기다. 글로벌 경쟁에서 살아남고 세계에서 1등이 되는 원대한 꿈을 근로계약식 때 서로 약속해야 한다. 단순히 일을 하고 돈을 받는 관계, 일을 시키고 돈을 주는 거래관계로만 생각하지 말고 기업을 키워서 새로운 부가가치를 창출하고 이를 또 투자해서 새로운 고용을 만들어내는 것이 진정한 노사관계의 모습이다. 청년실업과 고령사회의 문제를 해결할 수 있는 유일한 대안은 기업이 지속적으로 성장하고 지속적으로 고용을 창출하는 것밖에 없다.

상대방 가슴에 상처를 주는 말을 하지 말아야

우리는 세상을 살면서 상대에게 상처를 주는 얘기를 너무 쉽게 한다. 말로 입은 상처는 치유가 불가능하고 죽을 때까지 가지고 가는 상처이다. 눈에 보이는 상처는 자연히 치유가 되지만 눈에 보이지 않는 말에 의한 상처는 가슴에서 지워지지 않는다. 노동자나 노동조합이 아무렇지 얘기한 한마디가 사업주에게는 치명적인 상처가 된다. '악덕기업주', 'ㅇㅇ사장 박살내자' 등등의 구호와 '단결투쟁'이라는 머리띠가 노동조합에서는 상투적으로 사용하는 용어일지 모르지만 상대방인 사업주 가슴에는 대못을 박는 용어가 되기도 한다. 남편이 조금 마음에 안 든다고 악덕남편, ㅇㅇ박살내자, 단결투쟁을 부르짖지는 않는다. 그리고 사업주들도 노동조합을 '빨갱이', '불순분자' 등등의 용어로 원색적인 비난을 해서는 안 된다. 동업자인 상대방이 빨갱이, 불순분자는 아니니까 말이나. 이제 원색적이고 치졸한 용어는 퇴출시키고 서로가 서로를 존중하는 용어를 만들어내야 한다.

악덕기업주는 '멋쟁이 사장님'으로 바꾸고 ㅇㅇ사장 박살내자는 'ㅇㅇ사장 존경하자'로 바꾸자. 단결투쟁은 '단결협조', '단결존중', '단결생존'으로 바꾸고 빨갱이는 '조합민주주의수호자'로 바꾸어야 한다. 불순분자는 '근로자권리옹호자'로 바꾸면 된다. 모든 세상일은 상대적이다. 노사관계의 기본은 서로가 서로를 존중하는 문화를 만드는 것이다. 사업이 노동자를 착취하거나 노동조합을 탄압하려는 목적에서 하는 것은 아니다. 사업은 인적, 물적자원을 최대한 활용해서 많은 부가가치를 창출하고 이를 임금과 이윤으로 분배하는 종합적인 예술이다. 노동자나 노동조합도 사업주를 괴롭히고 사업을 망하게 하기 위해서 존재하는 것이 아니다. 협조와 존중을 통해서 많은 부가가치를 만들어내고 합리적인 몫을 분배받는 것이 노동조합의 목적이다.

상대방에게 거짓말을 하지 말아야

거짓말을 위해서 또 다른 거짓말을 해야 한다. 링컨 대통령의 얘기를 보면 1개의 거짓말을 위해서 20개의 거짓말을 또 만들어야 한다고 했다. 사람 사는 세상에서 거짓말이 없을 수는 없겠지만 부부간에 거짓말은 신뢰를 떨어뜨리고 떨어진 신뢰는 결과적으로 이혼으로 가는 전조가 된다. 노사관계에서도 마찬가지다. 경영자가 거짓말을 하면 근로자들의 신뢰를 잃고 노동자가 거짓말을 하면 경영자의 신뢰를 잃어버린다. 신뢰가 없는 동업사관계는 오래가지 못한다. 경영자는 모든 경영상태를 투명하게 공개하고 있는 그대로 보여줄 필요가 있다. 어려우면 어려운 대로, 잘되면 잘되는 대로 알려줄 의무가 있다. 동업자에게 숨길 것이 뭐가 있는가? 숨길 거면 아예 동업자관계를 파기하는 것이 현명한 방법이다. 반대로 노동조합이나 노동자들도 자기의 기여도, 부가가치 창출능력을 있는 그대로 밝혀야 한다. 무조건 많이 달라, 무조건 떼를 쓰는 것은 동업자를 무시하는 행위이다. 적게 기여했으면 적게 받고 많이 기여했으면 많이 받는 것이 사회적 공평성이다. 적게 일한 사람이 많이 가져가고 많이 일한 사람이 적게 가져가는 것이 노동조합의 사회적 책임은 아니다. 성과를 많이 낸 사람을 우대하는 문화가 확산되어야 한다. 정치사회적으로는 평등하지만 성과와 보상에서는 평등할 수 없는 것이 인간사회의 모습이다.

상대를 비교하지 말아야

많은 부부들이 상대의 장점을 보기보다는 다른 사람과 비교하는 우를 범한다. 누구누구는 어떻더라, 누구네 집은 몇 평을 샀다더라 등등을 통해서 남편과 부인이 불만을 토로한다. 그렇게 비교하려면 아예 결혼을 하지 말아야 한다. 자기가 원하고 필요해서 알콩달콩 살자고 약속을 한 사이라면 다른 사람과 비교할 이유가 없다. 내 인생은 내가 사는 것이지 다른 사람이 대신 살아주는 것이 아니다. 모든 사람이 얼굴과 생김이 다르듯이 사람마다 좋은 점이 있고 나쁜 점이 있다. 좋은 점을 발굴하고 나쁜 점을 고치면 되는 것이지 그것을 다른 사람과 비교해서는 이미 부부라고 할 수 없다. 노사관계도 마찬가지다. 서로가 필요해서 만난 동업자다. 마음에 안 들면 다른 동업자를 구하면 되는 것이지 굳이 다른 사업주, 다른 노동자와 비교해서 평가할 필요는 없다. 현재의 기업이 가지고 있는 장점을 잘 키워내고 단점을 고쳐서 지속성장을 가능하게 만드는 것이 노사 당사자의 역할이고 책임이다. 다른 기업과 비교하거나 다른 회사의 노동자와 쓸데없이 비교해서 우울하게 만들지 말아야 한다. 우리 기업의 상황이 나쁘면 나쁜 대로 좋으면 좋은 대로 룰을 만들어서 집행하면 된다. 그리고 기업은 지속적으로 성장해야 한다. 지속적으로 성장하지 않으면 고용을 보장할 수 없으며 현재의 삶은 물론 미래의 삶도 지치고 힘들게 된다. 또한 서로가 기본적인 예의를 지키는 문화를 만들어야 한다. 예의 바른 말투, 예의 바른

행동, 예의 바른 경영, 예의를 지키는 노사관계가 대한민국 미래의 생존전략이다.

16 니 편? 내 편? 우리 편!

노동자 편입니까? 사용자 편입니까?

가끔 "노무사님은 노동자 편입니까? 아니면 사용자 편입니까?"라는 질문을 받을 때가 있다. 그럴 때는 그냥 웃고 넘어간다. 노동자 편도 되고 사용자 편도 되고 그냥 우리 편이기도 하다. 속칭 회색분자일 수도 있다. 나만 그런 것이 아니라 다른 노무사, 변호사, 학자를 구분할 때도 친노동자 그룹, 친사용자 그룹으로 분류해서 평가하기도 한다. 진보와 보수로 사람을 평가하는 것과 마찬가지로 노사관계를 지원하는 그룹도 이분법적으로 난도질하기를 좋아하는 것이 세상의 흐름인 듯하다. 이러한 질문은 어린아이에게 하는 '엄마가 좋으냐, 아빠가 좋으냐'라는 곤란한 질문과 다르지 않다.

노사관계를 둘러싼 이해관계의 충돌과정에서 경우에 따라 노동자 편, 사용자 편이 생길 수 있다. 노동자보호법인 노동법의 적용에서도 필요에 따라 노동자와 사용자로 구분해서 적용한다. 이러한 구분은 노동법의 적용대상으로서 보호의 필요성 때문에 나누어놓은 것에 불과함에도 우리는 아무런 생각 없이 그냥 노동자 편, 사용자 편이라는 편가르기를 하고 있다. 이제 노동자 편, 사용자 편이라는 편가르기가 아주 작은 의미밖에 없음에도 우리는 여전히 자본주의 초기시대의 편가르기와 줄 서기를 강요하고 있는 것이다. 보호의 대상으로서 노동자를 규정하고 이러한 노동자를 위해 노동법을 지켜야 하는 사용자를 상대방 당사자로서 규정한 것을, 우리는 너무 정치적이고 이념적으로 노동자 편, 사용자 편으로 몰아가고 있다.

노사관계는 그냥 우리 편

돈을 버는 데 있어서 노동자는 사업주가 필요하고 사업주는 노동자가 필요하다. 혼자서도 모든 것을 다 할 수 있다면 군이 노사관계에 들어올 이유가 없다. 노동자도 혼자서는 돈을 못 벌고 반대로 사업주도 혼자서는 돈을 못 버니까 서로 동업을 하는 것이다. 동업은 혼자 하는 사업에 비해서 서로의 협업이 가장 중요하다. 노동자는 자기의 노동력을 최대한 성실하게 제공해서 기업의 성과에 기여해야 한다. 사업주도 인적, 물적 자원을 잘 배분해서 경영을 효율적으로 하고 이를 통해서 성과가 나오도록 해야 한다.

특히 무한경쟁, 국제경쟁이라는 경영환경의 변화 움직임은 우리가 지금까지 가지고 있던 편가르기를 버리지 않으면 함께 망하는 상황으로 우리를 내몰고 있다. 정치권은 지역적인 편가르기를 하고 학연과 지연 등으로 쪼개져서는 앞으로 대한민국호가 생존할 가능성이 없다. 기업경영 역시 학연과 지연으로 줄 세우기를 한다면 그 앞날은 뻔하다. 그냥 둥글게 어울리며 살아가야 한다. 니 편 내 편이 뭐 그렇게 대단한 것이라고 서로 편가르기를 해서 상대를 흠집 내려 할까? 기업이 잘되고 노동자들이 맘 편하게 일하는 환경을 만드는 것이 우리 편의 몫이다.

유독 우리는 '우리'라는 용어를 많이 사용한다. '나'로 표현할 것도 군이 '우리'라는 공동체적인 용어로 표현하는 것이다. 내 나라, 내 민족을 '우리 나라, 우리 민족'으로 사용하거나 내 남편은 '우리 남편'으로 보편적으로 사용한다. 내 회사가 아니라 '우리 회사'로 부르듯이 니 편 내 편으로부터 우리 편으로 공동체적인 생각을 키워나가야 한다. 앞으로 노사관계를 바라볼 때 그냥 '우리 편'으로 편먹기를 하자. 노동자 편, 사용자 편으로 편가르기를 해야 한다면, 아주 짧은 시간에 상대에게 상처를 주지 말고 신속하게 해결하고 다시 정상적인 우리 편으로 돌아가자.

니 말도 맞다, 그 말도 맞다

황희 정승이 아랫사람들의 다툼을 들어주는 얘기 중에 "니 말이 맞다, 그 말도 맞다"라고 맞장구치는 내용이 있다. 서로 상대를 비난하거나 깎아내리는 얘기를 들으면서 양 당사자 모두에게 니 말도 맞고, 그 말도 맞다는 엉뚱한 답을 준 것이다. 노사관계 역시 '노동자도 맞고 사용자도 맞는' 상황이다. 노동자가 월급 올려달라는 얘기도 맞고, 사용자가 못 올려주겠다는 것도 맞다. 다만 서로 자기의 입장만 챙기면 함께 망하는 동업자이기 때문에 상대를 존중해야 하고 양보를 통해서 서로 이득이 되는 절충점을 찾아야 하는 것이다.

가끔 노사간에 교섭이 끝나고 나서 서로 벽을 보고 얘기한 것 같다는 느낌을 받는다고 한다. 서로가 앞에 사람이 앉아 있음에도 상대를 이해하려 하시 않기 때문에 벽을 대히고 있는 답답함을 투로하는 것이다. 이제 벽을 걷어내고 사람끼리 숨소리를 들으며 서로 상대의 가슴을 움직이는 우리 편이 되자.

'운칠기삼'과 마찬가지로 '심칠뇌삼'이라는 말이 있다. 인간관계는 가슴이 7이고 머리가 3이라는 의미다. 노사관계도 차가운 머리는 조금만 활용하고 뜨거운 가슴을 많이 활용하는 나눔의 지혜가 필요한 시기이다.

17 스스로, 함께, 더 크게, 프레너미 파트너스

국가의 근본적인 목적은 구성원인 '국민의 행복한 삶'을 위한 적극적인 지원활동이다. 국민이 행복하기 위해서는 우선 의식주가 해결되어야 하는데 자본주의는 분업의 원리에 의해서 자급자족보다는 자기의 노동력(지식, 육체, 네트워킹 등)을 다른 사람이나 단체에 제공하고 그 대가로 소득(임금, 급여, 대가)을 받아서 필요한 재화와 용역을 구매하는 구조로 되어 있다.

자본주의 사회에는 다른 사람을 위해서 일하는 사람(노동자, 자영업자)과 그 노동자에게 일을 시키고 임금을 지급하는 사람(사업주, 사용자)이 있다. 이러한 관계에서 사업주는 강자이고 노동자는 약자라는 등식이 형성되어 있고 '사회적 약자인 노동자'를 보호하기 위해서 노동법이 제정되어 있다. 그런데 21세기 '창의적 지식기반경제'에서는 위와 같은 단순한 논리가 무너지고 있다. 노동자들이 오히려 사업주보다 더 큰 힘을 가지고 더 많은 소득을 올리는 것이 가능하기 때문이다.

따라서 노동법도 새롭게 형성되는 노동자와 사용자의 파워게임에서 새로운 해결대안을 마련해야 한다. 즉, 사회적 약자(비정규직, 여성, 저소득자)는 강하게 보호해야 하지만 사회적 강자의 대열에 이미 올라선 노동자(대기업, 공기업, 고소득자)는 굳이 노동법이 보호하지 않아도 된다. 그에 대한 대책이 '스스로, 함께, 더 크게', '경쟁적 협조관계Frenemy Partners'라는 구호로 집약된다.

'스스로'는 노사자치의 이념으로서 노사문제는 양 당사자가 스스로 해결한다는 의미와 사회적 약자인 노동자들도 스스로 사회적 강자가 되도록 노력해야 한다는 의미, 그리고 사회적 강자인 노동자는 법이 보호하지 않고 스스로를 책임진다는 복합적인 의미를 가지고 있다.

'함께'는 노사가 함께 서로를 존중하면서 함께 살아가는 동업자^{Partner}라는 의미다. 이 세상은 로빈슨크루소같이 혼자 살아갈 수 있는 '홀로 아리랑'이 아니다. 노동자는 노동력을 구매할 사용자가 필요하고 사용자는 일을 해줄 노동자가 필요해서 만난 동업자 관계이기 때문에 서로가 서로를 존중하는 '함께' 살아가는 철학이 필요하다. 사업주가 투쟁의 대상은 아니며 노동자 역시 원수^{Enemy}가 아니다. 그렇다고 노사가 무조건 친구^{Friend}가 되는 것도 어렵다. 친구이면서도 경쟁상대이고 경쟁상대이면서도 친구가 되는 경쟁적 협조관계$^{Frenemy Partners}$의 이중성을 인정해야 한다. 이러한 '함께'는 노동자와 사용자, 노동조합과 경영자, 정부와 경영자, 정부와 노동조합, 정부와 노동자의 어느 관계에서도 꼭 필요한 이념이다.

'더 크게'는 노사관계보다 더 큰 국가경제를 목표로 해야 한다는 것이다. 국가의 경쟁력을 더 크게 해야 하고, 기업의 부가가치를 더 크게 해야 하고, 개인의 소득을 더 크게 해야 한다. 지속적인 성장을 하지 않으면 글로벌 무한경쟁에서 살아남기 어렵다. 국가는 고용을 책임진 기업이 돈을 많이 벌 수 있는 환경을 조성해야 하고 기업이 노동자들에게 공정한 보상을 할 수 있는 시스템을 마련해야 한다. 또한 기업은 고용을 늘리기 위해서 더 많은 부가가치를 창출하고 노동자들에게 정당한 대가를 지급해야 한다. 저임금 장시간 노동을 통해서 돈을 버는 것은 이제 옛날 얘기일 뿐이다. 노동자들도 기업의 지속적인 성장에 동반자 역할을 하고 성과에 비례하는 보상을 요구해야 한다. 더 크게 만드는 것이 노사정의 첫 번째 역할이다.

'경쟁적 협조관계'는 노사관계의 2중성을 인정하고 스스로, 함께, 더 크게 만드는 데 필요한 사고의 전환장치이다. 노사관계는 경쟁적(투쟁적)이면서도 협조적인 이율배반적인 모습을 띠고 있다. 부가가치를 창출하는 과정에서는 노사의 협조가 반드시 필요하지만 이를 분배하는 과정에서는 투쟁적인 상황이 연출되기도 한다. 경우에 따라서는 투쟁이 강조되기도 하고 경우에 따라서는 협조가 강조되기도 한다. '투쟁적 노사관계'와 '협조적 노사관계'는 따로 떨어져 있는 용어가 아니고 함께 있는 것이다. 다만, '글로벌 무한경쟁시대, 창의지식기반경제시대, 네트워크 가상공간시대'에는 투쟁보다는 협조를 통한 '존중의 노사관계'가 대한민국 생존의 바탕이 되어야 한다.

18 '50세주'로 바라본 노사관계

50세주=백세주+소주

백세주와 소주를 반반 섞어 50세주를 제조해 마시던 것이 이제 정식으로 '50세주'라는 술로 판매되고 있다. 50세주는 출시 보름 만에 초도물량이 모두 판매될 정도로 큰 인기를 끌었다. 특정 회사의 술을 선전하려는 것은 아니다. 시중에서 고객들이 제조해 마시던 것을 상품화했다는 아이디어의 참신함과 함께 서로 다른 술을 함께 섞어서 중간 정도의 도수를 만들어내는 것이 노사관계에 중요한 시사점을 줄 수 있기 때문에 얘기하는 것이다.

세상은 백세주도 필요하고 소주도 필요하고 그 중간에 있는 50세주도 필요하다. 한 자리에서 술을 마시면서 누구는 소주만, 누구는 백세주만 마신다면 함께 살아가는 재미가 없다. 술자리를 함께한다는 것은 서로가 서로를 이해한다는 것이며 그렇다면 이 둘을 합쳐서 50세주를 만들어낸 아이디어는 괜찮은 의미를 갖는다. 이를 개발한 것도 부부 연구원이 서로 주량이 달라 서로를 도와주는 과정에서 자연스럽게 이루어졌다니 중용적인 사고가 담긴 제품이다.

노사관계에서의 50세주=노동자+노조+경영자+자본

함께 섞인다는 의미에서 새로운 50세주가 탄생한 것처럼 세상살이에도 또 다른 50세주가 필요하다. 부부 사이, 친구 사이, 부모와 자녀 사이 등 어떤 관계에서든 서로가 서로를 인정하고 함께 어울리는 50세주의 사고가 세상을 밝게 만들 수 있다. 자기만을 주장하는 것이 아니라 다른 것도 받아들이는 중간적인 생각이 50세주의 철학이다. 100:0의 승패^{Win-Loss}적인 것이 아니라 50:50의 승승Win-Win적 사고가 50세주의 사상이다.

노사관계에서도 50세주의 철학은 충분한 가치를 가진다. 노사는 함께 생존하고 성장해야 하는 파트너이지 서로 잡아먹어야 하는 원수의 관계는 아니다. 그렇다면 노사관계에서 50:50은 금과옥조로 존중되어야 한다. 노사관계의 악순환Vicious-Cycle은 100:0으로 이기려는 욕심에서 비롯된다. 악순환의 사전적인 의미는 "밀접한 상호관계에 있는 것들이 서로 관련하여 나쁜 영향을 주고받아 무제한으로 악화되는 것"을 말한다. 노사관계가 잘 풀리지 않는 기업의 경우에는 이러한 부정적인 악순환이 매년 되풀이된다. 반대로 선순환Good-Cycle의 사전적 의미는 "인간관계나 조직관리 면에서 개인 스스로나 밀접한 이해관계가 있는 것들이 상호간 긍정적인 동기부여로 연쇄적으로 상승효과가 반복되는 것"을 말한다.

노사관계의 선순환구조는 분배구조에서 시작된다. 노사간의 분배구조가 합리적이고 성과에 대응하는 구조로 되어 있다면 서로가 부가가치를 높이기 위해 협조할 것이고 협조가 커지면 당연히 전체적인 매출액이 많아진다. 매출액이 많아진다는 것은 특별한 사정이 없는 한 임금과 이윤으로 분배할 부가가치가 커질 것이고 커진 부가가치 때문에 더 많은 임금과 더 많은 이윤이 가능함을 의미한다. 더 많은 임금과 이윤을 분배받은 노사당사자는 다음에는 더욱더 부가가치를 높이기 위해 노력할 것이고 그러면 기업은 더욱더 많은 수익을 낼 것이다.

노사가 조금씩 양보하여 50:50의 철학을 실천할 때 우리의 노사관계 수준도 경제규모와 마찬가지로 세계 10위권에 올라실 수 있을 것이다. 100을 얻으려다가 양쪽이 모두 0을 얻는 손해를 보기보다는 50을 얻으려고 하면 상대도 50을 얻기 때문에 함께 100을 얻을 수 있는 아름다운 게임을 해야 한다. 노사관계는 50세주의 양보철학이 필요한 아름다운 관계다.

19 싸움은 말리고 흥정은 붙이고

통과의례가 된 노동쟁의 조정절차

필자는 중앙노동위원회의 조정담당 공익위원으로서 여러 조정사건을 담당해왔다. 그런데 이상한 것은 조정회의에 참석하는 노사 양 당사자 사이에 멋지게 조정을 해달라는 것보다는 빨리 끝내달라는 묘한 분위기가 많다는 사실이다. 이것은, 쟁의행위로 가기 위해서는 반드시 노동위원회의 조정절차를 거쳐야 하고 조정절차를 거치지 않은 쟁의행위는 불법이거나 부당하다는 평가를 받을 수 있으므로 통과의례로 노동위원회의 조정절차를 활용하기 때문이다. 즉, 조정신청 후 10일(공익사업은 15일)이 지나면 특별한 사정이 없는 한 합법적인 쟁의행위가 가능하므로 어떻게 조정을 잘할 것이냐가 관심사가 아니라 조정절차만 끝나면 된다는 생각을 가지고 있는 것이다.

조정회의 의장으로서는 참으로 맥 빠지는 일이다. 바쁜 일 다 팽개치고 딴에는 양 당사자를 잘 설득해서 멋지게 조정회의를 마무리지어야겠다고 다짐했건만 노사 양측은 귀찮으니까 빨리 끝내고 다음 수순을 밟게 해달라는 것이 본심이라면 그렇지 않겠는가? 노사간에 매년 벌어지는 임금협상만큼 중요한 사안이 어디 있는가? 그럼에도 조정회의에 참석하는 당사자는 의사결정권자인 대표자가 아닌 실무자인 팀장이나 과장이 나온다. 물론 실무적인 내용이야 팀장이나 과장이 더 잘 알고 있겠지만 조정회의는 양 당사자의 입장을 청취하고 합리적인 절충안을 제시하는 중요한 과정이므로 대표자가 나오는 것이 마땅하다.

위임장을 가져왔으므로 권한이 있다고 항변한다. 그 말도 맞다. 그러나 아무리 다른 일이 있어도 가장 중요한 근로조건인 임단협에 대한 조정회의에는 그 다른 일을 제쳐 두고 참석해서 의견을 얘기하고 함께 타협점을 모색해야 마땅하다. 의사결정권자가 나오지 않으면 결국 의사결정권자에게 전화로 상의하거나 아니면 다음 기회에 답변을 할 수 있으므로 조정회의가 무산될 소지가 크다. 이것은 노동쟁의 조정제도에 근본적인 '회의'를 느끼게 하는 대목이다. 그리고 애초부터 조정성립에 대한 희망보다는 조정절차만 끝내면 된다는 생각을 가지고 임하면 조정이 성공할 가능성은 낮을 수밖에 없다. 그렇다고 노동위원회가 강제적으로 중재를 내리거나 대표자가 나오지 않으면 조정회의를 진행할 수 없다고 어깃장을 놓을 수도 없는 노릇이다.

성실한 협상태도와 간절한 마음을 담아야

'생생하게 상상하고 간절히 원한 꿈은 이루어진다'는 말이 있다. 노사간에 진정한 협상과 평화가 찾아오려면 성실한 마음, 노사평화를 간절히 원하는 마음을 가져야 한다. 노사 양 당사자가 어차피 통과의례로 지나가야 할 과정으로만 생각한다면 조정위원들도 미리 포기하게 된다. 사람 사이의 관계도 신뢰가 중요하듯이 노사관계 역시 상대방에 대한 믿음이 가장 중요하다. 신뢰가 없는 노사관계는 매년 '교섭-조정-파업-징계'의 악순환을 반복하게 된다. 그다음 번에는 징계를 철회하거나 해고자를 복직시키라는 요구로 또 파국으로 치닫고 결국 노사 양측이 모두 상처를 입는 상황이 연출된다.

노동쟁의가 발생하는 것은 노사간 해볼 때까지 최선을 다했지만 평행선을 그리고 있는 상태라 할 수 있다. 더 이상 해결기미가 보이지 않는 상태가 노동쟁의 상태가 된다. 그럴 경우 제3의 기관인 노동위원회가 양 당사자의 입장을 듣고 중간적인 입장에서 합리적이고 공정한 대안을 제시할 수 있는 제도가 조정제도다. 적어도 조정신청을 하려면 교섭이 무르익어서 몇 가지의 대안이나 조정이 가능한 정도의 입장 정리가 된 후라야 한다. 노조도 애초에 제시한 안을 내놓고 사용자도 애초에 가지고 있는 안을 들고 와서 조정을 해달라고 하면 조정위원은 두 손을 들어야 한다.

예를 들어 노동조합이 10%의 임금인상안을 제시했고 회사가 3%의 안을 제시했다면 양 당사자가 최대한 의견 차이를 좁혀서 5~7% 정도의 조그만 갭이 존재할 때 노동위원회에 조정을 신청해야 한다. 그러면 노동위원회는 5%를 지지할 수도 있고 7%를 지지할 수도 있고 중간선인 6%를 조정안으로 낼 수도 있다. 그렇지 않고 10%와 3%를 서로 고수하고 있다면 10%를 지지하거나 3%를 지지하거나 중간선인 7%를 지지하는 것 모두 양 당사자의 신뢰를 얻을 수 없다.

노사관계는 현대 기업경영에서 가장 중요한 위치를 차지하고 있다. 경영자는 노사관계가 기업의 흥망을 좌우할 수 있다는 중요성과 긴급성을 인식하고 노동조합이나 노동자의 신뢰를 얻어야 한다. 구성원의 신뢰를 얻지 못하는 경영자가 과연 능력이 있는 경영자인지는 역사가 판단하겠지만 기본이 부족한 것만은 사실이다. 기본적인 마인드가 부족한 선장이 키를 잡은 배가 과연 거친 풍랑을 제치고 올바른 항해를 할 수 있는지 점검해야 한다. 노사 모두 성실한 태도와 간절한 마음을 담아서 교섭에 임해야 한다.

싸움은 말리고 흥정은 붙이고

옛말에 '싸움은 말리고 흥정은 붙이고'라는 장사꾼 용어가 있다. 그런데 요즘은 '싸움은 붙이고 흥정은 말리고'가 득세하는 세상이다. 국제관계에서도 그렇고 노사관계에서도 그렇고 정치관계에서도 그렇다. 진짜로 싸움은 말리고 흥정은 붙여야 한다. 제3자가 싸움을 말리기 전에 당사자들의 자율적인 해결이 가장 중요하다. 노사 양 당사자가 스스로 문제를 해결하려는 의지가 있을 때 노사관계는 안정된다.

경우에 따라서는 파업 등 쟁의행위까지도 갈 수 있다. 그러나 쟁의행위를 한다고 해서 끝장난 게임이 아니라 또다시 대화를 통해서 문제를 해결하고 함께 부가가치를 만드는 파트너가 되어야 한다. 막가자는 것이 아니라 더 좋은 근로조건에서 서로 경쟁력을 가지고 함께 기업을 성장시키자는 관계가 되어야 한다.

내 입장만 강조할 것이 아니라 상대방의 입장도 헤아리는 도인 같은 마음도 필요하다. 조그만 것에 목숨 걸지 말고 큰 그림을 함께 그리려는 노력도 있어야 한다. 그리고 조정을 신청하기 전에 입장 차이를 최대한 좁혀서 조정위원이 '싸움은 말리고 흥정은 붙이는' 상황을 먼저 조성하는 지혜가 그립다.

20 FRENEMY PARTNERS
잡노마드시대의 노사관계

변화의 시대, 상실의 시대, 그리고 잡노마드의 시대

세상이 정신없이 변하고 있다. 농경시대의 100년간의 변화가 정보화시대인 오늘날에는 불과 하루 만에 이뤄지는 엄청난 흐름 속에 우리는 살고 있다. 농업혁명시대는 3,000년, 산업혁명시대는 300년, 지식정보혁명시대는 30년 만에 지나간다고 한다. 시대의 흐름은 적어도 10배 이상 빨라지고 있다. 앞으로 오는 창조혁명은 이런 상태라면 눈 깜짝할 사이에 지나가 버리게 될 것이다.

다른 나라가 300년 걸쳐 이룩한 경제적인 성과를 대한민국은 30~40년 만에 달성한 저력을 가지고 있다. '압축성장'을 통해서 비약적인 경제발전이 이루어졌다. 1963년 1인당 국민소득은 100달러였는데 1995년에 1만 달러를 넘었고 2010년에 2만 달러에 재진입했다. 경제적·정치적 후진국에서 중진국에 도달한 것이다. 여기서 흔들리면 선진국의 꿈은 멀어진다. 20세기에 들어서 미국과 유럽을 제외하고 선진국 대열에 합류한 나라는 일본뿐이라고 한다. 여러 나라들이 선진국의 문턱에서 주저 앉는 경우가 많다. 이를 중진국 증후군이라고 한다. 우리도 자칫 정신 차리지 않으면 중진국 증후군에 막혀 좌절을 맛볼 수 있다.

앞으로 올 미래의 소용돌이를 이해하고 그 미래에 투자해야 한다. 특히 앞으로는 글로벌경쟁과 글로벌 시민사회 그리고 창조지식이 복합적으로 엮이는 시대다. 인공지능사회, 드림 소사이어티, 돌봄 경제시대, 우주시대가 중첩적으로 밀려오고 있다.

> 미래의 직업인들은 사무실을 조끼 주머니에 넣고 다니고, 아이디어는 머리에 저장해 두며, 가벼운 가방을 들고 자신의 판단에 따라 유동적인 노동 세계를 마음껏 활보할 것이다.　　　　　　　　_ 군둘라 엥리슈

평생직장은 사라지고 평생직업을 만들어야 되는 시대다. 직업을 자주 바꾸는 사람, 꾸준한 관계를 싫어하는 사람, 사이버 세계시민, 국가를 넘나드는 사람과 방랑자들의 떠돌아다니는 기질로 넘쳐난다. 이른바 직업의 유랑자 잡노마드Job Nomad가 판치는 세상이다.

그들에게는 집이 없다. 단지 노트북, 스마트폰, 여권만이 있을 뿐이다. 그들은 평생 한 직장, 한 지역 그리고 한 가지 업종에 매달려 살지 않는다. 그들은 승진 전쟁에 뛰어들지도 않고, 회사를 위해 목숨 바쳐 일하지도 않는다. 그들은 자신의 가치를 정확히 분석하고 자신의 노동력을 자유롭게 사용할 줄 아는 현대인이다.

그들이 일하는 이유

미래학자 군둘라 엥리슈는 『잡노마드 사회』라는 책에서 유목민의 삶의 속성을 그대로 갖추고 끊임없이 변화하는 직업의 세계에서의 진정한 안정이란 바로 '자유'로움에 있음을 상기시킨다. 선사시대 이래로 인류가 살아남는 데 기여했던 유목민들의 전략과 적응방법이야말로 우리에게 창조적인 자극제가 될 수 있다는 믿음이다.

프랑스의 석학 자크 아탈리는 "부유한 사람들은 즐기기 위해 여행할 것이고 가난한 사람은 살아남기 위해 이동해야 하므로 결국은 누구나 유목민이 될 수밖에 없을 것"이라고 한다. 이미 스마트폰과 태블릿 PC들이 사이버 세계의 유목민을 양산하고 있다.

유목민은 이동하는 삶의 방식 때문에 가장 필요한 물자만 가지고 다녀야 한다. 유목민적인 노동에서 중요한 것은 어디에서 일하는가가 아니라 무엇을 하는가이다. 그것도 스스로 원해서 무엇을 하는가이다. 이런 활동은 그 자체가 이미 자유롭기에 내적인 거부감도 없고 외적인 자극도 필요치 않다. 사탕이나 채찍, 안정에 대한 약속이나 규정 같은 것들이 굳이 필요하지 않다는 얘기다. 언제, 어디서, 어떻게 그리고 어느 정도 일을 하느냐는 중요하지 않고 오로지 결과만이 중요하다.

잡노마드들은 월급을 받으며 평생 동안 일하는 '황금 새장'을 거부한다.

이들에게는 어디에 예속되지 않는 것이 직업적으로 성공하는 것보다 훨씬 중요하다. 가능하면 폭넓은 분야에서 실력을 연마함으로써 자신의 창의적인 가치를 높이고 싶어 하기 때문이다. 잡노마드들이 활약할 미래는 속도와 유동성, 즉흥성이 중요한 가치로 부각되는 유목민적인 창조지식경제사회이다.

긍정적으로 미래를 꿈꾸며 확신하는 사람들만이 그러한 미래를 맞이할 수 있다. 분명한 것은 '아무것도 시도하지 않는 사람은 아무것도 얻지 못한다'는 점이다. 정신없는 속도 속에 그냥 떠밀릴 것인가 아니면 활기차게 앞으로 나아갈 것인가. 미래의 주인이 되기 위해 변화하는 세계를 두려워하지 말고 새로운 상상력을 펼쳐 창의적인 시도를 하는 것이 우리의 몫이다.

노사관계, 어디로 가고 있나

미래학자들은 앞으로 잡노마드시대가 되면서 노조가 힘을 잃을 것이라고 한다. 심지어는 노조가 사라질 것으로 단정하는 사람도 꽤 많다. 설마 하고 고개를 갸웃거리는 사람이 있겠지만, 1800년대 농업인구가 90%였지만 1900년대 20%를 거쳐 지금은 약 1.2%로 점차 소멸되어가는 과정을 보면 굳이 고개를 흔들 일도 아니다. 파트타임과 재택근무, 임시직, 자영업자의 증가도 평생직장, 평생직종이 없어진다. 미래 직종이 대개 제조업이 아니라 서비스업이라는 점도 노조가 약화되는 중요한 요인으로 작용한다.

집단적으로 단체교섭을 하고 투쟁을 통해서 임금을 올리는 모습은 역사책에 등장할지도 모른다. 정신을 차릴 수 없이 급격하게 변하는 현실에서 노사관계도 방향을 잡아야 한다.

유목민들이여, 어디로 갈 것인가?

21 경제위기와 1만 시간의 법칙

경제위기와 일자리 유지

경제위기가 사람들의 몸과 마음을 약하게 만들고 있다. 이러한 경제위기가 언제까지 갈 것인지에 대한 정답은 누구도 내놓지 못하고 있지만 조금 길게 갈 것이라는 예상이 늘어나고 있다. 따라서 V자형의 회복이 아니라 U자형이 되거나 더 어렵다면 L자형으로 될 가능성도 있다. 이럴 경우 다른 무엇보다도 일자리가 중요해진다.

현대인들은 자신이 스스로 의식주를 해결하는 것이 아니라 노동을 제공하고 그 대가를 받아서 이를 의식주에 필요한 물품과 교환하는 경제시스템 속에서 살아가고 있다. 따라서 자신의 노동력을 다른 기업이나 다른 사람에게 제공하는 기회가 있어야 한다. 만약 그런 기회를 갖지 못하면 부모나 정부의 지원을 받고 살아가야 하는 비참한 신세로 전락한다.

그런데 이러한 일자리는 경제성장과 밀접한 연관을 맺고 있으며 경제성장이 이루어지지 않거나 또는 후퇴한다면 일자리가 없는 실업자가 늘어나게 된다. 우리가 한창 고도 경제성장을 하던 시기인 70~80년대에는 1%의 경제성장으로 적어도 8만 명의 신규인력을 고용할 수 있었다. 그러나 지금은 1%의 경제성장이 기껏해야 3만 명 정도를 고용하는 상황에 이르고 있다. 노동집약적인 산업보다는 기술이나 기계를 활용하는 산업이 발달하기 때문이다.

매년 신규로 노동시장에 배출되는 젊은이는 약 60만 명을 넘는다. 고등학교와 대학교를 졸업하고 사회생활을 힘차게 시작하는 젊은 친구들이 자신의 꿈을 펼칠 일자리를 얻지 못하는 사회는 희망이 없는 사회가 된다. 지금 우리가 그런 입장에 처해 있다. 오죽하면 '저주받은 학번'이라는 자조를 할까? 60만 명 중에서 경제활동참가율인 60%만 감안하더라도 36만 개의 일자리를 새로 만들어야 한다. 아니면 나이 먹은 사람들이 젊은이의 일자리를 위해서 36만 개의 일자리를 양보해주는 아량이 필요한데 당장 이를 기대하기는 어렵다.

1만 시간의 법칙과 아웃라이어

말콤 글래드웰이 쓴 『아웃라이어』라는 책을 보면 1만 시간의 법칙이 소개된다. 어느 분야에서건 전문가로 성공하기 위해서는 1만 시간의 연습이 있어야 한다는 것이다. 타고난 재능도 중요하지만 결국은 연습량이 성공 여부를 결정한다. 바이올리니스트를 상대로 한 실험에서도 20세가 될 때까지 엘리트 학생은 모두 1만 시간을 넘게 연습한 반면 아르바이트생은 고작 2천 시간 미만에 머물렀다. 그냥 잘하는 학생은 8천 시간, 미래의 음악교사는 4천 시간을 연습했을 뿐이다. 즉, 재능이 비슷한 사람인 경우 2천 시간을 연습했느냐 아니면 1만 시간을 연습했느냐에 따라 아마추어와 전문가로 갈리는 것이다.

진정한 전문가가 되기 위한 매직 넘버는 바로 '1만 시간'이다. 신경과학자인 다니엘 레비틴도 어느 분야에서든 세계적 수준의 전문가, 마스터가 되려면 1만 시간이 필요하다는 연구결과를 내놓았다. 작곡가, 야구선수, 소설가, 피아니스트, 체스 선수 등 연구를 거듭할수록 이 수치를 확인할 수 있다. 1만 시간은 대략 하루 3시간, 1주일에 20시간씩 10년간 연습한 것과 같다. 대부분은 2천 시간을 넘기지 못하고 포기하거나 다른 길을 찾는데, 성공한 사람들은 어떻든 1만 시간 법칙을 철저히 실천한 사람들이다. 1만 시간의 훈련으로 뒷심을 쌓지 않으면 최고 수준의 플레이를 하는 데 필요한 기술을 익히는 것도 불가능하다. 최고의 음악신동으로 불리는 모차르트도 1만 시간의 훈련을 통해 독창적인 작품을 썼다. 1만 시간은 엄청난 시간이다. 성인이 아닌 경우 스스로의 힘만으로 그 정도의 연습을 하는 것은 어렵다. 격려해주고 지원해주는 부모와 경제적인 지원이 있어야 한다.

1만 시간의 투자를 허하라!

노사관계에서도 1만 시간의 법칙과 아웃라이어가 중요한 시사점을 제공한다. 기업은 물론 성과를 내는 조직이기 때문에 단기적인 성과나 가시적으로 나타나는 지표가 중요하다. 그러나 그것만으로 기업이 유지되기는 어렵다. 서로 격려하고 지원하는 시스템이 없다면 단기적으로 성과를 낼지 모르지만 장기적인 성장을 보장하기 어렵다.

우리는 누구나 성공의 인자를 가지고 있다. 단순히 영리하고 똑똑한 사람만이 성과를 내거나 성공하는 것은 아니다. 기업에서 아무리 똑똑한 인재를 뽑았다 하더라도 1만 시간의 기회를 부여하지 않으면 아무것도 이루지 못하는 평범한 직장인으로 머물 확률이 높다. 선천적인 재능보다는 후천적인 역량을 꾸준히 개발할 수 있도록 충분한 시간과 기회를 부여해야 한다. 짧은 시간의 성과를 바탕으로 성공 가능성 여부를 판단하지 말고 그들이 1만 시간의 노력을 실천할 수 있도록 기회를 주고 기다려야 한다.

1만 시간의 법칙은 앞으로 개인의 생활에도 중요하다. 사람이 살다 보면 본의 아니게 직장을 잃거나 단기적으로 좌절을 겪을 수 있다. 구조조정 대상자에 명단이 오를 수도 있고, 실제로 이메일이나 문자 메시지를 통해서 해고를 통보받을 수도 있다. 그럴 때 왜 하필 나만 이러한 불이익을 받느냐고 세상을 한탄해봐야 나에게 돌아오는 것은 더 큰 실망뿐이다. 이럴 때 1만 시간의 법칙을 활용하자. 그동안 내가 전문성을 키우기 위해서 과연 1

만 시간을 투자했는지 반성해보고 더 나아가 어떤 일에 내 인생의 1만 시간을 투자할지 고민하는 시간을 갖자.

1만 시간도 연습하지 않고 직장에서 대우받기를 바라지 말고 그 분야에서 전문가 소리를 들을 생각도 하지 말자. 위기가 기회라고 한다. 현실의 위기를 새로운 도약의 발판으로 삼는다면 더 좋은 결실을 맺을 수 있다. 가장 중요한 것은 꿈과 희망을 잃지 말아야 한다는 것이다. 나도 1만 시간을 노력하고 연습한다면 당연히 현재의 어려움을 극복하고 성공하는 사람에 낄 수 있다는 꿈과 희망을 품고 긍정적인 생각을 해야 한다. 이것보다 더 큰 어려움도 잘 겪어왔는데 이 정도 어려움은 아무것도 아니라는 자신감을 키우자. 그리고 매일 세 시간 이상 자신의 전문성을 키워나가서 10년 후에는 누구라도 부러워하는 전문가로 거듭나자.

22 부족한 1%를 채우는 노사관계

쌍용차 사태의 해결에 대한 평가

2009년 8월, 77일간 노동조합 조합원이 공장을 점거하고 노-사, 노-노, 노-정, 사-정 사이에 큰 갈등의 골을 키운 쌍용차 사태가 극적으로 타결되었다. 이에 대해 여러 분야의 전문가들이 제 나름대로의 분석을 내놓았다. 사공이 많으면 배가 산으로 간다는 말과 같이 노사관계를 평가하는 잣대도 사람마다 달라 서로 다른 얘기를 하고 있다. 어떤 신문에서는 '전투적 노동운동의 무덤이 되어야' 한다는 제목으로 노동운동 전체를 깎아내리기도 한다. 쌍용차 사태로 민주노총의 위상이 더욱 약화될 것이라는 기사가 인터넷에 뜨기도 한다. 쌍용차노조가 옥쇄파업을 하는 대신 긍정적인 사고를 갖고 회생전략을 짰더라면 회사가 빨리 살아날 수 있었을 것이라는 얘기도 나온다. 그리고 군사작전을 방불케 하는 농성조합원들의 행태가 어떻게 20년 이상의 경험을 가진 민주노동운동의 행태라고 할 수 있느냐는 비판도 나온다. 더 나아가 이는 노사관계가 아니라 '노사전쟁'이라는 표현까지 서슴지 않고 있다.

한편 노동운동의 입장에서는 노조원들이 정리해고를 앞두고 벌인 생존권 투쟁임에도 공권력을 투입해 문제를 해결하려 한 것은 정부가 무능하기 때문이라는 반발을 보이고 있다. 그리고 일부 학자들은 무조건 정리해고를 하는 것보다 선진국처럼 리콜을 전제로 한 일시적 해고lay-off가 필요하다는 견해도 보인다.

따지고 보면 쌍용차 사태를 겪으면서 우리는 모두가 패배자가 되고 말았다. 가장 큰 피해는 회사가 봤을 것이고 그다음은 일자리를 잃은 노동자들이 두 번째의 피해자다. 정부와 지자체도 피해를 봤고 더 나아가 국민 모두가 불의의 피해를 입었다. 회사는 생산차질과 영업망의 붕괴, 대외적인 신뢰도 하락 등으로 수천억 원의 금전적인 손실 이외에도 기업의 생존을 걱정하는 단계에 접어들었다. 많은 노동자들이 구속되기도 했고, 일자리를 잃은 사람과 자살을 선택한 사람, 죽은 자와 산 자로 편가르기를 하기도 했다. 가족도 농성하는 노동자를 지지하는 쪽과 회사 쪽을 지지하는 쪽으로 양분되어 서로 상대를 비난하고 폭력을 행사하는 사태까지 진행된 아픔이 있다.

다시 한 번 50:50의 법칙을 생각하자

사람 사이의 관계든 조직 간의 문제든 상대가 있는 게임은 상대도 살고 나도 사는 50:50의 게임을 해야 한다. 내가 100을 얻고 상대방이 0을 가져가는 게임은 상대를 죽이는 게임이 되고 이는 곧 더 이상의 거래나 관계를 사라지게 한다. 또한 빼앗긴 쪽에서는 어떻게 해서든 빼앗긴 것을 되찾기 위해서 할 수 있는 모든 방법을 다 동원하게 된다. 작용, 반작용과 마찬가지로 세게 때린 만큼 되돌아오는 것이 세상의 이치다.

노사간에 벌어지는 임단협도 마찬가지다. 예를 들어 어느 해에 노조가 투쟁을 통해서 높은 임금인상을 쟁취했다고 하면 경영 측에서는 이에 대한 대책을 마련할 수밖에 없다. 사람을 내보내거나 아니면 비정규직으로 전환시키거나 협력화 정책을 실행하게 된다. 그렇지 않을 경우 기업의 채산성이 떨어져서 결국 기업이 망할 것이기 때문이다. 노동조합이 높은 임금인상을 실현했지만 결국에는 총효용 면에서는 손해를 보는 게임이 벌어지는 것이다.

반대로 어느 해에는 회사가 노조를 압박하여 임금을 삭감하고 노조의 입장을 하나도 배려하지 않았다면 노동조합은 이를 만회하기 위하여 또 다른 대책을 마련할 수밖에 없다. 그것은 결국 생산성의 하락을 가져올 것이고 더 나아가 다음해의 교섭에서는 투쟁력을 강화하거나 더 극단적인 투쟁방법을 동원하게 할 것이다. 이러한 악순환은 노사 모두에게 치명적인 손실을 입힌다.

사람 사이의 관계이든 조직 간의 문제이든 내가 모든 것을 차지하는 100:0의 죽고 죽이는 게임이 아니라 50:50의 살아남는 게임을 해야 한다. 열대 밀림의 정글이라면 상대를 죽여야 내가 사는 게임이 정답이지만 지금은 상대도 살고 나도 사는 오케스트라의 게임을 해야 한다. 그것은 부부관계에서도 마찬가지가 될 것이고 친구관계, 동료관계, 상사와 부하의 관계 모두에 통용되는 진리이다. 내것이 중요한 만큼 상대방의 모든 것도 중요하다. 혼자만 사는 세상이 아니라 함께 사는 세상이기 때문이다.

부족한 1%를 채우는 노사관계

'100-1=0의 법칙'은 『디테일의 힘』에서 나오는 얘기다. 인간관계와 노사관계에서도 1%의 실수가 100%의 실패를 가져올 수 있다. 물이 99도에서는 끓지 않고 100도에서 수증기로 변하듯이 1%가 부족하면 전체가 망가질 수 있다. 음료 광고에서도 부족한 2%를 채워준다는 내용이 있다. 평범한 사람과 달인의 차이도 겨우 1%의 차이일 뿐이며 침팬지와 사람의 유전자 차이도 1%에 불과하다고 한다. 1%의 차이가 사람과 짐승을 구분하는 기준이 된다.

대한민국의 노사관계에서도 부족한 1%를 채우려는 노력을 해야 한다. 부족한 1%는 무척 다양할 것이다. 가장 중요한 것은 노사관계의 기본을 이해하고 상대방을 진정한 파트너로 인정하는 것이다. 노사관계는 부가가치의 생산과 분배를 둘러싼 동업자관계다. 노동자들이 생활의 밑천인 임금소득을 얻으려면 노동력을 팔 수 있는 기업이 존재해야 한다. 반대로 기업이 이윤소득을 얻으려면 노동자들의 머리와 손발이라는 노동력이 반드시 있어야 한다. 이렇게 노사관계는 노동자와 경영자가 서로 가지고 있는 것을 제공해서 부가가치를 창출하고 창출된 부가가치를 임금과 이윤으로 분배하는 구조를 가지고 있다.

그렇다면 기업은 노동자에게 더 많은 임금을 주려는 노력을 해야 하고 노동자들도 기업이 더 많은 이윤을 얻을 수 있도록 최선을 다해야 한다. 돈 벌기 위해서 일하는 사람들에게 합당한 임금을 주지 않으면 열과 성을 다하지 않는다. 돈 벌자고 기업하는 경영자에게 합당한 이윤이 보장되지 않으면 더 이상 기업을 경영할 의욕을 느끼지 않는다. 동업자가 돈을 많이 벌 수 있도록 만드는 것이 서로 간의 예의이다. 노사관계의 부족한 1%는 서로가 동업자에게 돈을 많이 벌 수 있도록 하는 것이다.

23 노사관계, 공짜는 없다

왜 일을 하는가?

각 기업에 강의를 다니면서 "여러분은 왜 일을 합니까?"라는 질문을 해본다. 대부분의 사람들은 '먹고 살기 위해서' 또는 '돈을 벌기 위해서'라는 대답을 한다. 물론 '보람을 찾기 위해서'라거나 '시간을 때우기 위해서'라는 답변도 가끔 접한다.

기업을 경영하는 경영자에게도 똑같은 질문을 하면 역시 '돈을 벌기 위해서'라는 답변이 대부분을 차지한다. 그렇게 보면 기업을 경영하는 사람이든 기업에 채용되어 일하는 사람이든 가장 근본적인 목적은 '돈을 벌기 위해서' 사업을 하고 직장생활을 하는 것이다.

돈을 벌기 위해서 일한다는 쉬운 얘기를 학문적으로는 '이윤을 얻기 위해서' 또는 '임금을 받기 위해서'라는 어려운 말로 바꾸어 표현한다. 결국 이윤이나 임금이나 사업에 대한 대가, 또는 노동에 대한 대가가 자본주의 사회에서 가장 원초적인 목표가 되는 것이다.

임금이란 무엇인가?

그러면 '임금'이란 무엇인가? 흔히 '품삯(품 팔아 버는 돈)'이라고 하는 임금을 노동법에서는 '사용자가 근로의 대가로 노동자에게 임금, 봉급 그 밖의 어떠한 명칭으로든지 지급하는 일체의 금품'이라고 정의한다(근로기준법 제2조). 이를 풀어보면 일을 시키는 사용자가 비자주적인 노동을 제공하는 노동자에게 근로의 대가로 지급하는 모든 보상이 임금이다.

여기서 가장 중요한 것은 임금은 '근로의 대가'로 지급된다는 점이다. 근로의 대가는 노동자가 일한 만큼 평가해서 그에 걸맞게 보상을 한다는 의미가 된다. 이를 다른 말로 표현하면 '생산성' 만큼 '임금'이 지급되는 것이 기본이라는 것이다. 임금과 생산성은 서로 연결되어 있고 함께 움직이는 좌표다.

이러한 임금은 노동자의 입장에서는 생활의 기본이 되는 수입원이며 사회적 지위도 그 사람이 받는 임금총액(연봉)과 연계된다. 반면 기업의 입장에서는 제품원가를 구성하는 비용과 직결되고 경쟁력의 원천이 된다.

따라서 노동자는 임금을 많이 받았으면 하고 사업주는 적게 주었으면

하는 이율배반적인 모습을 띤다. 사람의 가치를 돈으로 평가하는 것은 바람직하지 않지만 이미 우리는 연봉이라는 잣대로 사람의 값어치를 스스럼없이 매기고 있다.

그런데 임금과 생산성은 함께 움직이는 좌표이기 때문에 경영자와 노동자는 항상 긴장관계를 유지한다. 임금은 높은데 생산성이 떨어지면 경영자가 손해를 보는 것이고, 반대로 생산성은 높은데 임금이 낮으면 노동자가 손해를 보는 것이라는 등식이 성립되기 때문이다.

생산성이 높은데 임금을 적게 받는 노동자는 기회가 있으면 전직을 고민한다. 평생직장이 사라지고 있는 현실에서 이러한 노동자를 붙잡아두는 것도 쉬운 일이 아니며 기업 인사담당자의 큰 스트레스가 된다. 반면 생산성은 낮은데 임금은 많이 받는 노동자는 어떻게든 버티려고 전전긍긍하며 그것이 큰 스트레스로 작용한다.

밥값은 하나요? 밥값은 제대로 쳐주었나요?

이와 같이 임금은 경영자와 노동자 모두에게 가장 중요한 위치를 차지하고 있다. 경영의 모든 것, 노동의 모든 것이 임금으로 귀착된다. 직장을 선택하는 기준도 임금이며 노동자를 채용하는 기준도 임금이다.

따라서 임금은 기업의 생산성 향상 및 경제적 성과 도출과 연계된 합리적인 기능을 다해야 하며, 다른 한편으로는 기업의 사회적 가치창출의 중심대상인 노동자들의 생활수준 향상 및 직장생활의 보람과 연계된 정당한 역할을 다해야 한다.

흔히 밥값은 하느냐는 질문을 한다. 또 밥값을 제대로 쳐주었느냐는 질문도 있다. 이는 곧 받는 임금만큼 제대로 일을 하느냐는 소리와 일 시킨만큼 제대로 임금을 주었느냐는 소리와 같다. 밥값을 못 한다는 것은 임금에 비하여 성과가 없거나 작다는 표현이다. 밥값을 못 하는 노동자는 항상 구조조정의 불안에 떨게 된다. 반대로 밥값을 제대로 주지 않으면 노동자는 언제든 떠나게 마련이다.

밥값을 제대로 하는 것, 밥값을 제대로 주는 것을 학문적으로 '공정성fairness'이라고 한다. 임금은 공정하게 결정되고 운영되어야 한다. 임금은 주는 쪽과 받는 쪽 어느 쪽도 손해 보지 않도록 거래되어야 한다. 즉, 양쪽이 모두 타당하다는 느낌을 가질 수 있도록 공정해야 한다. 그렇지 않은 경우 어느 한쪽이 배신을 할 수 있기 때문이다.

임금은 대외적으로 공정해야 한다. 다른 경쟁업체와 비교했을 때 더 많아야 하며 기업의 사회적 책임을 다하는 정도의 공정성이 있어야 한다. 그렇지 않은 경우 조직의 인력확보 및 대외 경쟁력을 유지할 수 없다. 또한 임금은 대내적으로 비교했을 때 공정성이 있어야 한다. 성과를 더 낸 사람이 더 많이 받아가는 시스템이 작동되지 않으면 결국 기업의 경쟁력이 떨어지게 된다.

공짜 점심은 없다

노사관계 용어 중에서 'No Work No Pay'가 있다. 이를 보통 '무노동 무임금'으로 설명하는데 세상에 공짜는 없다는 것의 또 다른 표현이다. 공짜 점심은 없다는 말도 같은 의미가 된다. 단순히 내 몸을 회사에 맡겨놓은 8시간이 중요한 것이 아니고 성과를 창출한 8시간에 대한 대가가 임금이다. 성과를 내지 않은 시간은 죽은 시간이고 이렇게 죽은 시간에 임금을 주는 기업은 경쟁에서 밀려나는 것이 현실이다.

노동자가 멋진 삶을 살기 위해서는 많은 임금을 받아야 하고 기업이 성장하기 위해서는 주는 임금보다 많은 성과를 얻어야 한다. 임금과 생산성은 이율배반적인 측면이 있지만 높은 생산성과 높은 임금은 서로가 윈윈할 수 있는 좋은 파트너가 된다. 경영자는 더 많이 주기 위해 노력하고 노동자는 더 많은 성과를 내기 위해 힘을 합한다면 이보다 더 멋진 시나리오가 있겠는가?

24 자존심을 지키는 노사관계

Deep change or Slow death

로버트 E. 퀸은 그의 책에서 '근본적으로 변할 것인가? 아니면 서서히 죽음의 길로 들어설 것인가?'의 선택은 우리의 몫이라고 했다. 근본적인 변화Deep change는 뜨거운 물이 들어 있는 냄비 속에 던져진 개구리가 뛰어나가는 것에 해당하지만, 점진적인 죽음Slow death은 미지근한 물이 들어 있는 냄비 속에 던져진 개구리가 서서히 뜨거워지는 물에서 헤어 나오지 못하고 생을 마감하는 모습에 비유된다. 대한민국의 노사관계도 근본적인 변화를 할 것인가, 아니면 점진적인 죽음을 맞이할 것인가를 선택해야 하는 시점이 되었다. 그냥 이 상태로 내버려두는 것이 점진적인 죽음이라면 우리는 노사관계를 근본적으로 바꾸어야 한다는 책임감을 가져야 한다.

변화는 우리가 느끼지 못하는 사이에 우리 곁에 와 있다. 싫든 좋든 변화하지 않으면 망하는 세상이다. 호랑이 담배 피던 시절을 그리워할 수 없는 것이 우리의 삶이고 인생이다. 이왕 변화를 맞이해야 한다면 우리는 긍정적인 변화, 좋은 변화를 선택해야 한다. 부정적인 변화, 나쁜 변화는 곧 죽음에 이르는 길이기 때문이다. 그러면 어떤 것이 좋은 변화이고 어떤 것이 나쁜 변화인가? 우유를 가지고 치즈를 만들거나 아이스크림을 만드는 것은 좋은 변화이고, 반대로 우유를 관리하지 않아서 산패酸敗되는 현상은 나쁜 변화이다. 좋은 변화이든 나쁜 변화이든 그 선택은 바로 우리의 몫이다.

노동조합의 자주성 확보

노동조합이란 임금노동자들이 주체가 되어 자주적으로 그들의 근로조건을 유지 또는 개선할 목적으로 조직한 단체를 말한다. 자본주의체제하에서 자본가와 사용자는 경영권과 인사권을 가지고 있으며 노동자는 사용자의 지시권에 복종하면서 비자주적인 노동에 종사하게 된다. 따라서 노동자는 사용자와의 관계에서 대등하거나 우월하지 않고 약자적인 위치에 서게 된다. 노동조합은 약자적인 위치를 스스로의 단결된 힘에 의해 극복하고 사용자와 대등한 관계를 형성하기 위해서 자연발생적으로 탄생된 역사를 가지고 있다. 자본주의체제는 이러한 노동조합에 대해 처음에는 탄압을 하다가 결국에는 보호하는 정책으로 바꿀 수밖에 없었으며 노동자들의 노동3권을 헌법상의 기본권으로 인정하게 되었다. 노조법 제1조에서도 노동자들이 헌법상의 노동3권을 기초로 그들의 경제적 · 사회적 지위의 향상과 복지를 증진 · 도모하는 것을 목적으로 정하고 있다. 따라서 노동조합은 자본주의질서하에서 노동자들의 생존 확보를 위해 '노사대등의 관계'를 형성해야 하고, 그 바탕에는 노동조합의 자주성이 존재하고 있다.

노조법 제2조 제4호에서도 "노동조합이라 함은 노동자가 주체가 되어 자주적으로 단결하여 근로조건의 유지 · 개선 기타 노동자의 경제적 · 사회적 지위의 향상을 도모함을 목적으로 조직하는 단체 또는 연합단체를 말한다"라고 명시하고 있다. 따라서 노동조합은 노동자들의 지위향상을 목적으로 하는 자주적 단체여야 한다. 노동조합은 사용자, 정부, 그 밖에 사회적 세력에 대해 대외적 자주성을 갖춘 목적단체여야 한다. 이러한 노동조합의 자주성을 노동조합의 실질적 요건이라고 한다. 여기서 자주성의 의미는 노동자가 주체가 되어 사용자나 다른 제3자의 지배·영향력을 받지 않을 자주성과 독립성을 갖는 것을 말한다.

자존심을 지키는 노사관계

복수노조, 타임오프Time Off를 둘러싼 노사정 간 힘겨루기 정국에서 가장 중요한 것은 서로가 자존심을 지키는 것이다. 노동조합의 자주성과 민주성은 절대 포기할 수 없는 소중한 가치이다. 자주성을 상실한 노동조합은 근로자대표로서의 지위와 역할을 잃을 염려가 있다. 사회적 약자인 노동자를 보호하는 데 치명적인 약점이 될 수도 있다. 노동조합의 자주성의 제1원칙은 사용자로부터의 경제적 독립이다. 사용자로부터 전임자급여, 운영경비를 지원받으면서 자주성을 확보하기는 어렵다. 타임오프 문제도 노동조합이 자존심을 지키는 한도 내에서 풀어가야 한다. 전임자급여를 사용자로부터 지원받으면서 자존심을 지킨다는 것은 앞뒤가 맞지 않는다. 근로자들의 급여수준이 높아졌기에 조합비로 걷는 금액이 적지 않을 것이며 이를 바탕으로 충분히 힘 디끽인 노.그.오.영이 가능한 것이다 부족하다면 조합비를 인상하는 방법을 통해서 해결해야지 언제까지나 회사에서 지원하는 금액으로 노조를 운영할 수는 없다. 타임오프 제도에서 조합원이 많은 대기업이 상대적으로 불리한 것도 사실이지만 조합원이 많다는 것은 그만큼 조합비도 많다는 것이므로 스스로의 힘으로 충분히 조합을 경영할수 있을 것이다. 노동조합의 자존심은 사용자로부터의 경제적 독립에서 시작된다고 보면 타임오프에 대한 긍정적인 변화를 기대할 수 있을 것이다.

사용자도 자존심을 지키는 노사관계를 만들어야 한다. 노동조합이나 노동자들이 요구하기 전에 근로자들의 경제적 · 사회적 지위향상을 위해 노력해야 한다. 달라니까 억지로 빼앗기듯이, 선심 쓰듯이 주는 것이 아니라 사용자 스스로 급여와 복지 수준을 높여야 한다. 노동자들을 잘되게 하는 것도 기업의 사회적 책임이고 자존심을 높이는 길이다. 교육훈련과 인적자원개발에도 많은 돈을 투자해야 한다. 물적 시설도 중요하지만 구성원인 노동자들을 즐겁고 신나게 만드는 것은 더욱 중요하다. 새벽부터 회사에 가고 싶어 안달을 내는 문화를 만드는 것이 자존심을 지키는 것이다. 인간 존중의 경영철학과 노동자를 동반자로 생각하는 파트너적인 생각이 노사관계를 긍정적이고 좋은 변화로 이끄는 추진력이 될 것으로 기대한다.

제 2 부

●

복수노조시대
노사관계와 필수 법률지식

Part 1 _
복수노조제도의 성격과 핵심 쟁점

Part 2 _
전임자급여금지와 근로시간면제(타임오프)

Part 3 _
산별노조와 산별교섭

Part 4 _
불법파견과 위장도급: 도급과 파견의 구별기준

●●● 복수노조제도의 성격과 핵심 쟁점

01 복수노조의 전면허용, 어떤 변화를 가져올까

복수노조의 전면허용이란 2011년 7월부터 조직대상을 함께하는 기업 내에서도 여러 개의 노동조합을 설립하거나 복수의 노동조합이 활동할 수 있다는 노동조합설립의 완전한 자유회복을 의미한다. 즉, '노동조합의 자유설립주의'에 의해 노동자들이 자유롭게 노동조합을 조직하거나 새로운 노동조합을 설립할 수 있는 것을 말한다. 노동조합은 기업, 직종, 산업, 지역을 가리지 않고 자유롭게 설립할 수 있지만 2011년 6월 말까지는 하나의 사업 내에서 '조직대상'이 중복되는 별도의 제2, 제3노조 등 복수노조의 설립이 제한되도록 규정하고 있다. 이러한 기업 내 복수노조 금지가 2011년 7월부터는 전면적으로 허용되는 상황이 된 것이다. 복수노조의 문언적 의미는 노동조합이 복수로 존재할 수 있다는 것이며 이론상 두 개뿐만 아니라 수 개, 또는 수십 개의 노조가 하나의 사업 내에서도 함께 활동할 수 있다는 의미가 된다.

현실적으로 노동조합은 연대의식과 대등한 교섭력을 확보하기 위해 가능하면 하나의 노동조합으로서 통합되는 것이 바람직하다. 그럼에도 경쟁적 노동조합의 설립을 인정하는 복수노조를 전면적으로 허용하는 것은 경쟁에 의한 노동자들의 경제적·사회적 지위향상이 단일노조에 의한 독점과 교섭력의 강화에 비해 우월하다는 정치적 판단이 가능했기 때문이다. 하지만 복수노조가 반드시 사회적 약자인 노동자들에게 유리할 것인가에 대한 판단은 하기가 어렵다. 앞으로 복수노조가 탄생하고 활동하면서 다양한 형태로 진화해나갈 것이기 때문에 경험을 통해서 해답을 찾을 수밖에 없다. 노동조합은 '연대를 통한 교섭력의 확대'를 통해서 세력을 넓혀

온 역사를 가지고 있으므로 복수노조시대라고 해서 노동조합이 반드시 복수로 존재해야 한다거나 복수노조는 선이고 단일노조는 악이라는 등식은 위험한 발상이다. 오히려 복수노조가 노동자들의 단결을 약화시키고 분열을 조장하여 노노갈등을 심화시킬 우려가 제기되고 있는 것도 엄연한 현실이다.

복수노조의 헌법상 근거는 헌법 제33조 1항이다. "노동자는 근로조건의 향상을 위하여 자주적인 단결권 · 단체교섭권 · 단체행동권을 가진다"라고 명시되어 있으며 자주적인 단결권보장의 취지상 노동조합은 노동자들이 스스로 자유롭게 조직할 수 있는 것이 원칙이다. 또한 노동조합법 제5조에서도 노동조합의 설립과 가입을 자유로이 할 수 있다고 규정하고 있다. 다만 기업별 노동조합인 경우 조직대상을 같이 하는 경우에는 노조법 부칙 제5조 1항에 의해 "하나의 사업 또는 사업장에 노동조합이 조직되어 있는 경우에는 그 노동조합과 조직대상을 같이하는 새로운 노동조합을 설립할 수 없다"라고 하여 복수노조의 설립을 인정하지 않는 정책을 펴왔다. 즉, 자유롭게 복수노조를 설립할 수 있지만 조직대상을 같이하는 경우에는 2011년 6월 말까지 정책적으로 복수노조를 인정하지 않는 과도기적 입법이 우리의 현실이었다. 전임자급여지급문제와 함께 13년이라는 긴 기간을 부칙의 개정이라는 방법을 통해 실질적으로 기업 내에서는 조직대상을 같이하는 노동조합의 설립을 인정하지 않아왔다. 이러한 기업 내 복수노조 금지원칙은 2011년 6월까지 유효하고, 2011년 7월부터는 자유롭게 어떤 노동조합이든 설립할 수 있다.

복수노조가 허용된다고 해서 당장 노사관계가 혁명적으로 변화하거나 새로운 패러다임을 도입해야 하는 것은 아니다. 노사관계의 역사는 하나의 사건이나 법률에 의해 변화하기도 하지만 사회 전체적인 변화와 맥을 함께하기 때문에 복수노조의 허용 자체만으로 노사관계의 큰 물줄기가 바뀌지는 않을 것이다. 그럼에도 이 시점에서 기업 내 복수노조를 관심 있게 바라보는 이유는 오랫동안 제도적으로나 관행적으로 정착되어 하나의 문화로 형성된 '1기업 1노조' 체계가 2011년부터 복수노조 허용에 따라 수 개 혹은 수십 개의 노동조합으로 나누어질 수 있는 개연성이 있기 때문이다. 복수노조의 설립이 자유롭다는 것은 기업경영자의 경영권에 대한 견제세력이 복수로 존재할 수 있다는 것이며 이에 따라 특히 경영자는 노사관계를 전술적으로 바라보지 말고 전략적으로 바라보아야 한다. 모든 의사결정의 최우선순위를 노사관계의 안정과 노사관계 경쟁력 증대에 두어야 한다. 그렇지 않고 노사관계가 불안해지면 근로자들끼리 노조활동을 둘러싸고 다양한 형태의 욕구가 분출되거나 노노갈등이 재연될 것이다.

02 FRENEMY PARTNERS
2011년 6월 말까지 금지되는 사업장 내 복수노조 형태

2011년 6월 말까지 노조법 부칙에서 허용하지 않는 복수노조는 그 조직대상을 같이하는 노조의 설립을 말하는 것이고, 이전부터 존재해오던 노조를 기업의 합병 등의 이유로 조직대상을 같이하게 된 경우에는 동일 기업 내에서도 복수노조 설립이 가능하다. 또한 기업별 노동조합이 아닌 지역별, 산업별, 업종별 노동조합은 복수노조 금지의 대상에서 벗어나 있으므로 제한 없이 노동조합을 설립하고 활동할 수 있다. 또한 조직대상이 중복되지 않는다면 기업 내에서도 복수노조가 활동하는 것도 얼마든지 가능하다.

예를 들어, 기업 내 노동조합이 규약상 가입대상을 사업장 종사 노동자 중 일정한 직급이나 직종으로 한정하고 있다면 그 가입대상에서 제외되어 있는 직급이나 직종의 노동자들을 대상으로 하는 새로운 기업별 단위노조를 설립하는 것은 조직대상을 달리하는 경우이므로 허용된다. H항공에 일반직노조가 활동하면서도 조종사노조가 별도로 조직되어 있는 것은 조직대상이 중복되지 않는 것으로 해석하기 때문이다. 또한 생산직으로만 노동조합이 조직되어 있다면 영업직이나 사무직이 별도의 노조를 설립하는 것도 가능하다. 합병 등을 이유로 복수노조활동을 하고 있는 사례는 K은행, B보험관리공단 등이 있으며 산업별이나 업종별로 복수노조활동을 하는 것은 한국노총 소속의 전국택시노동조합과 민주노총 소속의 민주택시노동조합의 사례를 들 수 있을 것이다. 대부분의 산별연맹이나 산별단위노동조합은 97년 이후 이미 복수노조로서 경쟁체제에 돌입해 있었다.

2011년 6월 말까지 복수노조로 인정되어 그 설립이 금지되는 것은 그 노조가 기존노조와 '조직대상이 중복'되는 경우에 해당한다. 따라서 '하나의 사업(장)'에 복수의 노동조합이 설립되어 있다고 해도 그 조직대상이 서로 다를 경우에는 제한을 받지 않는다. 예를 들어, 유통회사 본부에 있는 노동조합이 노동조합 가입 대상을 '전체 노동자'로 할 경우 파트타이머, 비정규직 등의 노동조합이 설립된다면, 이는 '조직대상'을 함께하는 것으로 해석되어 2011년 6월 말까지는 금지되는 '복수노조'로 볼 수 있다. 그러나 노동조합 가입대상이 '정규직'에 국한되어 있다면 파트타이머, 임시직 등을 조직 대상으로 하는 노동조합은 기존 '정규직' 노동조합과 조직대상을 달리하는 것으로 해석되어 '복수노조'로 보기 어렵다.

'조직대상의 중복'을 판단하는 기준에 대해 판례는 조합규약 등에서 정하고 있는 조직형태, 노조 구성원들의 실체와 구성범위 등을 고려하여 기존의 노조가 새로 설립하려는 노조와 동일한 형태의 노조인지 여부를 종합적으로 검토해야 한다고 하고 있다(1993.5.25, 대법원 92누14007; 2000.2.25, 대법원 98다8988 등). 그러나 노동부의 행정해석은 조직대상을 같이하는 경우의 판단기준에 대해서 노조의 조직대상은 기업·직종·지역·산업 등 합리적인 기준에 따라 노조의 규약으로 정하는 것이므로 당해 노조의 규약상 조직범위에 의해 판단해야 한다(2001.3.12, 노조 68107-292)고 하여 판례보다는 노조의 규약상의 명문규정을 중시하고 있다. 규약을 중심으로 판단하게 되면 먼저 깃발을 올린 노동조합의 자체 규약이 곧 조직대상 중복의 잣대로 작용하게 되므로 선점의 효과를 최대한 인정하게 된다.

03 기업 내에서 복수노조는 어떻게 만들어질까

기업 내에서 다수 혹은 복수의 노조가 발생할 수 있는 주요 원인을 살펴보면 크게 여덟 가지 정도로 요약된다.

첫째, 노노 간의 노선갈등이나 운동철학의 차이가 원인이 되어 복수노조가 발생할 수 있다. 예컨대, 50년대 일본의 경우, 좌우파 간의 이데올로기적 대립이 노동운동의 노선 차이로 이어지고, 이것이 복수노조 발생의 원인이 되었다. 또한 기존 집행부 노선에 반대하거나 경선에서 패배한 조직 혹은 세력이 기존 노조에서 탈퇴하고 새로운 노동조합을 설립하는 경우를 예상할 수 있다.

둘째, 강성 노조를 무력화하려는 수단으로 회사 측에서 어용적 제2의 노조를 설립하는 경우 복수노조가 발생하게 된다. 특히 강성 노조와 극단적으로 대립하고 있는 기업에서 전략적으로 활용하는 경우를 예상할 수 있다.

셋째, 최근 인력 구조조정이 상시화되면서, 고용불안감을 느끼는 계층에서 노조를 만들게 되어 복수노조가 발생할 수도 있다. 특히 상대적으로 노동조합으로부터의 보호가 약했던 사무직이나 전문직들이 노동조합이라는 우산 속에 모여들 가능성이 크다.

넷째, 조직 내 구성원들 간의 차별 대우나 상대적 박탈감, 또는 소외감도 복수노조가 탄생할 수 있는 원인이 된다. 정규직 중심으로 노동조합 활동이 이루어지는 경우 비정규직들이 별도의 노동조합을 설립하는 것도 차별 대우에서 파생할 수 있는 복수노조 설립형태가 된다.

다섯째, 직무·근로조건의 차이 때문에 복수노조가 설립될 수 있다. 시간급제로 급여를 계산하는 생산직 중심의 노동조합이 연봉급여 형태의 사무직을 대변하지 못할 경우 사무직노조를 별도로 설립하는 경우를 예상할 수 있다. 또한 성과급 형태의 영업직노동조합이 탄생하는 것도 마찬가지의 의미를 가지고 있다.

여섯째, 노동조합총연맹이나 산별노동조합의 조직확대 경쟁이 복수노조를 설립하게 하는 중요한 요소가 될 것이다.

일곱째, 회사의 합병에 의해 불가피하게 복수노조가 되는 경우를 예상할 수 있다. 회사가 합병되면 노동조합도 합병하거나 통합하는 것이 바람직하나 이를 강제하거나 의무적으로 통합시킬 방법은 없다. 노조 간의 자율적 의사결정에 의해 결정할 사항이므로 일시적이든 영구적이든 복수노조는 존재하게 된다.

여덟째, 사업장이 지역별로 분산되어 있는 경우 복수노조가 설립될 수 있다. 예를 들어, 서울에 본사가 있고 울산, 광주, 대전에 공장이 설립되어 있다면 본사노조, 울산노조, 광주노조, 대전노조 등으로 분리되어 각각 노조활동을 할 수 있을 것이다.

04 현행 노동조합법상 복수노조제도의 주요 내용 요약

사업(장) 단위 복수노조 설립 허용

2011년 7월 1일부터는 사업(사업장) 단위에서 복수노조를 설립할 수 있도록 허용함으로써 초기업단위 노동조합은 물론이고 기업단위에서도 두 개 이상의 노동조합을 자유롭게 설립할 수 있게 되었다. 따라서 기존의 노조가 두 개 이상으로 분리되거나, 기존의 노조에서 집단적으로 탈퇴하여 새로운 노조를 만들려는 움직임이 많아질 것이다. 그동안 노조의 혜택을 받지 못하던 사무직, 전문직, 비정규직 또는 고위직들이 전국 단위의 산별노조나 지역노조에 직접 가입하는 현상도 벌어지게 된다. 합종연횡을 통해서 조직을 확대하려는 노력을 하게 될 것이며, 노동조합이 조합원을 위한 '서비스조직'으로 새롭게 변신하는 모습도 보게 될 것이다.

교섭창구 단일화 제도 도입

사업 또는 사업장 내에서 사용자와 교섭하기 위해서는 모든 노농조합은 교섭창구를 단일화하여 '교섭대표노동조합'을 정하도록 규정하고 있다. 다만, 교섭대표노동조합을 자율적으로 결정하는 기한 내에 사용자가 교섭창구 단일화 절차를 거치지 아니하기로 동의한 경우에는 예외가 허용된다.

교섭대표노동조합만이 단체교섭권을 행사할 수 있으므로 교섭대표노동조합이 되기 위한 조직 간의 보이지 않는 줄다리기가 예상된다. 교섭창구 단일화의 기본단위는 사업 또는 사업장이 되지만 현격한 근로조건의 차이, 고용형태, 교섭관행 등을 종합적으로 고려하여 노동위원회의 결정으로 동일한 사업(장)에서 교섭단위를 분리할 수 있다.

합리적 교섭창구 단일화 절차 마련

교섭창구 단일화는 '노사 간 자율결정 원칙'을 최대한 보장하면서 단계적으로 진행되도록 했다.

① 자율적 단일화: 노동조합 간 자율적으로 교섭대표노동조합을 정하여 사용자와 교섭

② 과반수 단일화: 자율적 단일화가 되지 않을 경우에는 '교섭창구 단일화에 참여한 노동조합의 전체 조합원 과반수'로 조직된 노동조합을 교섭대표노동조합으로 하여 사용자와 교섭

③ 자율적 공동대표 단일화: 과반수 노동조합이 없는 경우에는 창구 단일화에 참여한 노동조합 중 전체 조합원 10% 이상인 노동조합이 공동교섭대표단을 구성하여 사용자와 교섭

④ 비례적 공동대표 단일화: 자율적으로 '공동교섭대표단'을 구성하지 못할 경우 노동위원회에서 조합원 수에 비례하여 '공동교섭대표단'을 결정하고 이 대표단이 사용자와 교섭

공정대표의무제 도입

교섭창구 단일화에 따라 발생할 수 있는 소수 노동조합에 대한 불합리한 차별을 방지하기 위해 공정대표의무 위반에 대해서는 노동위원회를 통

해 시정하도록 규정하고 있다.

05 노조자유설립주의와 복수노조 전면허용에 따른 법적 문제

사업 또는 사업장 판단

교섭창구를 단일화해야 하는 단위는 '사업 또는 사업장'이 된다. 여기서 사업이란 장소적 관념을 기준으로 하는 것이 아니라 장소에 관계없이 경영상 일체를 이루면서 유기적으로 운영되는지 여부에 따라 판단해야 한다. '사업'이란 경영상의 일체를 이루는 기업체 그 자체를 의미하는 것이며, '사업장'은 장소적으로 분산되어 있는 사업의 하부조직을 말한다.

> 사업이란 경영상의 일체를 이루는 기업체 그 자체를 말하며, 경영상의 일체를 이루면서 유기적
> 으로 운영되는 기업조직은 하나의 사업임(대법원 1993.10.12, 93다18365)

원칙적으로 '하나의 법인체'는 하나의 사업에 해당하므로 여러 개의 사업장이나 사업부서는 인사노무관리에 있어서 일정 부분 재량권이 위임되어 있다 하더라도 전사적인 방침이나 목표 등에서 제약이 있는 것이 일반적이므로 법인의 일부에 해당한다. 따라서 경영주체인 법인체는 하나이므로 그 법인 내에 있는 모든 사업장 및 사업부서는 전체를 하나의 교섭단위로 본다. 다만, 하나의 법인체라 하더라도 각 사업장 또는 사업부문별로 근로조건의 결정권이 별도로 있고 인사노무관리, 회계 등이 독립적으로 운영

되는 등 독립성이 인정되는 경우에는 예외적으로 개별 사업장 또는 사업 부문을 하나의 교섭단위로 본다.

2개 이상의 노동조합에 가입(이중가입)

노동조합을 조직하거나 가입하는 것은 노동자의 자유의사에 따라 선택할 수 있는 것이므로 2개 이상의 노동조합에 가입하는 것도 '단결선택의 자유'에 포함된다. 이러한 취지에서 노조법 시행령에서는 동일인이 2개 이상의 노동조합에 가입할 수 있다는 것을 전제로 이중二重 가입 조합원에 대한 조합원 수 산정방법을 규정하고 있다(노조법 시행령 제14조의7 제6항).

ILO 단결 선택의 자유 취지상 노조법에서 노동자의 이중 가입을 제한하고 있지 않지만 노동조합 스스로 조합원의 이중 가입을 금지 또는 제한하는 것은 가능하다. 노동조합의 소속 조합원이 다른 노동조합에 가입하는 것은 단결을 저해할 수 있으므로 규약으로 그 조합원을 제명하거나 권리를 제한하는 것은 노동조합의 내부 통제권에 의한 합리적인 규율이며 근로자의 단결권 자체를 봉쇄하는 것이 아니기 때문이다.

조합원의 집단적 탈퇴와 노동조합의 재산 분할

사업(사업장) 단위에서 복수노조가 허용됨에 따라 일부 조합원들이 개별 또는 집단적으로 탈퇴하여 다른 노동조합에 가입하거나 새로운 노동조합을 설립하는 사례가 예상된다. 이러한 '탈퇴'는 노동조합 내부의 의사결정 없이 이루어진다는 점에서 총회 또는 대의원회의 결의에 의한 노동조합의 '분할'과는 구분된다. 따라서 노동조합에서 탈퇴한 조합원은 기존 노동조합의 재산에 대한 일체의 권리를 상실하는 것이므로 재산분할에 관한 합의 등 별도의 법률행위가 존재하지 않는 이상 재산분할을 요구할 수 없는 것이 원칙이다.

법인 아닌 사단의 구성원들이 집단적으로 사단을 탈퇴한 다음 사단으로서의 성립요건을 갖추
어 새로운 단체를 형성하는 행위는 사적자치의 원칙상 당연히 허용되나, 이 경우 신설 사단은
종전 사단과 별개의 주체로서 그 구성원들은 앞서 본 바와 같이 종전 사단을 탈퇴한 때에 그
사단 구성원으로서의 지위와 함께 사단 재산에 대한 권리를 상실한다. 따라서 신설 사단의 구
성원들이 종전 사단의 구성원들과 종전 사단 재산에 관하여 합의하는 등의 별도의 법률행위
가 존재하지 않는 이상, 종전 사단을 집단적으로 탈퇴한 구성원들은 종전 사단에 대한 일체의
권리를 잃게 되고, 이와 마찬가지로 탈퇴자들로 구성된 신설 사단이 종전 사단 재산을 종전
사단과 공유한다거나 신설 사단 구성원들이 그 공유지분을 준총유한다는 관념은 인정될 수
없다(대법원 2006.4.20, 2004다37775 전원합의체 판결).

유일교섭단체 조항의 효력

유일교섭단체 조항이란 통상 "사용자는 특정 노동조합이 해당 기업의
근로자를 대표하여 근로조건 등에 관하여 교섭하는 유일한 노동단체임을
인정하고 다른 어떠한 제2의 노동단체도 인정하지 않는다"는 취지의 단체
협약 조항을 말한다. 이러한 조항은 당사자 간의 합의를 통해 다른 노동조
합의 단체교섭권을 근본적으로 박탈하는 것으로 헌법 제33조 제1항 및 노
조법 제5조에 위배되어 무효가 된다는 것이 노동부의 입장이다. 따라서 사
용자가 유일교섭단체 조항을 근거로 다른 노동조합과의 교섭을 거부하는
것은 단체교섭 거부의 정당한 사유에 해당하지 않으므로 부당노동행위에
해당한다.

○ 헌법 제33조 ① 근로자는 근로조건의 향상을 위해 자주적인 단결권·단체교섭권 및 단체
행동권을 가진다.
○ 노조법 제5조 근로자는 자유로이 노동조합을 조직하거나 이에 가입할 수 있다. 다만, 공무
원과 교원에 대하여는 따로 법률로 정한다.

유니언숍 협정의 효력

유니언숍Union shop이란 노동자를 채용할 때 특정 노동조합의 조합원이 될 것을 고용조건으로 하는 단체협약으로 노동자들의 단결을 강제하는 대표적인 수단이다. 이 경우 노동조합은 신규 노동자가 일정한 기간 내에 노동조합에 가입하지 않거나, 노동조합을 자진 탈퇴한 경우 사용자에게 해고할 것을 요구할 수 있고, 사용자는 이에 응할 의무를 부담한다. 현행 노조법은 유니언숍 협정을 체결하기 위해서는 해당 노동조합이 당해 사업(장)에 종사하는 노동자의 3분의 2 이상을 대표해야 한다고 규정하고 있다. 또한 복수노조가 허용되는 2011년 7월 1일부터는 근로자가 노동조합으로부터 제명된 것뿐만 아니라 노동조합을 탈퇴하여 새로운 노동조합을 조직하거나 다른 노동조합에 가입한 것을 이유로 신분상 불이익을 주는 행위를 할 수 없도록 했다(노조법 제81조 제2호). 따라서 2011년 7월 1일 이후에는 유니언숍 협정이 있더라도 노동자는 자유롭게 해당 노동조합을 탈퇴하여 새로운 노동조합을 설립하거나 다른 노동조합에 가입할 수 있다.

06 복수노조시대, 사용자와 노동조합에 예상되는 문제

기득권을 가진 노동조합에 예상되는 문제

1) 상시적 노노갈등 상황

복수노조의 허용은 개별조합원에게 노조 선택의 자유를 주는 반면 기존 노조의 힘을 약화시키는 분열적 요소가 매우 크다. 특히 사업장단위에서 복수노조가 허용될 경우 대기업 사업장이나 전국규모의 사업장에서 복수노조가 출현할 가능성이 매우 높다. 어떤 경우라도 하나의 사업장에 복수노조가 설립되면 기존노조와 새로 만들어진 노조 간에 교섭주도권을 장악하기 위한 조합원 확보경쟁 및 전임자 확보경쟁이 치열하게 벌어져 항시적으로 대립하고 갈등할 것이 예상된다. 기존 노동조합이 전체 노동자의 과반수가 안 되는 상황에서 새로 만들어진 노동조합이 과반수를 차지할 경우 새로 만들어지는 노동조합이 이후 교섭주도권을 행사할 수 있으며, 종전 노조는 존재감이 없어지면서 당연히 사용자도 새로운 노동조합에 더 신경을 쓰게 된다.

2) 초기업단위노조 가입 및 탈퇴

복수노조 허용 시 이미 노동조합이 설립된 사업장의 노동자나 조합원이 별도의 노조설립 절차 없이 개별로 혹은 집단으로 산별노조 또는 지역노조 등 초기업단위노조로 가입할 수 있다. 반대로 초기업단위노조에서 탈퇴하여 별도의 기업별 단위노조를 설립하는 것도 훨씬 쉬워져 이러한 사업장도 늘어날 것이다.

3) 활동가조직 및 낙선자의 노조설립

그동안 선거 때마다 후보를 출마시켰던 현장활동가조직이 있는 사업장의 경우 현장활동가조직이 별도의 노조로 전환할 가능성이 있다. 현장활동가조직은 임원선거에 후보를 출마시켰다가 선거에서 패배할 경우 지지자들을 규합하여 새로운 노조를 설립할 가능성이 매우 높다.

4) 사무 · 연구 · 기술직 및 중간관리직 노조출현 가능성

제조업 현장노동자를 중심으로 이미 노동조합이 설립되어 있는 사업장에서도 사무 · 연구 · 기술직 및 중간관리자 등 기존 노조에 가입하지 않은 노동자들을 대상으로 한 직종별 노동조합이 다양한 형태로 만들어질 수 있다. 특히 만성적인 구조조정과 명예퇴직 등 고용불안에 시달리고 있는 중간관리직의 노조설립 움직임이 제조업을 중심으로 나타날 것으로 예상되고 있다.

5) 무노조 사업장의 노조 출현

복수노조금지 조항을 활용해 노조설립을 방해해왔던 무노조 사업장에서도 노조가 정상적으로 설립될 수 있는 계기가 되어 이들 사업장 노동자들도 노동조합이 보호를 받을 수 있게 된다. 반대로 노조설립을 저지하기 위한 내부통제와 회유가 강화될 것이며 다양한 부당노동행위들이 나타날 것으로 예상된다.

6) 유니언숍 협정의 무력화

복수노조가 허용될 경우 유니언숍 협정이 무력화되어 신입사원 혹은 기존노조에 가입하여 활동하고 있는 조합원이 새로운 노동조합을 설립하고 가입할 수 있어 조직력 약화가 우려된다. 2011년 7월 1일부터 기존노조를 탈퇴하여 새로운 노동조합을 만들거나 다른 노동조합에 가입하더라도 신분상 불이익을 줄 수 없다.

7) 사용자의 부당노동행위 증가

기존노조를 약화시킬 목적으로 사용자가 개입하여 새로운 노조설립을 지원할 가능성이 있다. 복수노조가 설립될 경우 사용자가 개별교섭 여부를 선택할 수 있어 사용자의 요구에 맞는 노동조합과 교섭을 통해 요구사항을 수용하며 다른 노동조합의 정상적인 기능을 무력화시킬 가능성도 있다.

8) 단체협약 해지 가능성

복수노조가 설립될 경우 교섭창구를 단일화해야 하는데 노조 간 합의가 이루어지지 않아 단체협약 유효기간 만료일 이후 상당기간 동안 노조의 통일된 요구안을 만들지 못하거나 사용자와 새로운 단체협약을 체결하는 데 실패할 경우, 사용자가 노노 갈등을 악용해서 단체협약 해지 통보를 할 수 있다.

새로운 단체협약을 체결하지 못하는 경우 종전 단체협약은 효력만료일부터 3월까지만 계속 효력을 갖고, 새로운 단체협약 체결 때까지 종전 단체협약의 효력을 존속시킨다는 취지의 자동연장조항이 있는 경우에도 사용자가 해지하고자 하는 날의 6개월 전까지 노조에 통고함으로써 종전의 단체협약은 해지된다.

9) 기존노조의 전임자 수 축소

2010년 7월 1일부터 시행되어온 타임오프제도가 사업장별로 조합원 수 등을 고려하여 근로시간면제자 수를 정하기 때문에 새로운 노동조합이 만들어져 종전 노동조합의 조합원 수가 줄어들면 노동조합의 전임자 수도 줄어들게 되어 종전 노동조합의 활동이 위축된다.

10) 중복가입에 따른 혼란

자유로운 노조설립과 가입을 허용하면서 중복가입을 금지하지 않을 뿐만 아니라 중복가입을 염두에 두고 조합원 수 산정방식까지 시행령에서 정하고 있다. 따라서 한 명의 노동자가 두 개 이상의 노동조합에 조합원으로 가입하여 활동하거나 간부 또는 임원으로 출마할 수도 있는데, 극단적으로 한 사람이 두 개 이상의 노동조합 임원 또는 위원장에 당선되어 활동하는 이상한 상황이 벌어질 수 있다. 이를 방지하기 위해 규약으로 이중가입 자체를 제한하거나 하나 이상의 노동조합에 가입한 조합원에 대한 임원 또는 대의원 출마 자격을 엄격히 제한하는 것을 검토하고 있다.

사용자에 예상되는 문제

복수노조의 전면허용은 노동자들의 단결권을 제한 없이 인정한다는 면에서 헌법상 보장된 노동3권(노동기본권)을 존중하려는 정책전환이다. 따라서 긍정적인 측면을 잘 살리려는 노사정 당사자들의 노력이 요구된다. 그렇지만 복수노조가 과연 우리 경제와 노사관계에 어떤 영향을 미칠지 예상하기 어렵다. 예상되는 문제점은 다음과 같은 여섯 가지 점에 집중된다.

첫째, 복수의 노조가 존재할 경우 교섭단위와 교섭주체가 문제가 된다. 여러 개의 노조가 존재할 경우 교섭단위는 하나의 사업 또는 사업장으로 규정하고 있어서 법인체인 기업을 중심으로 하는 것을 원칙으로 한다. 교섭주체는 자율적대표제, 과반수대표제, 공동대표제를 통해서 교섭창구를 단일화하도록 규정하고 있다.

둘째, 전임자급여금지와 타임오프 문제를 어떻게 정착시킬 것인가가 문제가 된다. 2010년 6월 말까지는 전임자에게 급여를 지급하더라도 법적인 제한이 없었으나 2010년 7월부터는 사용자의 부당노동행위에 해당하고 전임자급여지급을 요구하는 쟁의행위도 금지된다. 반면 타임오프제도를 통해서 단체협약이나 노사합의로 일상적인 노조활동을 할 수 있는 방법이 마련되었지만, 구체적인 사안에 대해서는 노사 간 다툼이 많은 것이 사실이다.

셋째, 노노 간 갈등이 증폭될 우려가 있다는 점이다. 노동운동은 경제적인 면도 중요하지만 정치적인 정파 간의 다툼이 첨예하게 대립되는 현장이기도 하다. 따라서 계파 간 주도권을 다투는 헤게모니 다툼이나 선명성 경쟁 등으로 예상치 못한 노노 간 갈등이 커질 수 있다.

넷째, 노무관리 비용이 증가할 수 있다는 점이다. 여러 개의 교섭주체가 탄생하고 선명성 경쟁이 이루어지면 교섭기간이 장기화하거나 아예 교섭이 불가능한 상태까지 예상할 수 있다. 따라서 노무관리비용이 증가할 우려가 있다.

다섯째, 부당노동행위 관련 분쟁의 증가가 예상된다. 특히 잔업차별, 배치전환에서의 차별 등 차별대우와 관련한 사례가 늘어날 것이다.

여섯째, 사무직노조, 전문직노조가 전면에 부상한다는 점이다. 그동안 생산직노조를 상대하는 사용자의 이익대표자로서 노동조합 활동에서 소외되어 있던 사무직이나 전문직들이 별도의 노조를 만들면서 사용자를 상대로 교섭을 요구하거나 노조활동을 전개할 경우 상당히 복잡한 양상이 전개될 것이다.

07 복수노조와 노동조합의 경쟁력

노조의 자주성과 민주성 확보

복수노조시대 노동조합은 '조합원의, 조합원에 의한, 조합원을 위한' 민주적인 운영이 필요하다. 또한 노동조합 스스로 자주성을 확립하고 독립적으로 경영되어야 한다. 자주성과 독립성에서 문제가 될 수 있는 것은 역시 전임자급여문제가 된다. 복수노조와 전임자급여문제가 직접적으로 연관되지는 않지만 기업주들이 가장 걱정하는 것은 수많은 복수노조가 존재할 경우 모든 노동조합에 전임자를 인정하고 전임자에게 급여를 지급해야 한다면 사업을 어떻게 운영하느냐 하는 것이다. 하나의 노조도 상대하기 힘든데 수 개 혹은 수십 개 노조를 상대하는 것은 조직적인 면에서나 경제적인 면에서 너무 가혹하다는 논리를 펴고 있다.

전임자가 급여를 사용자로부터 지급받는 것은 원칙적으로 부당노동행위로서 금지되는 행위의 하나이다. 노동조합의 자주성과 독립성이 침해되기 때문이다. 그럼에도 기업의 입장에서는 협조주의적 노동조합을 지원하기 위해 의도적으로 전임자급여 지급을 관행으로서 인정해왔고, 노동조합 입장에서는 조합원들의 부담을 줄이고 조직을 확대하기 위해 단체교섭을 통해 투쟁적으로 전임자급여를 쟁취하는 과정을 수십 년 지속해온 것이다. 이제 노동조합의 운영비와 전임자급여를 노동조합이 스스로 해결하려면 자주적·독립적·민주적으로 운영하면서 조합원들이 조합비부담을 통해 경제적인 독립성을 구축해야 한다. 경제적 독립성을 통해서 정치적 독립성도 존재할 수 있다.

다만, 사회적 견제기구로서의 노동조합이 정상적으로 활동하게 하기 위해 규모가 작은 노동조합이나 저임금근로자들을 위한 노동조합은 정부에서 전임자급여를 지원하거나 아니면 기업이 참여협력을 위한 노사관계전략의 차원에서 지원하는 방안을 검토할 수 있을 것이다. 노사관계안정화 차원에서 기금을 조성하여 이 기금에서 전임자급여를 지원하는 방안도 하나의 대안일 수 있다. 또한 완전전임이 아니라 부분전임이나 시간전임 등의 합리적 대안을 노동조합이 스스로 만들어내는 것도 의미가 있다.

노동조합의 민주적 운영과 관련해서는 다양한 형태의 의사결정기구와 집행기구, 감시기구를 통해서 조합원을 위한 노조가 되도록 노력해야 한다. 조합원을 가장 소중한 고객으로 인식하고 고객감동을 실천하는 조직이 되어야 한다. 집행부의 이익을 위해 조합원을 희생하는 운영이라면 복수노조의 난립을 막을 방법이 없다. 사회적으로 문제가 되었던 노조간부들의 횡령사건이나 금전적 배임행위 등도 따지고 보면 장기집권에 따른 병폐일 수 있다. 조합운영의 모든 것을 공개하고 조합비를 비롯한 모든 경영현황을 조합원들에게 알려주며 조합원들의 의사를 존중하는 조합운영이 되어야 한다.

조직의 사회적 책임

사회의 구성원은 누구나 자기가 속한 사회와 교류하면서 각자의 사회적 책임을 가지고 있다. 그것은 개인만이 아니라 기업, 노동조합, 사회단체, 정당 등 모든 조직도 마찬가지이다.

조직의 사회적 책임social responsibility이란 조직이 이해관계자집단의 기대에 대해 반응responsiveness하는 것이다. 그것은 다시 말해서 조직과 사회 상호간에 이익을 주는 방법으로 자신의 활동과 정책을 사회적 환경에 연관시키는 조직의 능력을 의미한다.

이러한 사회적 책임은 기업의 사회적 책임과 관련해서 1930년대 미국의 대공황 때 처음 등장했다. 우리나라에서 거론되기 시작한 것은 경제개발과 기업의 발전이 본격적으로 이루어지기 시작한 1960년대부터였다. 그 후 기업의 사회적 책임에 대한 논의가 점차적으로 활발해지면서 그 이행을 기업에게 촉구하는 경향이 서서히 증가하게 되었다. 최근에는 기업들에게 사회적 책임을 더욱 잘 이행하라고 촉구하는 사회 각계의 다양한 주문이 점점 더 거세지고 있다. 기업의 사회적 책임에 대한 찬반 양론이 있지만 경제적 이익을 얻기 위해서는 상호간에 이익을 주는 방법을 통해서 사회적 책임을 다해야 할 의무가 존재한다고 보아야 한다. 이를 압축해 보면 사회적 약자 보호, 윤리적 도덕성 확보, 분배의 공정성 확보, 기업성장의 파트너, 고용창출 책임, 민주적 운영과 법준수 의무로 구분할 수 있다.

사회적 약자 보호

노동조합은 누가 뭐래도 사회적 약자인 노동자의 인간다운 생활보장을 통해서 노동자보호의 역할에 충실해야 한다. 역사적으로 사용자의 지시감독을 받으며 비자주적으로 근로에 종사하는 노동자들이 사용자와 대등한 관계를 형성하기 위해서 노동조합을 조직한 것이므로 노동조합의 첫 번째 사회적 책임은 약자보호가 된다. 이러한 책임을 다하지 못할 때 노동조합은 노동자로부터 외면받고 사회로부터 격리되는 아픔을 겪게 된다. 최근에 사회문제가 된 H기업 사태에서 보듯이 노동조합이 제 역할을 다하지 못하는 경우 노동자의 안전은 물론 기업의 지속적 성장도 담보하지 못한다. 비정규직보호에서도 노동조합의 역할은 중요하다. 상대적으로 대우를 받지 못하고 노동조합의 조직에서도 소외받고 있는 비정규직(단시간, 기간제, 파견) 노동자들의 인간다운 생활을 위해 노동조합이 더욱 사회적 책임에 충실한 정책을 수립하고 실천해야 한다.

윤리적 도덕성 확보

노동조합은 도덕성이 가장 중요한 조직이다. 기업은 1차적으로 경제적인 조직이고 2차적으로 도덕성을 비롯한 윤리적인 부분이 나타나지만 노동조합은 노동자들의 자주적이며 민주적인 단체이므로 도덕성의 확보가 1차적인 중요성을 갖는다. 물론 노동조합도 노동자들의 근로조건을 위해 투쟁할 때에는 경제적인 목적이 전면에 나타나지만 평상시 내부적인 운영에 있어서는 민주적이고 윤리적인 운영이 1차적인 목적이 된다. 최근 문제가 되었던 일부 노동조합의 채용비리와 금품수수 관행은 노동조합의 도덕성을 심각하게 훼손하는 행위로서 당연히 탄핵의 대상이다. 노동조합의 존재목적은 노동자를 위한 사업에 있는 것이지 노조간부들의 개인적 유익에 있는 것이 아니다. 조직을 운영하기 위해서는 어느 정도 자금이 필요하지만 그것이 채용비리, 금품수수의 구실이 될 수는 없으며 정당한 소득이 아닌 것은 받지도 말아야 하고 주지도 말아야 한다.

분배의 공정성 확보

노동조합의 제1의 목적은 단체교섭과 임금교섭을 통해서 근로조건을 유지 또는 개선하는 것이다. 물론 단체교섭과 임금교섭은 분배문제를 다루는 것이므로 평상시의 활동이라기보다는 1년에 한 번 또는 2년에 한 번 정기적으로 반복되는 비상시의 활동이기에 이것만을 노동조합의 존재목적으로 보기는 어렵다. 노동조합이 노동자들을 대신해서 유리한 근로조건을 얻어낼 때 노동자들은 노동조합에 충성심을 발휘하고 노동조합의 활동에 적극적으로 동참하게 된다. 이러한 단체교섭과 임금교섭은 노동조합의 대항력을 바탕으로 사용자와 대등한 관계에서 교섭력을 가져야 하므로 노동조합의 단결력이 중요한 역할을 한다. 평화적인 단체교섭이나 임금교섭이 결렬된 경우 노동조합은 집단적인 노동력제공 거부 등 실력행사로서의 쟁의행위를 통해서 노동조합의 요구조건을 관철시킬 수 있다. 법에서 보장하는 쟁의행위는 민형사책임을 지지 않으므로 노동조합은 사용자와 대등한 힘을 가질 수 있게 된다.

기업성장의 파트너

노동조합은 평상시에 기업성장의 파트너 역할을 해야 한다. 교섭이 결렬되어 행사하는 쟁의권이 분배의 공정성을 회복하기 위한 비상시 활동이라면, 평상시에는 경영참가, 노사협의를 통해서 전체적인 기업성장에 기여해야 한다. 기업은 지속적으로 성장하고 이윤을 창출해야 노동자에게 임금을 분배할 수 있으며 일자리를 유지할 수 있기 때문이다. 기업이 이윤을 얻지 못하면 투자를 축소하거나 폐업, 폐지를 통해서 노동자를 줄이려 하는 것은 당연하다. 기업은 1차적으로 경제적인 조직이다. 돈을 벌기 위해서 기업을 창업하고 유지하는 것이지 단순히 노동자들에게 임금을 주기 위해서 기업을 경영하는 것은 아니다. 물론 기업의 사회적 책임으로서 기업이 속한 환경을 위해 기여를 해야 하지만 적자를 보면서까지 기업을 계속하게 강요할 수는 없다. 기업이 잘되면 노동자의 채용을 늘리고 세금을 많이 내면서 사회적 책임을 다하게 된다. 이러한 지속적 성장은 사업주만 노력한다고 되는 것은 아니다. 노동조합도 적극적으로 기업성장을 지원해야 한다. 그래야 노동자의 고용을 지키고 구조조정을 하지 않아도 되며 국가경영의 원동력인 세금을 꼬박꼬박 납부할 수 있기 때문이다. 분배문제로 싸울 때는 싸우더라도 부가가치의 생산과 관련된 문제는 파트너로서의 사회적 책임을 다해야 한다.

고용창출에 기여

청년실업과 고령사회가 우리의 가장 큰 과제다. 20대 젊은이들이 월 88만 원의 좋지 않은 일자리에 만족하고 살아야 한다는 비참한 현실은 희망과 꿈을 짓밟는 것이다. 재수 없으면 100살까지 살아야 하는 세상에 육십도 안 되어 정년퇴직해야 하는 현실은 우리를 암담하게 만든다. 젊은 사람이든 나이 든 사람이든 일자리가 있어야 생존에 필요한 소득을 얻을 수 있다. 물론 부모의 유산을 많이 물려받은 사람은 그 자체로 생존의 바탕을 삼을 수 있겠지만 그렇지 않은 대다수의 사람들은 스스로 육체적, 정신적 노동을 통해서 돈을 벌어야 한다. 일자리는 우리의 모든 것이다. 그것도 괜찮은 일자리를 늘리는 것이 중요하다. 일자리를 늘리는 데 있어서 노동조합의 역할도 중요하다. 지금 현재에 안주해서 현재의 일자리만 지키려고 한다면 전체적인 일자리는 오히려 줄어들 수 있다. 내 것을 조금 양보하더라도 전체적인 일자리를 늘리는 일이라면 노동조합도 적극 지원해야 한다.

법 준수의무

노동조합도 헌법과 법률에서 그 존재가치를 인정한 법적인 단체이다. 법의 보호를 받는 만큼 헌법과 법률을 지켜야 한다. 악법을 어겨서 깨뜨려야 한다는 말도 하지만 그 악법은 노동조합의 힘으로 고치려는 노력을 해야 한다. 법은 이 사회가 유지되는 최소한의 규범이다. 다양한 이해관계와 이해충돌이 존재하는 오늘날 법이 없거나 지켜지지 않는다면 이 사회는 잠시도 제대로 존속하기 어렵다. 노동조합의 사회적 책임 중에서 가장 기본은 법을 준수하는 것이다. 만약 그 법이 사회에 뒤떨어지고 실정에 맞지 않는다면 고치려는 노력을 통해서 법이 제대로 지켜지도록 할 책임이 있다.

08 복수노조와 교섭창구 단일화의 연혁 및 쟁점

2011년부터 사업장에서 '조직대상을 함께하는' 복수노조의 설립이 가능하다. 이럴 경우 자유롭게 노동조합을 설립하는 것과 마찬가지로 모든 노동조합은 사용자에 대해 단체교섭을 요구하고 사용자는 모든 노동조합의 단체교섭요구를 수용해야 하는가? 모든 노동조합의 단체교섭 요구를 받아들여야 한다면 여러 개의 노동조합이 존재할 경우 사용자는 1년 내내 단체교섭을 할 수밖에 없는 난처한 입장에 처하게 된다. 노동조합 운동도 선명성 경쟁이나 우월적 지위확보 투쟁으로 노동자들의 경제적·사회적 지위 향상이라는 본래의 목적을 벗어나 정치적인 이해관계로 왜곡될 소지도 있다. 이 문제에 대한 대답이 하나의 사업장에서는 교섭창구를 단일화해야 한다는 규정인 것이다.

헌법상 노동기본권 보장을 생각한다면 복수노조가 허용될 경우 각 노동조합은 동일하게 헌법상 단체교섭권과 단체행동권을 보장받아야 한다. 그러나 노동조합에 대해 단체교섭권을 보장하는 헌법하에서도 단체교섭권 등의 보장이 반드시 단체교섭권을 개별노조가 독립적으로 행사해야 함을 의미하는 것은 아니다. 헌법상 충돌되는 기본권의 행사는 조화롭게 조정해야 하므로 각 노동조합이 가지는 헌법상 권리가 상호 경합하고 충돌할 경우에는 역시 조정의 대상이 될 수 있다. 헌법상 단체교섭권을 구체적으로 어떠한 범위에서 어떠한 방법으로 보장하는지는 입법정책에 맡겨져 있다고 해석할 수 있다.

이러한 교섭창구 단일화와 관련하여 '노사관계 법·제도 선진화 방안'에서는 자율적 단일화를 우선으로 하되, 단일화가 안 되는 경우에는 단일화 절차를 진행하도록 되어 있었다.

가. 제1안: 자율적 단일화 → 조합원 과반수 노조 → 투표에 의한 과반수득표 노조
이 안은 자율적으로 교섭대표가 선정되지 않을 때, 당해 사업 또는 사업장에 과반수로 조직된 노동조합이 있는 경우에는 그 노동조합, 과반수로 조직된 노동조합이 없는 경우에는 관련 조합원 과반수 출석, 과반수 찬성을 받은 노동조합이 교섭대표가 되도록 하는 방안이다.

나. 2안: 자율적 단일화 → 조합원 수 비례대표제
이 안은 자율적으로 교섭대표가 선정되지 않을 때, 조합원 수에 비례하여 교섭위원단을 구성하도록 하고, 교섭위원단이 교섭대표가 되도록 하는 방안이다.

학계에서 제시된 교섭창구 단일화 방안도 ① 배타적(다수) 교섭대표제(사업장 내 선거 등을 통해 다수 근로자의 지지를 받은 노조에만 교섭권을 부여하는 방안), ② 비례적 교섭대표제(조합원 수에 비례하여 교섭위원단을 구성하는 방식), ③ 교섭단일화 의무제(노동조합이 자율적으로 교섭위원단을 구성토록 하고, 단일화가 된 경우에만 사용자에게 교섭에 응할 의무를 부과하는 방식) 등이 있었다.

① 노동조합 간에 교섭창구의 자율적 단일화가 이루어지는 경우에는 사용자가 교섭의무를 부담한다. 각 노조가 연대하여 교섭단을 구성하거나 2개 이상의 노조가 연합하여 과반수를 차지하는 경우 교섭대표권을 갖는 방안 등은 전적으로 노조의 자율에 맡긴다.
② 노조가 자율적으로 단일화를 이루지 못할 경우 사업장 내 조직노동자의 과반수를 대표하는 노조가 있을 경우에는 특별한 절차 없이 그 노조가 소수 노조까지 포괄하는 교섭대표권을

가지며 이 경우 사용자는 과반수 노조와 교섭할 의무를 진다.

③ 적정기간 내 노조 자율에 의한 단일화가 실패할 경우 노동위원회 등의 공적 기구의 관장하에 조합원 선거를 통해 과반수 지지를 받는 하나의 노조가 교섭대표권을 가지도록 하고, 다만 1차 선거에서 과반수 노조가 없을 경우에는 결선투표를 하도록 한다.

④ 교섭대표권자가 체결한 단체협약의 근로조건 등에 관한 사항은 여타의 다른 노조의 조합원에게도 적용되며 교섭대표권자가 사업(장) 내의 다른 노조 및 그 노조원의 이익까지 공정하게 대변할 수 있도록 공정대표의무를 부담한다.

자율교섭대표제의 내용과 문제점

자율교섭방식은 복수의 노동조합에 대해 독자적인 단체교섭권을 각각 부여해야 한다는 입장으로서 우리나라 헌법구조에 형식적으로 가장 부합하는 방안이라고 할 수 있다. 단체교섭권은 민주적인 노사관계를 형성하기 위한 중핵적인 권리로서 분쟁을 평화적으로 해결함으로써 본질적으로 노사관계의 안정을 도모하기 위한 제도인데, 노사관계의 안정을 위해 단체교섭권을 제한하는 것은 본말이 전도되었다고 할 수 있는 점, 근로자는 단체교섭권의 주체가 됨에 반하여 사용자는 단체교섭에 응할 의무를 부담할 뿐 근로자의 단체교섭권에 대응하는 어떠한 권리도 인정되지 아니하므로 단체교섭에 관한 한 권리조정은 성립할 여지가 없다는 점, 교섭창구 단일화 방안은 전면적 또는 부분적으로 단체교섭권을 제한할 수밖에 없는 점 등에서 교섭창구 단일화방안은 단체교섭권과 관련한 위헌의 여지가 존재할 수밖에 없다.

나아가 우리가 경험하지 못했고 그 성질상 제도가 복잡할 수밖에 없는 교섭창구단일화제도로 인해 발생할 노노 간의 갈등이나 사회적 혼란과 비용을 고려하면 자율교섭방식을 채택하는 것이 위험을 최소화하는 길이며, 자율교섭방식을 채택하더라도 실제로 기업 내 복수노조가 병존하는 것은 우리나라 상황에서는 예외적인 현상일 수도 있다. 자율교섭방식을 지지하는 입장에서는, 사용자의 지배개입의 비용이라는 관점에서 볼 때에도 자율교섭제의 경우 사용자가 "민주노조를 약화시키기 위해 특정 노조에 차별적 지원(차별적 협약)을 하는 방식의 지배개입을 할 수 있다. …… 그러나 사용자의 차별적 협약을 이용한 어용노조 키우기는 조합원들에게 지속적으로 경제적 이익을 보장해야 하기 때문에 지배개입비용이 가장 많이 들 것이다. 다수대표제는 일단 다수노조를 장악하면 타 노조가 교섭권과 투쟁권 자체를 상실하기 때문에 지배개입비용을 줄일 수 있을 것이다"라고 하여 지배개입의 비용의 관점에서 자율교섭대표제가 사용자에게 부담이 가장 크기 때문에 노조에 상대적으로 이익이 된다고 주장한다.

자율교섭대표제는 헌법적 관점에서의 '상대적' 우월성에도 불구하고, 현실적 노동정책의 관점에서는 잘 선호되지 않는다. 이를 지지하는 학자들도 있지만 우리의 노사관계에서는 문제점이 더 많다는 지적이 있다.

첫째, 복수노조의 난립으로 인한 피해는 사용자만이 아니라 노동자에게도 부과된다. 사용자는 단체교섭의 일상화로 인해 교섭비용이 증가하고, 단체협약 적용에서의 어려움 등의 부담이 있을 수 있다. 노동자 측에서는 단결력이 분산되어 사용자와의 관계에서 교섭력이 약화되며, 파업관철력도 약화되기 때문에 궁극적으로 사회경제적 지위향상에 결코 긍정적으로 작용하지 않는다.

둘째, 일본의 예에서 알 수 있듯이 법원의 판단의 재량이 지나치게 확대되어 예측가능성을 결하고 노사관계의 안정성을 해칠 우려가 있다. 자율교섭제하에서는 각 노동조합에 대한 사용자의 중립유지의무가 원론적으로는 인정되지만, 현실적으로 규모의 차이가 있는 노동조합을 동일하게 대우하는 것은 불가능하다. 결국 법원이 양자 간의 균형을 맞추어야 하는데,

노사관계당사자가 법원의 입장을 정확하게 이해하고 대처하는 것은 상당히 곤란할 뿐만 아니라, 현행 사법구조하에서 법원이 양자를 적정하게 형량하여 판단할 수 있을지는 의문이다. 이는 결국 현실 노사관계의 혼란을 초래할 수밖에 없다.

셋째, 자율교섭대표제를 주장하는 견해에서는 복수노조가 허용된다고 하더라도 실제로 복수노조가 난립하는 현상은 발생하지 않을 것이라고 예상하고 있으나, 해방 이후 복수노조를 사실상 한 번도 경험하지 못한 상황에서 이런 예상을 하는 것은 성급하다고 할 수밖에 없다. 오히려 복수노조의 난립을 전제로 한 제도설계를 할 때에 비로소 복수노조의 병존으로 인해 야기되는 혼란을 최소화할 수 있을 것이다.

넷째, 자율교섭제하에서는 어용노조의 설립을 통해 사용자가 노사관계에 관여하는 행위를 배제할 수 없다. 사용자의 어용노조 설립기도는 분명히 노동자의 자율적 노력과 선택에 의해 대처되는 것이 가장 바람직하기는 하지만, 이러한 사용자의 부당노동행위기도를 사전에 방지할 수 있는 제도적 장치가 있을 수 있음에도 그러한 방법을 간과하는 것은 정책적 입장에서 바람직하다고 할 수 없다.

다섯째, 영미계 국가를 제외한 모든 국가는 자율교섭제를 채택하고 있기는 하지만, 자율교섭제를 채택하고 있는 유럽대륙계국가는 제도로서의 단체교섭'권'이 보장되어 있지 않으며 산별노조체제가 지배적인 형태라는 점을 오히려 주목할 필요가 있다. 이들 국가에서 단체교섭은 사실행위로서의 의미만을 가지고 있을 뿐, 제도적으로 보장되는 노동조합의 권리는 아니다. 사용자가 노동조합의 단체교섭요구를 무시하면 노동조합은 파업으로써 대처하면 족하고 사법적인 구제를 신청할 수 있는 것은 아니다. 강력한 산별노조체제에 기반을 두고 있기 때문에 파업의 위협은 사법기관에 의한 권리구제명령보다 사용자에게 훨씬 더 큰 위하력을 가진다. 이러한 사회적 기반하에서는 굳이 단체교섭'권'을 제도적으로 인정할 필요가 없고 마찬가지로 교섭창구 역시 단일화할 필요가 없는 것이다.

이에 비해, 권리로서의 단체교섭'권'이 제도적으로 보장되어 있는 국가에서는 공통적으로 기업별교섭이 보편적인 교섭형태다. 이런 상황에서는 사용자와의 관계에서 교섭력의 균형을 맞추기 위해 국가에 의한 조정이 필요할 수밖에 없는 것이다. 제도적으로 인정되는 권리가 복수의 자에게 동일하게 인정되고, 그 권리행사가 경합하고 상충하는 경우에는 조정을 전제로 할 수밖에 없다. 그 조정은 일본과 같이 판례법에 의해 하는 방법을 취할 수도 있고, 미국, 영국, 캐나다와 같이 제정법에 의해 할 수도 있다. 법적 안정성이나 예측가능성의 측면에서는 판례법에 기한 사후적인 조정보다는 명문의 규정에 의한 사전적인 조정이 더 바람직하다.

여섯째, 사용자의 지배개입비용의 관점에서 일부 입장에서는 자율교섭대표제가 가장 비용이 많이 소요되고 따라서 지배개입의 가능성이 적어질 것이라고 예상하고 있으나, 이러한 예상은 타당한 것으로 보이지 않는다. 비례교섭대표제가 사용자의 지배개입비용이 가장 적다는 점은 명확하지만, 자율교섭대표제와 다수교섭대표제 중 사용자의 개입가능성이 어느 쪽이 더 많은지는 명확하지 않다. 그러나 다수교섭대표제를 채택하고 있는 국가와 자율교섭대표제를 채택하고 있는 일본의 운용실태를 비교하면, 사용자의 지배개입은 자율교섭제에서 훨씬 용이하게 이루어지고 있는 사실로부터 간접적으로 알 수 있듯이, 지배개입의 비용이라는 측면에서 볼 때 자율교섭대표제가 다수교섭대표제에 비해 그 비용이 적게 든다고 하는 것이 오히려 타당할 것이다. 조합원 과반수로 조직되어 있거나 선거에 의해 다수 조합원의 지지가 확인된 노동조합을 전복시키기 위해 소요되는 지배개입비용과, 복수의 노동조합 중 일부 노조에 대해 특혜를 주는 방법으로 다른 노조를 와해시키는 지배개입비용을 비교한다면 일견 보기에도 전자가 후자에 비해 많이 소요될 것이다. 그뿐 아니라 자율교섭제하에서는 직접적인 비용지출 없이 간접적인 방법으로 특정 노조를 우대함으로써 지배개입하는 방법도 있을 수 있다. 요컨대 자율교섭대표제가 노동조합의 자주성을 확보하는 가장 우월적인 방법이라고 단언할 수 없다.

과반수(배타적)교섭대표제의 내용과 문제점

과반수교섭대표제는 특정 사업 또는 사업장에 조합소속 여부를 불문하고 전체 조합원의 과반수를 차지하는 노동조합이 있는 경우에는 그 노동조합이 선거절차를 요하지 않고 자동적으로 교섭대표가 되며 그러한 노동조합이 없는 경우에는 선거절차를 거쳐서 교섭대표로 선출되는 방식이다.

과반수교섭대표제는 교섭단위에서 조합원 과반수 이상이 교섭대표에게 요구함으로써 교섭대표권이 안정화되어 집단적 근로조건 결정시스템의 절차적 정당성이 부여될 수 있고 교섭의 효율을 기할 수 있는 점, 기존의 노사관계를 기본적으로 유지할 수 있기 때문에 새로운 제도 시행으로 인한 혼란을 감소시킬 수 있는 점, 복수노조의 병존상태가 과반수교섭대표노조를 중심으로 하여 해소될 가능성이 많다는 점에서 장점이 있으나, 선거를 거칠 경우 비용부담요인이 발생하고, 선거와 관련한 분쟁 발생 가능성이 많은 점, 소수노조의 단체교섭권 침해 등에서 문제가 있다.

그러나 이러한 문제점은 제도의 합리적 설계를 통해 상당 부분 배제할 수 있다는 것을 캐나다의 사례는 실증적으로 보여주고 있다. 선거나 조합원 수와 같이 조합원 의사의 직접적 반영이라는 가장 민주적인 방법을 통해 복수노동조합의 단체교섭권의 경합을 조정한다는 의미에서 규범적 타당성을 인정할 수 있고, 단결력의 집중화를 통해 사용자와의 관계에서 전체적인 교섭력이 증가되기 때문에 현실적인 타당성도 인정된다. 기존의 교섭구조가 가지는 장점을 최대한 유지하고 활용할 수 있다는 점도 다수 교섭대표제의 장점이다. 나아가 지배개입의 의사가 없는 선의의 사용자가 교섭비용을 절감할 수 있다는 점도 무시할 수 없다.

과반수교섭대표제도는 복수의 노동조합이 병존하고 있는 경우 자율적으로 교섭대표노동조합이 선정되는 경우에는 그 노동조합에 대해서 교섭당사자로서의 지위를 부여하고, 자율적인 교섭대표노동조합 선정이 실패하면 법정교섭대표결정절차로 이행하도록 되어 있다. 교섭대표결정절차는 전체 조합원의 과반수로 조직된 노동조합이 있는 경우에는 그 노동조합, 없는 경우에는 전체 조합원을 대상으로 선거를 실시하여 과반수 득표노조가 있는 경우에는 그 노동조합, 그러한 노동조합이 없는 경우에는 상위 2개 노조를 대상으로 결선투표를 하여 다수 득표를 한 노동조합이 교섭대표노동조합으로 된다. 이때 선거의 단위, 즉 교섭단위는 하나의 사업 또는 사업장 단위를 원칙으로 하되, 그 사업 또는 사업장 내에서 근로조건과 근로형태의 유사성, 노동조합의 조직대상, 인사·노무관리의 통일성, 노동조합과 사용자의 의견 및 그간의 교섭관행 등을 기준으로 하여 노동위원회의 인정을 받은 경우에는 별도의 교섭단위를 설정할 수 있도록 하며, 뒤에서 보는 바와 같이 일정한 경우에는 산별·지역별 교섭단위의 설정도 가능하도록 한다. 법정교섭대표노동조합 결정절차는 노동위원회가 관장하는 것이 바람직하다.

비례(공동)대표교섭제의 내용과 문제점

비례교섭대표제는 조합원 수에 비례하여 교섭위원단을 구성하도록 하고, 교섭위원단이 교섭대표가 되도록 하는 방안이다. 비례교섭대표제는 교원노조법에서 채택하는 방법으로서, 소수노조에 대해서도 교섭기회를 부여함으로써 헌법상 논란이 축소될 수 있고 선거비용과 선거와 관련된 분쟁을 회피할 수 있으며 교섭창구 단일화 '대상'과 관련한 분쟁이 줄어들 가능성이 있다.

비례대표제는 외관상 모든 노조의 '교섭에 참여'할 기회를 보장할 수 있는 것처럼 보이기 때문에 교섭권 침해의 가능성이 적은 것처럼 느껴진다. 그러나 비례교섭대표제도 역시 다음과 같은 문제점을 내포하고 있다.

첫째, 현실적으로 실패한 제도라는 점이다. 교원노조법하에서의 비례대표제 운용경험은 교섭권의 분점分占을 통한 소수노조의 교섭권보장이라는 비례대표제가 가지는 장점은 드러나지 않고 그 단점만이 부각된다는 것을 보여주고 있다. 교섭위원단 내부의 의견대립을 조정하기가 어렵고 복수노조의 병존 현상이 영속화될 수밖에 없다는 비례대표제의 본질적 한계는 교원노조법의 운용경험에서 단적으로 나타나고 있다.

특히 동일한 직종으로 구성된 교원노조에서조차 비례교섭대표제가 원활하게 운용되지 않는데, 직종과 고용형태, 기업의 규모와 성질이 다양한 민간부문에서 비례교섭대표제가 실효적으로 기능할 것이라고 기대할 수는 없다. 교원노조는 교원이라는 동일한 근로형태와 내용을 가진 자를 조직대상으로 하고 있기 때문에 교섭단위의 문제가 제기되지는 않으나, 민간부문에서는 매우 다양한 근로형태와 내용을 가진 자가 조직대상이 되기 때문에 하나의 사업 또는 사업장에 복수의 교섭단위가 존재할 가능성이 많다. 각 단위마다 복수의 노동조합이 비례적으로 교섭단을 구성하여 단체교섭에 관여한다면, 현실적으로는 엄청난 혼란(복수노조의 난립)이 초래될 가능성이 농후하다. 이는 노사 양측에 부정적인 결과를 초래할 것이다.

둘째, 합리적으로 제도를 설계하는 것이 사실상 불가능하다. 기업의 규모, 업종이 다르고 각각의 교섭태양이 다른 상황에서 조합원 수에 비례하는 교섭위원단의 규모·배분 기준을 합리적으로 설정하는 것은 불가능하다. 이는 이 제도를 법적으로 채택하는 국가는 없는 것에서도 알 수 있다. 이는 단순한 입법기술상의 어려움에서 기인하는 것이 아니라, 노사관계의 본질에서 기인하는 것이다. 교섭위원의 수나 구성은 기업이나 노동조합의 개별적인 사정을 반영하여 결정되는 것이 노사관계의 상식이다. 법이 교섭위원의 수까지 결정하는 입법례는 있을 수 없고, 이를 용인한다면 노사관계에 대한 과도한 국가의 개입을 의미한다.

셋째, 비례교섭대표제는 교섭위원단이 소수로 구성되기 때문에 사용자의 개입이 매우 용이하다. 교원노조의 경우는 개별 학교단위의 교섭금지로 인해 어용노조 설립이 제도적으로 봉쇄되어 있으나, 개별 회사단위의 교섭이 여전히 지배적인 민간부문의 상황에서는 어용노조의 설립을 상정하지 않을 수 없고, 비례교섭대표제에서는 어용노조의 교섭과정에의 관여를 통제할 방법이 사실상 없다.

그밖에 비례교섭대표제하에서도 교섭위원 간의 견해가 대립된다면 결국은 소수의 교섭위원에 의한 다수결로 결정될 수밖에 없는 점, 제도를 어떻게 설계하든지 간에 대표성의 왜곡이 발생할 수밖에 없는 점, 비례대표제하에서도 참가가 배제되는 소수노조가 발생할 수밖에 없기 때문에 비례대표제가 가지는 유일한 장점도 사장될 수밖에 없는 점 등을 고려하면 비례교섭대표제는 모양만 좋을 뿐, 현실적인 대안은 될 수 없다.

우리나라의 복수노조 교섭사례 비교 요약

구분		교육부	국민건강보험공단	국민은행
교섭형태		비례대표교섭	자율개별교섭	자율동수대표교섭
현행교섭 장점		소수노조 교섭권 보호	노노갈등 완화	① 노노경쟁 회피 ② 교섭비용 절감
현행교섭 단점		① 공동교섭 강제 및 세부 규정 미비 교섭지연 ② 조합원규모 비례산출 어려움	① 교섭비용/기간 증대 ② 협약 상/하향 가속화	노조요구의 과대화 및 조정 부담
교섭창구 단일화 선호방안	사용자	① 종업원 과반수노조 배타적 교섭 ② 비례대표	비례대표제 의무화	공동교섭 의무화 교섭형태 자율선택
	다수 노조	① 자율 교섭형태 선택 ② 비례대표제	① 자율 교섭형태 선택 ② 비례대표제	동수교섭대표제
	소수 노조	① 종업원 과반수노조 배타적 교섭 ② 동수(5:5)대표제	① 자율 교섭형태 선택 ② 비례대표제	종업원 또는 조합원 과반수노조 배타적 교섭

09 현행 노동조합법의 교섭창구 단일화 입법내용

현행법은 복수노조의 설립과 활동은 자유롭게 허용하되 교섭창구는 단일화하도록 강제하고 있다. 복수노조가 존재하면서 교섭창구를 단일화하지 않을 경우 사용자는 단체교섭을 거부할 수 있기 때문에 교섭창구 단일화는 복수노조시대에 핵심적인 쟁점이 된다. 법률적으로는 지금까지 논의되었던 교섭창구 단일화를 단계적으로 모두 시행하는 방향으로 결정되었다.

제1단계는 사업장 내 모든 노조가 참여하여 자율적으로 교섭대표노동조합을 선정하는 '자율단일화' 절차가 진행된다. 자율단일화가 실패할 경우

제2단계로 전체 조합원 과반수로 조직된 노동조합을 교섭대표노동조합으로 선정하는 '과반수 단일화'의 단계를 거친다. 만약 과반수를 대표하는 노조가 없는 경우에는 제3단계로 10% 이상의 노동조합만으로 '자율공동단일화'를 통해 교섭창구를 단일화한다. 공동단일화도 실패할 경우 노동위원회가 조합원 비율에 따라 교섭창구를 결정하는 '비례공동단일화' 절차를 거치게 된다. 이렇게 자율-과반수-자율공동-비례공동의 모든 창구단일화가 입법적으로 규정되어 있지만 가능하면 제1단계인 자율단일화를 통해서 교섭창구를 일원화하는 것이 바람직하다. 과반수노조가 있다면 그 노조가 특별한 사정이 없는 한 교섭권을 확보할 것이기 때문에 그다음 단계인 공동단일화, 비례단일화는 진행되지 않는다.

하나의 사업 또는 사업장에 조직된 복수의 노동조합은 조직형태나 조직대상의 중복 여부에 관계없이 단체협약 만료일 이전 3개월이 되는 날부터 사용자에게 교섭을 요구할 수 있다. 기존 단체협약이 두 개 이상 있는 경우에는 먼저 도래하는 단체협약의 유효기간 만료일 이전 3개월이 되는 날부터 사용자에게 노동조합의 명칭, 교섭을 요구한 날, 현재 조합원의 수 등을 기재한 서면으로 교섭을 요구할 수 있다(노조법 시행령 제14조의2).

교섭단위는 하나의 사업 또는 사업장 전체를 하나의 단위로 해야 한다. 다만, 하나의 사업 또는 사업장에서 현격한 근로조건의 차이, 고용형태, 교섭관행 등을 고려하여 그 내부에서도 교섭단위를 분리하는 것이 합리적인 경우 등 교섭단위를 분리할 필요가 있다고 인정되는 경우 노동위원회가 사용자를 포함한 노동관계 당사자의 양쪽 또는 어느 한쪽의 신청을 받아 교섭단위를 분리하는 결정을 할 수 있다. 분리결정 시 각 교섭단위 내에서 교섭창구 단일화 절차에 따라 교섭대표노조를 결정한다.

노조법 제29조(교섭 및 체결권한)

① 노동조합의 대표자는 그 노동조합 또는 조합원을 위해 사용자나 사용자단체와 교섭하고 단체협약을 체결할 권한을 가진다.

② 제29조의2에 따라 결정된 교섭대표노동조합(이하 "교섭대표노동조합"이라 한다)의 대표자는 교섭을 요구한 모든 노동조합 또는 조합원을 위해 사용자와 교섭하고 단체협약을 체결할 권한을 가진다. 〈신설 2010.1.1〉

③ 노동조합과 사용자 또는 사용자단체로부터 교섭 또는 단체협약의 체결에 관한 권한을 위임받은 자는 그 노동조합과 사용자 또는 사용자단체를 위해 위임받은 범위 안에서 그 권한을 행사할 수 있다. 〈개정 2010.1.1〉

④ 노동조합과 사용자 또는 사용자단체는 제3항에 따라 교섭 또는 단체협약의 체결에 관한 권한을 위임한 때에는 그 사실을 상대방에게 통보해야 한다. 〈개정 2010.1.1〉

[시행일: 2011.7.1]

노조법 제29조의2(교섭창구 단일화 절차)

① 하나의 사업 또는 사업장에서 조직형태에 관계없이 근로자가 설립하거나 가입한 노동조합이 2개 이상인 경우 노동조합은 교섭대표노동조합(2개 이상의 노동조합 조합원을 구성원으로 하는 교섭대표기구를 포함한다. 이하 같다)을 정하여 교섭을 요구해야 한다. 다만, 제2항에 따라 교섭대표노동조합을 자율적으로 결정하는 기한 내에 사용자가 이 조에서 정하는 교섭창구 단일화 절차를 거치지 아니하기로 동의한 경우에는 그러하지 아니하다.

② 교섭대표노동조합 결정 절차(이하 "교섭창구 단일화 절차"라 한다)에 참여한 모든 노동조합은 대통령령으로 정하는 기한 내에 자율적으로 교섭대표노동조합을 정한다.

③ 제2항에 따른 기한 내에 교섭대표노동조합을 정하지 못하고 제1항 단서에 따른 사용자의 동의를 얻지 못한 경우에는 교섭창구 단일화 절차에 참여한 노동조합의 전체 조합원 과반수로 조직된 노동조합(2개 이상의 노동조합이 위임 또는 연합 등의 방법으로 교섭창구 단일화 절차에 참여한 노동조합 전체 조합원의 과반수가 되는 경우를 포함한다)이 교섭대표노동조합이 된다.

④ 제2항과 제3항에 따라 교섭대표노동조합을 결정하지 못한 경우에는 교섭창구 단일화 절차에 참여한 모든 노동조합은 공동으로 교섭대표단(이하 이 조에서 "공동교섭대표단"이라 한다)을 구성하여 사용자와 교섭해야 한다. 이때 공동교섭대표단에 참여할 수 있는 노동조합은 그 조합원 수가 교섭창구 단일화 절차에 참여한 노동조합의 전체 조합원 100분의 10 이상인 노동조합으로 한다.

⑤ 제4항에 따른 공동교섭대표단의 구성에 합의하지 못할 경우에 노동위원회는 해당 노동조합

의 신청에 따라 조합원 비율을 고려하여 이를 결정할 수 있다.

⑥ 제1항부터 제4항까지의 규정에 따른 교섭대표노동조합을 결정함에 있어 교섭요구 사실, 조합원 수 등에 대한 이의가 있는 때에는 노동위원회는 대통령령으로 정하는 바에 따라 노동조합의 신청을 받아 그 이의에 대한 결정을 할 수 있다.

⑦ 제5항 및 제6항에 따른 노동위원회의 결정에 대한 불복절차 및 효력은 제69조와 제70조 제2항을 준용한다.

⑧ 노동조합의 교섭요구·참여 방법, 교섭대표노동조합 결정을 위한 조합원 수 산정 기준 등 교섭창구 단일화 절차와 교섭비용 증가 방지 등에 관하여 필요한 사항은 대통령령으로 정한다. [본조신설 2010.1.1] [시행일: 2011.7.1]

교섭창구 단일화 절차

출처: 고용노동부

〈교섭참여 노조 확정절차〉

교섭요구(단체협약 만료 3개월 전부터)
→ 교섭요구 사실에 대한 사용자 공고(7일)
→ 공고기간 내 다른 노조 교섭참여

↓

참여노조 확정공고(5일)·수정 시 수정공고(5일)
* 공고에 이의가 있는 경우 노동위원회에 시정 요청(5일 내 신청, 10일 내 처리)

〈참여노조 확정 후 교섭대표노조 결정절차〉

사용자 동의에 따른 개별교섭 또는
자율적 단일화(참여노조 확정 후 14일 이내) ——되면→ 사용자에게 통지, 교섭대표노조 결정

↓ 안 되면

과반수 노조(절대 과반수 또는 연합 등으로 과반수)임을 사용자에게 통지
* 자율적 단일화기간 경과 후 5일 이내
* 사용자는 5일 동안 공고

이의 없으면 → 교섭대표 노조로 확정

이의 제기 → 노동위원회 조합원 수 확인 후 교섭대표 노조로 확정
* 조합원 수 확인 결과 과반수가 아니면 공동교섭대표단 결정 단계로 전환

↓ 과반수 노조 없으면

공동교섭대표단 자율 구성
* 과반수 노조의 공고가 없을 경우 자율적 단일화 기간 경과 후 10일 이내
* 노동위원회 확인 결과 과반수 노조가 없는 경우 노동위원회 결정 통지 후 5일 이내

↓ 자율 구성 안 되면

창구단일화에 참여한 노동조합의 전부 또는 일부의 신청에 의해
노동위원회가 공동교섭대표단 결성(신청 후 10일 이내)

10 교섭요구노동조합의 확정절차

교섭요구

사용자와 교섭을 원하는 노동조합은 어느 노동조합이든지 노조법 시행령 제14조의2에 따라 단체협약 만료일 이전 3개월이 되는 날부터 사용자에게 명칭, 조합원 수 등을 기재한 서면으로 교섭을 요구할 수 있다(노조법 시행령 제14조의2 제1항). 따라서 해당 사업(장)의 노동조합 중 어느 한 노동조합이 사용자에게 교섭을 요구하면서 교섭창구 단일화 절차는 개시되는 것이다. 하나의 사업(장)에 노동조합이 두 개 이상 존재하는지 여부는 사용자가 교섭요구 사실을 공고하고, 공고기간 내에 교섭참가 신청을 하는 노동조합이 없을 때 비로소 확정된다. 그러므로 해당 사업(장)에 하나의 노동조합만 있다고 판단하더라도 해당 노동조합은 노조법 시행령 제14조의2에 따라 사용자에게 교섭을 요구하고 사용자는 이를 공고해야 한다.

교섭을 요구할 수 있는 노동조합

해당 사업(장)의 근로자가 가입한 노동조합이라면 기업별 노동조합, 산업별·직종별·지역별 노동조합의 지부·분회 등 조직형태에 관계없이 교섭을 요구할 수 있다. 다만, 초기업단위 노동조합의 경우에는 해당 사업(장) 소속 근로자가 해당 노동조합에 가입한 것이 객관적으로 입증되어야 한다.

초기업단위 노동조합 가입 인정 예시

ㅇ노동조합이 해당 기업의 조합원 명부를 첨부하는 경우

ㅇ근로자가 은행 등 공신력 있는 금융기관을 통해 조합비를 납부한 경우

ㅇ해당 노동조합과 사용자가 체결한 단체협약이 있는 경우

ㅇ기타 이에 준하여 객관적으로 노동조합에 가입한 사실이 확인되는 경우

노동조합 간에 조직대상이 중복되지 않는 경우에도(생산직과 사무직, A공장과 B공장), 모든 노동조합은 교섭을 요구할 수 있으며 교섭창구 단일화 절차에도 참여해야 한다. 또한 교섭을 요구할 수 있는 노동조합은 노조법상 노동조합을 의미하므로 행정관청으로부터 설립신고증을 교부받은 노동조합의 지부 · 분회여야 한다.

교섭요구 시기

교섭창구 단일화 절차의 개시를 위한 교섭의 요구는 노조법 시행령 제14조의2에 따라 '단체협약 만료일 이전 3개월이 되는 날부터' 할 수 있다. 만약, 하나의 사업(장)에서 교섭단위가 분리될 경우에는 해당 교섭단위별로 교섭창구 단일화가 진행된다. 여기서 단체협약이란 임금협약, 단체협약 등 그 명칭을 불문하고 노조법상 단체협약에 해당되는 것은 모두 포함된다. 노조법상의 단체협약이란 노동조합과 사용자 또는 사용자단체가 임금, 근로시간 등에 대해 법적 절차에 따른 단체교섭을 통해 합의한 사항을 서면으로 작성하여 서명 또는 날인한 문서를 의미한다.

해당 사업(장)에 2개 이상의 단체협약이 있고, 그 유효기간이 다른 경우에는 먼저 도래하는 단체협약의 유효기간 만료일 이전 3개월이 되는 날이 된다. 예를 들어 단체협약의 유효기간이 2010.4.1~2012.3.31(2년)이고, 임금협약 유효기간이 2011.1.1~2011.12.31(1년)인 경우에는 최초 도래 임금

협약 만료일(2011.12.31) 이전 3개월이 되는 날인 2011년 10월 1일부터 교섭 요구를 할 수 있다.

만약 단체교섭 유효기간 만료일 3개월 이전에 노동조합이 교섭을 요구하는 경우에 사용자는 이를 거부할 수 있다. 왜냐하면 노조법 시행령 제14조의2 제1항에서 교섭요구 시기를 규정한 취지는, 교섭창구 단일화 절차 진행에 필요한 시간을 부여함과 동시에 그 기간 이전에 교섭을 요구하는 것은 노조법 제30조의 교섭권한 남용에 해당하기 때문이다.

교섭요구 방법

노동조합이 교섭을 요구할 때에는 반드시 노동조합의 명칭, 대표자의 성명, 주된 사무소의 소재지(있는 경우에 한함), 교섭을 요구한 날 현재의 조합원 수를 기재한 서면으로 해야 한다(노조법 시행령 제14조의2 제2항). 이 경우 조합원 수는 해당 사업 또는 사업장(교섭단위가 분리된 경우에는 해당 교섭단위)에 소속된 조합원 수만 의미한다.

교섭요구 사실의 공고

교섭요구를 받은 사용자는 교섭요구를 받은 날로부터 7일간 교섭요구 사실을 해당 사업(장)의 게시판 등에 공고해야 한다(노조법 시행령 제14조의3 제1항, 노조법 시행규칙 제10조의3 제1항). 공고내용에는 교섭을 요구한 노동조합의 명칭, 대표자 성명, 교섭요구일자, 교섭을 하려는 다른 노동조합이 교섭을 요구할 수 있는 기한이 포함되어야 한다. 사용자가 해당 사업(장)에 노동조합이 1개만 있는 것으로 알고 있더라도 산업별·지역별·직종별 등 초기업단위 노동조합에 가입된 근로자가 있을 수 있으므로 반드시 교섭요구 사실을 공고하여 교섭창구 단일화 절차를 거쳐 대표노동조합을 결정하도록 해야 한다. 만약 사용자가 공고를 하지 않은 상태에서 최초로 교섭을 요구한 노동조합과 단체협약을 체결한 경우 노조법 및 시행령에 따른 절차를 거치지 않음으로 인해 해당 협약의 효력이 문제될 수 있으므로 반드시 공고해야 한다.

공고는 게시판뿐만 아니라 노동조합과 조합원들이 쉽게 그 사실을 알수 있는 장소와 방법이라면 내부 전산망에 공지하는 것도 가능하지만 해당 사업 또는 사업장 전체를 대상으로 해야 한다. 교섭단위가 분리된 경우에는 해당 교섭단위를 대상으로 공고하면 된다. 공고기간은 최초로 노동조합으로부터 교섭을 요구받은 날부터 7일간이며 '초일불산입의 원칙'에 따라 초일을 산입하지 않는다.

사용자가 노동조합의 교섭요구를 받았음에도 공고하지 않거나 사실과다르게 공고한 경우에 해당 노동조합은 노동위원회에 시정을 요청할 수있다(노조법 시행령 제14조의3 제2항). 사실과 다르게 공고한 경우란 노동조합이 제출한 서류와 달리 노동조합의 명칭, 대표자의 성명 또는 교섭요구일자를 잘못 공고한 경우를 말한다. 독립성이 없는 사업장임에도 불구하고 전체 사업을 대상으로 공고하지 않고 해당 사업장에 대해서만 공고한경우에도 시정 신청을 할 수 있다. 시정 요청을 받은 노동위원회는 요청을받은 날부터 10일 이내에 사실관계를 조사한 후 그에 대한 결정을 해야 한다. 사실 여부를 확인한 후 사실일 경우 사용자에게 공고명령을 하거나 노동위원회가 직접 공고를 하고, 사실이 아닐 경우 기각 결정을 한다. 이러한노동위원회의 결정이 위법 · 월권인 경우에는 중앙노동위원회에 이의제기를 할 수 있다. 노동조합이 노동위원회에 시정 요청을 하지 않고 사용자에게 이의를 제기하고 사용자가 이를 수용하여 수정공고를 내는 것은 노사자율의 원칙상 가능하다.

다른 노동조합의 참가 신청

사용자와 교섭하려는 다른 노동조합은 교섭요구 사실에 대한 공고기간 내에 사용자에게 교섭을 요구해야 한다(노조법 시행령 제14조의4). 교섭요구 시기는 교섭요구 사실에 대한 공고기간(공고일로부터 7일간) 내에 해야 하며, 그 기간에 교섭을 요구하지 않을 경우에는 교섭창구 단일화 절차에 참여할 수 없다. 교섭요구는 노동조합의 명칭과 대표자의 성명, 사무소가 있는 경우 주된 사무소의 소재지, 교섭을 요구한 날, 현재의 조합원 수를 기재한 서면으로 한다.

교섭요구노동조합의 확정 공고 및 통지

사용자는 교섭요구 사실에 대한 공고기간(7일)이 끝난 후에 공고기간 동안 참가신청을 한 교섭요구노동조합 등을 확정하여 해당 노동조합에 통지하고 교섭요구 사실에 대한 공고기간이 끝난 다음날부터 5일간 공고해야 한다(노조법 시행령 제14조의5 제1항). 공고 대상인 노동조합은 교섭을 요구한 노동조합 전체가 된다.

공고 내용은 교섭요구노동조합의 명칭과 대표자 성명, 각각 교섭을 요구한 일자, 교섭을 요구한 날, 현재의 조합원의 수, 공고 내용이 노동조합이 제출한 내용과 다르게 공고되거나 공고되지 아니한 경우에는 공고기간 중에 사용자에게 이의를 제기할 수 있다는 사실이 포함되어야 한다(노조법 시행규칙 제10조의4 제1항).

교섭요구노동조합 확정 공고에 대한 이의제기

교섭을 요구한 노동조합은 교섭요구노동조합 확정공고 내용이 '자신이 제출한 내용'과 다르게 공고되거나 공고되지 않은 것으로 판단한 경우에는 그 '공고기간(5일) 중'에 사용자에게 이의를 신청할 수 있다(노조법 시행령 제14조의5 제2항). 이의신청은 자신이 제출한 내용과 관련된 경우에만 허용되므로 다른 노동조합과 관련된 공고 내용에 대한 이의제기는 할 수 없다. 초기업단위 노동조합에 해당 사업(장) 근로자의 가입 여부에 대한 다툼으로 공고하지 않은 경우에는 노동위원회가 실제로 가입 여부를 확인하여 결정해야 한다.

사용자는 노동조합의 이의신청에 대해 그 내용이 타당하다고 인정하는 경우에는 확정공고일이 끝난 날부터 5일간 신청한 내용대로 공고하고, 이의를 제기한 노동조합에 그 사실을 통지해야 한다(노조법 시행령 제14조의5 제3항).

사용자에 대한 이의신청에도 불구하고 사용자가 그에 따른 조치를 하지 않을 경우에는 해당 노동조합은 노동위원회에 시정을 요청할 수 있다(노조법 시행령 제14조의5 제4항). 사용자가 수정공고를 하지 않은 경우에는 확정공고기간이 끝난 다음날부터 5일 이내, 사용자가 해당 노동조합이 신청한 내용과 다르게 수정 공고한 경우에는 그 공고기간이 끝난 날부터 5일 이내에 사용자에게 이의를 신청한 서류사본, 사용자가 해당 노동조합이 신청한 내용과 다르게 공고했다는 사실을 증명할 수 있는 서류를 첨부한 시정신청서를 노동위원회에 제출해야 한다. 시정 요청을 받은 노동위원회는 10일 이내에 신청인 노동조합이 제출한 자료와 사실관계를 조사·확인한 후 교섭요구노동조합에 대한 확정 결정을 해야 한다.

노동위원회의 교섭요구노동조합의 확정 결정에 내한 불복 절차는 중재재정의 불복 절차에 대한 규정을 준용한다(노조법 제29조의2 제7항). 따라서 노동위원회 결정이 위법·월권인 경우에 한해 결정서를 송달받은 날부터 10일 이내에 중앙노동위원회에 재심을 신청할 수 있다. 중앙노동위원회의 재심결정에 대해 그 결정이 위법이거나 월권에 의한 것이라고 인정하는 경우에는 15일 이내에 행정소송을 제기할 수 있다. 교섭요구노동조합의 확정에 대한 지방노동위원회의 결정이나 중앙노동위원회의 재심결정은 그에 대한 불복에도 불구하고 그 효력이 인정된다(노조법 제29조의2 제7항, 노조법 제70조 제2항). 따라서 노동위원회의 결정이 법원의 확정 판결에 의해 취소되기 전까지는 노동위원회가 결정할 교섭요구노동조합을 대상으로 교섭대표노동조합 결정 절차를 진행해야 한다.

중재재정은 그 절차가 위법하거나 그 내용이 근로기준법 위반 등으로 위법한 경우 또는 당사자 사이에 분쟁의 대상이 되어 있지 않은 사항이나 정당한 이유 없이 당사자의 분쟁범위를 벗어나는 부분에 대해 월권으로 중재재정을 한 경우와 같이 위법이거나 월권에 의한 것임을 이유로 하는 때에 한하여 불복할 수 있고, 중재재정이 단순히 노사 어느 일방에게 불리한 내용이라는 사유만으로는 불복이 허용되지 않는다(대법원 2009.8.20, 2008두8024)

교섭요구노동조합의 확정

교섭요구노동조합으로 확정되는 노동조합은 ① 사용자의 교섭요구노동조합 확정공고에 대해 그 공고기간 중 이의가 없을 때에는 공고된 노동조합, ② 노동조합의 이의제기에 의한 사용자의 수정공고에 대해 5일간 이의가 없을 때에는 그 공고된 노동조합, ③ 노동조합의 시정요청에 의해 노동위원회에서 결정한 때에는 노동위원회가 결정한 노동조합이다.

교섭요구노동조합으로 확정된 노동조합만이 교섭대표노동조합 결정절차에 참여할 수 있다(노조법 제29조의2, 노조법 시행령 제14조의6). 교섭대표노동조합이 사용자와 교섭하여 체결한 단체협약은 교섭창구 단일화 절차에 참여한 노동조합, 즉 확정된 교섭요구노동조합 전체에 대해 적용된다(노조법 제29조 제2항). 쟁의행위를 하기 위해서는 확정된 교섭요구노동조합 전체 조합원 과반수의 찬성이 있어야 한다(노조법 제41조 제1항). 교섭요구노동조합으로 확정된 노동조합만이 교섭대표노동조합의 공정대표의무 위반 시정신청을 할 수 있다(노조법 제29조의4).

교섭창구 단일화 절차에 참여하지 않은 노동조합은 사용자와 교섭하거나 단체협약을 체결할 수 없으며 노동위원회에 조정신청을 할 수 없다. 또한 그러한 노동조합이 쟁의행위를 할 경우 정당성이 인정되지 않아 부당한 쟁의행위로 민형사상 책임을 지게 된다.

11 교섭대표노동조합의 결정절차

1사 1교섭 원칙

확정된 교섭요구노동조합이 1개인 경우에는 그 노동조합이 교섭대표노동조합이며, 사용자와 교섭하여 단체협약을 체결할 수 있다. 확정된 노동조합이 2개 이상인 경우에는 원칙적으로 조직대상의 중복, 조직형태에 관계없이 교섭대표노동조합을 결정하여 사용자와 교섭해야 한다(1사 1교섭 원칙). 다만 예외적으로 일정한 기한 내에 사용자가 동의하는 경우에는 노동조합과 개별교섭이 가능하다. 교섭대표노동조합은 ① 노동조합 간 자율적 단일화, ② 과반수 노동조합으로 교섭대표노동조합 결정, ③ 자율공동교섭대표단, ④ 노동위원회에 의한 비례공동교섭대표단의 4단계 방식으로 결정된다.

사용자의 동의에 의한 개별교섭

1) 개별교섭 동의 기한과 방법

개별교섭을 하기 위해서는 교섭요구노동조합이 확정된 때부터 14일 이 내에 사용자가 개별교섭에 대한 동의를 해야 한다(노조법 제29조의2 제1 항·제2항, 노조법 시행령 제14조의6 제1항). 해당기간 내에 사용자의 동의가 없거나, 자율적으로 단일화가 이루어지지 않으면 과반수 노동조합이 교섭 대표권을 갖게 되는 단계로 전환된다. 이러한 개별교섭 동의는 1사 1교섭 원칙의 교섭창구 단일화 원칙에 대한 예외로 인정되는 것이므로 노조법 제29조의2 제1항 단서에 따른 개별교섭 동의기한은 강행규정에 해당하여 교섭요구노동조합이 확정된 경우에만 사용자의 개별교섭 동의가 허용된다.

노조법 제29조의2 제1항의 '기한 내'의 의미는 '노조법 시행령 제14조의 5에 따라 교섭요구노동조합이 확정 또는 결정된 날로부터 14일이 되는 날' 까지를 의미한다. 따라서 해당 기한(교섭요구노동조합이 확정된 날부터 14일 간) 외에 노사간 교섭창구 단일화를 하지 않고 개별교섭하기로 합의했다 하더라도 이는 강행규정을 위반한 것으로 효력이 없다.

개별교섭 동의방법은 법에 특별히 규정된 것이 없으므로 서면이나 구두 모두 가능하지만 향후에 발생할 수 있는 분쟁을 방지하기 위해 서면으로 작성하는 것이 바람직하다.

2) 개별교섭 동의의 효과

사용자가 개별교섭에 동의한 경우에는 확정된 교섭요구노동조합은 각 각 사용자와 교섭하여 단체협약을 체결할 수 있다. 이 경우 개별교섭 동의 에 의해 사용자가 교섭의무를 부담하는 노동조합은 '확정된 교섭요구노동 조합'이므로 교섭요구노동조합 확정 이후 신설된 노동조합이나 교섭창구 단일화 절차에 참여하지 않은 기존 노동조합에 대한 사용자의 교섭의무는 없다.

동의의 효력은 그에 따라 체결된 단체협약의 유효기간 만료일까지만 유효하고 그 동의 후 신설된 노동조합 등 확정된 교섭요구노동조합이 아닌 경우에는 먼저 도래하는 단체협약의 유효기간 만료일 이전 3개월이 되는 날부터 교섭을 요구할 수 있다.

자율적 교섭대표노동조합의 결정

1) 결정방식

교섭요구노동조합이 확정된 후 노동조합은 교섭요구노동조합이 확정 또는 결정된 날로부터 14일 이내에 자율적으로 교섭대표노동조합을 정할 수 있다(노조법 제29조 제2항, 노조법 시행령 제14조의6 제1항). 노동조합 간 자율적 단일화 방식에 대해서는 특별한 절차나 제한이 없으므로 참여 노동조합들의 합치된 의사가 반영되는 형태라면 자유롭게 정할 수 있다.

2) 교섭대표노동조합의 확정

노동조합 간에 자율적으로 교섭대표노동조합을 정하기로 합의할 경우 모든 노동조합은 교섭대표노동조합의 대표자, 교섭위원 등을 연명으로 서명 또는 날인하여 사용자에게 통지함으로써 교섭대표노동조합으로 확정된다. 이 경우 서명 또는 날인은 교섭창구 단일화 절차에 참여하는 모든 노동조합이 해야 한다. 교섭대표노동조합의 의사결정방식 등 교섭대표노동조합으로서의 역할 수행에 필요한 주요 사항에 대해서도 서면으로 작성하여 서명 또는 날인하는 것이 바람직하다.

3) 자율적 교섭대표노동조합 결정 후 일부 노동조합이 그 이후의 절차에 참여하지 않을 경우의 효력(노조법 시행령 제14조의6 제2항).

자율적 교섭대표노동조합 결정 이후 교섭을 시작하기 전 또는 진행 중 일부 노동조합의 탈퇴 또는 불참은 노동조합 간의 합의를 위반하는 것이므로 교섭대표노동조합의 지위는 그대로 유지된다. 또한 일부 노동조합이 교섭대표노동조합 결정 이후의 절차에 참여하지 않더라도 교섭대표노동조합이 체결한 단체협약은 그대로 적용된다. 쟁의행위 찬반투표를 하는 경우 그 대상에 포함되어야 하며, 불참 노동조합은 독자적으로 쟁의행위를 할 수 없다.

과반수 노동조합

1) 과반수 노동조합의 개념

과반수 노동조합은 해당 사업(장) 전체 노동자의 과반수로 조직된 노동조합을 의미하는 것이 아니라, 교섭창구 단일화 절차에 참여한 노동조합 전체 조합원의 과반수를 차지하는 노동조합을 말한다(노조법 시행령 제14조의7 제1항). 이때 조합원 수는 교섭요구노동조합의 확정공고일을 기준으로 산정한다(노조법 시행령 제14조의7 제5항).

위임이나 연합에 의한 과반수도 인정된다. 즉, 과반수 노동조합이 없더라도 2개 이상의 노동조합이 위임 또는 연합 등의 방법으로 전체 조합원의 과반수가 되는 경우도 가능하다. '위임'이란 노조법 제29조 제3항에 따라 교섭대표권을 획득하기 위해 특정 노동조합에 교섭권을 위임하는 것을 말하며, '연합'이란 2개 이상의 노동조합이 교섭대표권 획득을 위해 하나의 노동조합인 것으로 의제하기 위한 노동조합 간의 계약을 말한다. 위임의 경우 교섭대표노동조합의 대표자는 위임받은 노동조합의 대표자가 되는 것이 일반적이나 연합의 경우에는 노동조합 간 협의에 의해 결정하는 것이 일반적이라는 점에서 차이가 있다. 위임 또는 연합을 통해 과반수 노동조합으로 인정되어 교섭대표노동조합이 된 이후에 위임이나 연합의 의사를 철회하더라도 교섭대표노동조합으로서의 지위는 그대로 유지된다.

2) 과반수 노동조합의 통지

과반수 노동조합이라고 주장하는 노동조합은 사용자에게 자신이 전체 조합원의 과반수 이상을 차지하는 과반수 노동조합으로서 교섭대표노동조합이라는 사실을 통지해야 한다(노조법 시행령 제14조의7 제1항). 통지 기한을 보면, 자율적 단일화 결정 기한이 만료되는 날부터 5일 이내에 과반수 노동조합은 노동조합의 명칭, 대표자, 과반수 노동조합이라는 사실을 통지해야 한다. 위임 또는 연합의 경우에는 위임 또는 연합에 참여하는 노동조합의 명칭, 대표자 등을 포함해서 통지한다.

3) 사용자의 공고 및 교섭대표노동조합 확정

사용자는 과반수 노동조합임을 통지받은 때에는 그 통지를 받은 날부터 5일간 그 내용을 공고하여 다른 노동조합과 근로자가 알 수 있도록 해야 한다(노조법 시행령 제14조의7 제2항). 공고기간 중 공고 내용에 이의가 없을 때에는 공고된 노동조합이 교섭대표노동조합으로 확정된다. 이렇게 확정된 후에는 조합원 수가 감소하여 과반수가 되지 않더라도 교섭대표노동조합의 지위 유지기간 동안에는 그 지위를 그대로 유지한다.

4) 노동위원회에 의한 교섭대표노동조합의 결정

과반수 노동조합의 공고에 대해 이의가 있는 노동조합은 그 공고기간 중에 노동위원회에 이의를 신청할 수 있다. 노동위원회는 조합원 수를 확정하여 과반수 노동조합을 교섭대표노동조합으로 결정하게 된다(노조법 시행령 제14조의7 제3항). 과반수 노동조합에 대한 이견이 있다는 이유 등으로 사용자가 공고 자체를 하지 않는 경우에도 노동조합은 노동위원회에 이의신청이 가능하다. 만약, 사용자가 교섭을 거부 · 해태할 목적으로 과반수 노동조합에 대한 공고를 하지 않은 경우에는 부당노동행위에 해당할 수 있다.

공고에 이의가 있는 노동조합은 '과반수 노동조합에 대한 이의신청서'에 내용을 증명할 수 있는 자료를 첨부하여 관할 노동위원회에 이의를 신청해야 한다(노조법 시행규칙 제10조의5 제1항). 이의신청을 받은 노동위원회는 10일 이내에 과반수 여부를 확인하여 과반수 노동조합이 있는 경우 그 노동조합을 교섭대표노동조합으로 결정하여 노동조합과 사용자에게 통지한다. 만약, 조합원 수가 많거나 소속 노동조합을 확인하기 어려운 경우에는 1회에 한해 10일의 범위에서 그 기간을 연장할 수 있다.

노동위원회는 이의신청을 받은 경우 다른 노동조합과 사용자에게 그 사실을 통지하고 조합원 명부 등 서류를 제출하게 하거나 출석하게 하는 등의 방법으로 조합원 수에 대해 조사 · 확인해야 한다(노조법 시행령 제14조의7 제4항). 노동조합 또는 사용자가 서류제출 요구 등 필요한 조사에 따르지 않을 경우에는 고용노동부령으로 정하는 인정기준에 따라 조합원 수를 계산하여 각 노동조합별 조합원 수를 확인한다(노조법 시행령 제14조의7 제7항). 이 경우 조합원 수 산정은 교섭요구노동조합의 확정공고일을 기준으로 한다(노조법 시행령 제14조의7 제5항). 2개 이상의 노동조합에 가입한 조합원에 대한 산정방법은 노조법 시행령 제14조의7 제6항에 따른다. 조합비를 납부하는 노동조합이 1개인 경우에는 그 노동조합의 조합원 수에 숫자 1을 가산하고, 조합비를 납부하는 노동조합이 2개 이상인 경우에는 숫자 1을 조합비를 납부하는 노동조합의 수로 나눈 후에 산출된 숫자를 그 조합비를 납부하는 노동조합의 조합원 수에 각각 가산한다. 조합비를 납부하는 노동조합이 없는 경우에는 숫자 1을 조합원이 가입한 노동조합의 수로 나눈 후에 그 산출된 숫자를 그 가입한 노동조합의 조합원 수에 각각 가산한다.

노동위원회의 서류 제출 요구 등 조사에 따르지 아니한 경우에는 이미 제출된 서류 등 처리기한 내 조사된 결과를 토대로 교섭대표노동조합을 결정할 수 있으며, 노동위원회가 다른 자료를 통해 조합원 수를 판단할 수 있는 경우에는 그에 따라 직권으로 결정할 수 있다. 이의를 신청한 노동조합은 서류 제출 등 필요한 조사를 따르고 그 노동조합 외에 다른 노동조합은 서류 제출 등 필요한 조사를 따르지 아니한 경우에는 제출된 자료를 기준으로 조합원 수를 계산하여 확인한다. 이의를 신청한 노동조합이 서류 제출 요구 등 필요한 조사를 따르지 아니한 경우에는 노조법 시행령 제14조의7 제1항에 따라 과반수 노동조합임을 통보한 노동조합을 교섭대표노동조합으로 결정한다.

5) 노동위원회 결정에 대한 불복 절차와 효력

노동위원회의 과반수 노동조합에 관한 결정에 대한 불복 절차 및 효력은 중재재정의 불복절차(노조법 제69조) 및 효력(노조법 제70조 제2항)을 준용한다.

공동교섭대표단

1) 공동교섭대표단의 개요

과반수 노동조합이 없는 경우에는 확정된 교섭요구노동조합은 공동교섭대표단을 구성하여 사용자에게 교섭을 요구해야 한다(노조법 제29조의2 제4항). 공동교섭대표단은 먼저 노동조합 간에 자율적으로 구성하고, 합의가 이루어지지 않을 경우 노동위원회의 결정에 따라 구성한다(노조법 제29조의2 제4항·제5항). 공동교섭대표단에 참여할 수 있는 노동조합은 조합원 수가 교섭창구 단일화 절차에 참여한 노동조합 전체 조합원의 10% 이상인 노동조합으로 제한된다(노조법 제29조의2 제4항 후단). 조합원 수가 전체 조합원의 10% 미만 노동조합 및 조합원이라 하더라도 공동교섭대표단이 사용자와 체결한 단체협약은 적용되며, 쟁의행위 찬반투표 대상인원에 포함된다.

2) 자율적인 공동교섭대표단 구성

확정된 교섭요구노동조합에 소속되어 있는 전체 조합원의 10% 이상을 조합원으로 확보하고 있는 노동조합은 자율적인 공동교섭대표단 구성에 참여할 수 있다. 자율적인 공동교섭대표단의 결정방식에 대한 제한은 없으므로 참여 노동조합들의 합치된 의사가 반영되는 형태라면 자유롭게 공동교섭대표단을 정할 수 있다.

공동교섭대표단에 참여할 수 있는 모든 노동조합 간에 자율적으로 공동교섭대표단을 구성하기로 결정한 경우에는 공동교섭대표단의 대표자, 교섭위원 등을 정하여 연명으로 서명 또는 날인한 후 사용자에게 통지함으로써 교섭대표노동조합으로 확정된다. 이때 서명 또는 날인은 공동교섭대표단에 참여할 수 있는 모든 노동조합이 해야 효력이 인정된다. 사용자에 대한 통지는 과반수 노동조합에 대한 통지·공고가 없는 경우에는 자율적 단일화 결정 기한으로부터 10일 이내, 노동위원회가 과반수 노동조합이 없음을 결정한 때에는 그날로부터 5일 이내에 해야 한다(노조법 시행령 제14조의8 제1항).

자율적 공동교섭대표단 통지 후 교섭을 시작하기 전 또는 진행 중에 일부 노동조합이 탈퇴하거나 참여하지 않더라도 교섭대표노동조합의 지위는 그대로 유지된다. 일부 노동조합의 불참으로 대표자, 교섭위원 등을 변경할 필요가 있는 경우에는 이를 변경하여 남은 노동조합이 변경사실을 연명으로 서명 또는 날인하여 사용자에게 통지할 수 있다. 또한, 교섭대표노동조합이 체결한 단체협약은 교섭대표노동조합 결정 이후에 절차에 참여하지 않은 노동조합에 대해서도 적용되며, 쟁의행위 찬반투표 대상인원에도 포함되어야 한다(노조법 시행령 제14조의8 제2항).

3) 노동위원회에 의한 비례공동교섭대표단 결정

노동조합 간에 자율적으로 공동교섭대표단을 결정하지 못할 경우에는 해당 노동조합의 신청에 의해 노동위원회가 조합원 비율을 고려하여 공동교섭대표단을 결정한다(노조법 제29조의2 제5항, 노조법 시행령 제14조의9). 공동교섭대표단에 참여할 수 있는 노동조합(전체 조합원 10% 이상 노동조합)에 해당하는지 여부에 대해 다툼이 있는 경우에도 노동위원회에 신청을 하여 공동교섭대표단을 결정한다. 노동위원회에 신청할 수 있는 노동조합은 공동교섭대표단 구성에 참여할 수 있는 조합원 수가 전체 조합원의 10% 이상인 노동조합이다.

노동위원회는 노동조합이 제출한 교섭요구노동조합 확정공고일 현재의 조합원 수를 기준으로 하여 신청일로부터 10일 이내에 공동교섭대표단에 참여하는 인원수를 결정하고 노동조합과 사용자에게 통지한다(노조법 시행령 제14조의9 제2항·제3항). 만약 10일 이내에 결정하기 어려운 경우에는 1회에 한하여 기간 연장이 가능하다. 노동조합별 공동교섭대표단에 참여하는 인원수는 총 10명 이내에서 각 노동조합의 조합원 비율을 고려하여 결정한다(노조법 시행령 제14조의9 제2항). 노동위원회는 공동교섭대표단 구성에 참여할 수 있는 노동조합의 수, 전체 조합원 규모 등을 고려하여 노동조합별 공동교섭대표단에 참여하는 인원수를 정해야 한다. 조합원 수 확인 기준일, 2개 이상의 노동조합에 가입한 조합원에 대한 조합원 수 산정방법, 서류를 제출하지 않은 경우의 처리 방법 등은 과반수 노동조합 결정에 대한 규정을 준용한다(노조법 시행령 제14조의9 제3항).

공동교섭대표단에 참여하는 노동조합은 노동위원회가 결정한 인원수에 해당하는 교섭위원을 선정하여 사용자에게 통지해야 한다(노조법 시행령 제14조의9 제4항). 공동교섭대표단의 대표자는 공동교섭대표단 참여 노동조합이 합의하여 정하되, 합의가 안 될 경우 조합원 수가 가장 많은 노동조합의 대표자를 그 대표자로 한다(노조법 시행령 제1조의9 제5항). 사후 분쟁을 방지하기 위해 공동교섭대표단의 대표자는 각 노동조합이 선정하여 사용자에게 통보한 교섭위원 명단 전체를 포함한 명단과 대표자를 사용자에게 통지하는 것이 바람직하다.

4) 노동위원회 결정에 대한 불복

노동위원회 결정에 대한 불복 절차 및 효력에 대해서는 중재재정의 불복 절차(노조법 제69조) 및 효력에 관한 규정(노조법 제70조 제2항)을 준용한다.

12 복수노조 유형별 교섭대표노동조합 결정 및 교섭방식

단일화 원칙

기업별 노동조합은 교섭창구 단일화 절차를 거쳐 교섭대표노동조합으로 결정 또는 확정된 경우에는 사용자와 단체협약 체결을 위한 교섭을 할 수 있다. 산업별노동조합 등 초기업단위 노동조합의 지부·분회도 사용자와 교섭하기 위해서는 기업별 노동조합과 동일하게 교섭창구 단일화 절차를 거쳐 교섭대표노동조합으로 결정 또는 확정되어야 한다.

따라서 교섭대표노동조합으로 결정 또는 확정되지 못한 초기업단위 노동조합의 지부·지회나 기업별 노동조합은 사용자와 교섭할 수 없으며 초기업단위 노동조합의 집단교섭 등의 요구에 대해 사용자가 이를 거부하더라도 부당노동행위에 해당하지 않는다. 초기업단위 노동조합은 사용자와 집단적으로 교섭하기 위해서는 개별사업(장)에서 해당 노동조합의 지부·지회가 교섭대표노동조합으로 결정되거나 사용자가 개별교섭에 동의한 사업장을 대상으로 해야 한다.

사례별 교섭대표노동조합 결정 방식

1) 2개의 기업별 노동조합이 있는 경우

전체 근로자가 1,000명인 기업에 조합원 500명인 A노동조합과 조합원 300명인 B노동조합이 존재하는 경우 1단계는 A노동조합과 B노동조합이 자율적으로 교섭대표노동조합을 합의하여 결정한다. 자율적 단일화가 이루어지지 않을 경우 2단계로 전체 조합원 800명 중 A노동조합이 과반수를 차지하므로 A노동조합이 교섭대표노동조합으로 결정된다.

2) 기업별 노동조합과 산업별 노동조합 지부, 지역별 노동조합 지부의 3개 노동조합이 공존하는 경우

전체 근로자 1,000명인 기업에 조합원 500명인 A기업별 노동조합과 조합원 200명인 B산업별 노동조합 지부, 그리고 조합원 100명인 C지역별 노동조합 지회가 존재하는 경우 1단계는 A, B, C 노동조합이 자율적으로 교섭대표노동조합을 합의하여 결정한다. 만약 자율적 단일화가 이루어지지 않을 경우 2단계로 전체 조합원 800명 중 A기업별 노동조합이 과반수를 차지하므로 교섭대표노동조합으로 결정된다.

전체 근로자 1,000명인 기업에 조합원 300명인 A기업별 노동조합, 조합원 200명인 B산업별 노동조합, 그리고 조합원 200명인 C지역별 노동조합이 존재하는 경우 1단계는 A, B, C 노동조합이 자율적으로 교섭대표노동조합을 합의하여 결정한다. 만약 자율적 단일화가 이루어지지 않을 경우 2단계로 과반수 노동조합을 결정해야 하는데, 어느 조합도 과반수를 확보하지 못하고 있으므로 위임이나 연합에 의해 과반수를 결정한다. AB, BC, AC 등 2개의 노조가 위임이나 연합을 하게 되면 과반수를 확보하므로 교섭대표노동조합의 지위를 확보하게 된다. 위임이나 연합이 이루어지지 않은 경우에는 3단계로 3개의 노조가 자율적으로 공동교섭대표단을 구성하게 된다. 자율적으로 공동교섭대표단을 구성하지 못할 경우 4단계로 노동위원회가 조합원 수에 비례해서 공동교섭대표단을 결정하게 되는데, 예컨대 A노동조합에서 4명, B노동조합에서 3명, C노동조합에서 3명 등 총 10명으로 하면서 A노동조합의 대표자를 교섭대표자로 하는 공동교섭대표단을 구성할 수 있다.

3) 1개의 산업별 노동조합과 2개의 기업별 노동조합이 공존하는 경우

전체 근로자 2,000명인 기업에서 조합원 300명인 A기업별 노동조합, 조합원 500명인 B산업별 노동조합 지부, 조합원 250명인 C기업별 노동조합이 존재하는 경우 1단계는 3개 노동조합 간 합의에 의해 자율적으로 합의하여 교섭대표노동조합을 결정한다. 자율적 단일화가 이루어지지 않을 경우 전체 조합원 수 1,050명 중 과반수를 차지하는 노동조합이 없으므로 2단계로 연합이나 위임에 의해 과반수를 차지하는 경우 그 연합체가 과반수 노동조합으로서 교섭대표노동조합의 지위를 획득하게 된다. AB, BC, AC 등 어느 노동조합이든 두 개가 위임이나 연합을 하게 되면 과반수를 확보하게 된다. 위임이나 연합이 실패할 경우 3단계로 공동교섭대표단 구성을 통한 교섭대표노동조합 결정단계로 이행하고, 최종적으로 4단계로 노동위원회가 조합원 수에 비례한 공동교섭대표단을 결정하게 된다.

산업별 교섭의 절차와 방식

산업별 노동조합이나 지역별 노동조합, 업종별 노동조합 등 초기업단위 노동조합인 경우에도 교섭창구 단일화는 하나의 사업(장)을 기준으로 한다. 따라서 초기업단위 노동조합의 각 지부나 지회가 그 사업(장)에서 과반수를 확보하는 경우, 위임이나 연합에 의해 과반수를 확보하는 경우에는 초기업단위 노동조합이 교섭대표권을 확보할 수 있으므로 사용자와 교섭하여 단체협약을 체결하는 것이 가능하다. 초기업단위 노동조합의 지부나 지회가 그 사업(장)에서 과반수를 확보하지 못하는 경우 전체 조합원의 10%가 넘는다면 자율적인 공동교섭대표단이나 비례적인 공동교섭대표단에 참여할 수 있다.

만약 A산업별 노동조합이 전국적으로 100개의 기업지부가 있는데 80개의 지부는 그 사업(장)에서 과반수를 확보하고 20개의 지부는 소수노조에 그칠 경우 80개 기업과 각각 단체교섭을 하고 각각 단체협약을 체결하는 것이 가능하다. 또한 과반수를 확보하고 있는 80개 기업의 사용자에 대해 사용자 단체를 구성토록 하여 통일교섭(산별교섭, 중앙교섭)을 요구하는 것도 가능하다. 그러나 교섭대표권을 획득하지 못한 20개 사업(장)의 사용자에 대해서는 교섭대표노조결정절차에 참여하지 않고 산별노조 단독으로 단체협약 체결을 위한 교섭을 요구할 수 없다.

2009년 12월 31일 현재 1사 다수노조 사업장의 교섭창구 단일화 제도 적용

1) 기득권 보호의 내용

2009년 12월 31일 현재 1사 다수노조 사업(장)에 대해서는 노조법 부칙 제6조에 의거 2011년 7월 1일부터 근로자의 노동조합 설립·가입의 자유는 보장되지만, 교섭창구 단일화 관련 규정은 2012년 7월 1일부터 적용되므로 2012년 6월 30일까지 사용자는 개별 노동조합과 각각 교섭해야 한다. 따라서 이 경우에는 2012년 7월 1일 이후 최초로 도래하는 단체협약의 유효기간 만료일 이전 3개월이 되는 날부터 노동조합이 교섭을 요구함으로써 교섭창구 단일화 절차가 진행된다. 2011년 7월 1일 이후 2012년 6월 30일까지는 기존 노동조합과 동일하게 교섭창구 단일화를 거치지 않고 사용자와 개별적으로 단체협약 체결을 위한 교섭을 할 수 있다.

2) 1사 다수노조 사업(장)의 개념

조직형태와 조직대상의 중복 여부에 관계없이 하나의 사업 또는 사업장의 근로자가 가입하거나 설립한 노동조합이 두 개 이상 있는 경우를 말한다. 이 경우 노동조합이란 기업별노조, 산별노조 지회 등 모든 형태의 노동조합을 포함한다. 다만 노동조합의 지회 등은 내부적 조직에 불과하므로 해당 사업 또는 사업장의 근로자가 동일한 산별노조에 가입하고 사업장별로 각각 지회 등을 구성한 경우는 1사 다수노조 사업(장)이 아니다. 예컨대 甲기업의 A공장, B공장, C공장 소속 근로자들이 동일한 초기업단위 노동조합에 각각 가입하여 각각 A공장지부, B공장지부, C공장지부를 구성한 경우에는 동일한 노동조합에 가입한 것이므로 1사 다수노조 사업장이 아니다. 또한 기업별 노동조합이 사업장별로 지부 등을 구성한 경우에도 1사 다수노조 사업(장)에 해당하지 않는다. 그러나 사업(장) 독립성이 없는 공장의 경우에는 노동조합의 조직대상이 각 공장으로 한정되어 있더라도 1사 다수노조 사업(장)에 해당한다. 2009년 12월 31일 현재 1사 다수노조 사업(장)이라는 사실이 객관적으로 입증된 경우에 한정되며, 노동조합이 객관적으로 입증하지 못할 경우에는 교섭창구 단일화 절차가 적용된다.

3) 기업합병 등에 의한 경우

합병 전 회사에 각각 노동조합이 조직되어 있었으나 기업합병 후에도 노동조합이 통합되지 않은 채 1사 다수 노동조합으로 운영되는 경우를 의미한다.

4) 법원판결에 의해 1사 다수노조가 된 경우

기존 노동조합과 조직대상이 중복되어 노동조합 설립신고 반려처분에 대한 취소소송에서 확정판결로 반려처분이 취소되는 등 법원 판결에 의해 노동조합으로 인정된 경우를 의미한다.

5) 하나의 사업 내에 조직대상을 달리하는 경우

각 공장별로 조직된 노동조합의 조직범위가 해당 공장으로 한정되어 그 노동조합과 별도로 교섭을 하는 경우와 사무직, 생산직 등 직종별로 각각의 노동조합이 조직되어 별도로 교섭을 하는 경우를 말한다.

13 교섭창구 단일화의 예외와 교섭단위 분리

교섭단위의 의미

교섭단위란 단체교섭의 단위와 구조를 결정하는 기준으로 노조법 제29조의3에 의거 교섭창구를 단일화해야 하는 단위, 즉 교섭대표노동조합을 결정해야 하는 단위를 말한다(노조법 제29조의3 제1항). 교섭단위는 하나의 사업 또는 사업장이 원칙이나 당사자의 신청에 의해 현격한 근로조건의 차이, 고용형태, 교섭관행 등을 고려하여 노동위원회 결정으로 교섭단위를 분리할 수 있다(노조법 제29조의3 제2항). 이러한 교섭단위 분리결정은 노동위원히의 전속사항이므로 노사 당사자 간의 합의에 의한 임의적인 교섭단위 분리는 허용되지 않는다.

교섭단위 분리결정

1) 신청주체 및 신청시기

교섭단위 분리결정은 노동관계 당사자의 양쪽 또는 어느 한쪽이 신청할 수 있다. 신청은 '교섭단위 분리결정 신청서'를 작성하고 사업(장) 관할 노동위원회에 제출해야 하며, 현격한 근로조건의 차이, 고용형태, 교섭관행 등 교섭단위를 분리할 필요가 있다는 사실을 증명할 수 있는 자료를 첨부해야 한다.

교섭단위 분리결정은 교섭대표노동조합 결정의 선행 절차에 해당하므로 양 절차가 중복되는 경우 교섭단위 분리 여부에 따라 교섭대표노동조합이 달라지는 등 혼란이 초래된다. 이를 감안하여 사용자의 교섭요구 사실 공고 전, 또는 교섭대표노동조합 결정 이후에 신청할 수 있도록 규정하고 있다(노조법 시행령 제14조의11). 따라서 노동위원회의 교섭단위 분리결정기간(30일)을 감안하여 최소한 단체협약 유효기간 만료일 4개월 전에 교섭단위 분리결정 신청을 하는 것이 바람직하다.

2) 교섭단위 분리결정 신청에 따른 효과

사업(장)에 관한 노동위원회의 교섭단위 분리결정 이전에 노동조합이 사용자에게 교섭을 요구한 때에는 노동위원회 결정이 있을 때까지 교섭창구 단일화 절차의 진행을 정지한다(노조법 시행령 제14조의11 제5항). 따라서 사용자는 노동위원회의 결정이 있을 때까지 교섭요구 사실 공고 등 교섭창구 단일화를 위한 후속 절차를 진행해서는 안 되고, 노동위원회의 교섭단위 분리결정 이후에 교섭요구 사실에 대한 공고 등 교섭창구 단일화 절차를 진행해야 한다.

3) 노동위원회의 교섭단위 분리결정

교섭단위 분리 신청을 받는 노동위원회는 그 사실을 해당 사업(장)의 모든 노동조합과 사용자에게 통지하고, 노동위원회가 지정하는 기간까지 의견을 제출할 수 있도록 해야 한다. 노동위원회는 노동조합과 사용자가 제출한 자료 등을 토대로 교섭단위 분리결정 신청을 받은 날부터 30일 이내에 교섭단위 분리결정을 하고, 해당 사업(장)의 모든 노동조합과 사용자에게 통지해야 한다. 노동위원회가 교섭단위 분리결정을 할 때에는 원칙적으로 당사자가 신청한 내용의 인용 여부를 결정하되, 신청한 내용이 다른 노동조합 등의 교섭단위에 영향을 미치는 경우에는 당사자가 신청한 내용에 반드시 기속되어 결정해야 하는 것은 아니다.

4) 교섭단위 분리결정 기준

노동위원회는 현격한 근로조건의 차이, 고용형태, 교섭관행 등을 종합적으로 고려하여 교섭단위 분리를 결정한다(노조법 제29조의3 제2항). 외국에서는 근로조건의 차이 외에 노사 당사자의 의견, 이해관계의 공통성community of interest을 판단기준으로 활용하고 있으나 우리나라의 경우는 사용자의 동의에 의한 개별교섭을 허용하고 있으므로 교섭단위 분리기준은 노사 당사자의 의견 등 주관적인 요소를 배제하고 근로조건의 차이 등 객관적인 요소와 교섭단위 분리 필요성 등을 동시에 고려해야 한다.

5) 노동위원회 결정에 대한 불복

노동위원회의 교섭단위 분리결정에 대한 불복 절차는 중재재정의 불복 절차에 관한 규정(노조법 제69조)을 준용한다(노조법 제29조의3 제3항). 따라서 노동위원회의 결정이 위법·월권인 경우에 한해 중앙노동위원회에 이의제기를 할 수 있다. 노동위원회의 교섭단위 분리결정에 대한 효력은 중재재정의 효력(노조법 제70조 제2항)을 준용하므로 노동위원회의 결정이 확정된 판결에 의해 취소되기 전까지는 노동위원회가 결정한 교섭단위별로 교섭창구 단일화 절차를 진행해야 한다.

교섭단위 분리결정의 효과

　노동위원회의 교섭단위 분리결정 통보를 받은 노동조합은 각각의 교섭단위별로 교섭대표노동조합의 결정 절차를 진행해야 한다. 분리된 교섭단위 내에 하나의 단체협약이 있는 경우에는 단체협약 유효기간 만료일 이전 3개월이 되는 날부터 교섭을 요구할 수 있다. 교섭단위별로 복수의 단체협약이 있는 경우에는 노동조합은 교섭단위 분리결정 이후 먼저 도래하는 단체협약의 유효기간 만료일 이전 3개월이 되는 날부터 사용자에게 교섭을 요구할 수 있다. 유효한 단체협약이 없는 경우에 노동조합은 교섭단위 분리결정 통지를 받은 후 언제든지 사용자에게 교섭을 요구할 수 있다. 이 경우 근로시간면제^{Time off} 한도는 해당 사업 또는 사업장의 전체 조합원 수를 기준으로 적용(노조법 제24조 제4항)되므로 교섭단위 분리와 관계없이 하나의 사업(장) 전체 조합원 규모에 따라 근로기간면제 한도가 적용된다.

14 교섭대표노동조합의 지위와 공정대표의무

교섭대표노동조합 개요

교섭창구 단일화 제도의 취지상 단체교섭, 쟁의행위 등은 개별 노동조합이 아닌 교섭대표노동조합을 중심으로 이루어져야 하므로 노조법 제29조 제2항 및 제29조의5에 의해 교섭대표노동조합에게 당사자 지위를 부여하고 있다. 따라서 교섭대표노동조합은 독립적으로 단체교섭, 단체협약 체결, 쟁의행위 주도 등 노조법상 권한과 의무를 가진다. 이 경우 교섭대표노동조합은 민주성의 원칙상 교섭창구 단일화 절차에 참여한 노동조합의 의사를 합리적으로 반영해야 할 의무를 부담한다. 교섭대표노동조합이 아닌 노동조합은 교섭대표노동조합이 체결한 단체협약의 적용을 거부하거나 독자적으로 쟁의행위에 돌입하는 등의 행위를 할 수 없다. 교섭대표노동조합은 단체교섭 및 단체협약을 체결할 권한 외에 다음과 같은 노동조합의 권한과 의무를 행사하게 된다(노조법 제29조의5).

* 노조법 제2조 제5호: 노동관계 당사자 정의
* 노조법 제29조 제3항 · 제4항: 교섭권 위임 관련
* 노조법 제30조: 교섭 등의 원칙(성실교섭 등)
* 노조법 제37조 제2항: 노조 쟁의행위 주도
* 노조법 제38조 제3항: 노조의 쟁의행위 적법 수행 지도의무
* 노조법 제42조의6: 필수유지업무 근무 근로자 통보 주체
* 노조법 제44조 제2항: 쟁의기간 중 임금지급 목적 쟁의행위 금지
* 노조법 제46조 제1항: 노조의 쟁의행위 개시 이후 직장폐쇄 가능
* 노조법 제55조 제3항: 조정위원회 구성 시 사용자위원 추천
* 노조법 제72조 제3항: 특별조정위원회 구성 시 공익위원 순차배제

교섭대표노동조합의 지위 유지기간

1) 의의

단체교섭 및 협약체결권을 가진 교섭대표노동조합 결정에 많은 시간과 비용이 소요되고 그 결정과정에서 노동조합 간, 노사간 갈등이 초래될 가능성이 높다. 따라서 교섭대표노동조합이 결정된 경우 일정한 기간 동안 그 지위를 안정적으로 유지하도록 법정화함으로써 교섭비용을 절감하고 노사관계를 안정시킬 필요가 있다. 이에 노조법에서는 교섭대표노동조합의 지위 유지기간을 명시적으로 규정하고 교섭대표노동조합으로 결정된 날부터 일정한 기간까지 안정적으로 그 지위를 유지하도록 하고 있다(노조법 제29조의2 제8항 및 노조법 시행령 제14조의10). 이럴 경우 교섭대표노동조합의 지위 유지기간 중 유효기간 만료일이 도래하는 단체협약이 있는 경우 그 협약을 갱신하기 위한 교섭 및 협약 체결의 권한은 기존 교섭대표노동조합이 행사하게 된다. 다만, 그 지위 유지기간 만료일 또는 그 이후에 만료되는 단체협약의 갱신을 위해서는 새로운 교섭대표노동조합을 결정해야 한다.

2) 교섭대표노동조합의 지위 유지기간

가. 일반원칙(노조법 시행령 제14조의10 제1항)

교섭대표노동조합은 단체협약의 유효기간에 관계없이 2년을 기준으로 그 지위를 유지하도록 규정하고 있다. 우선 사용자와 체결한 첫 번째 단체협약의 유효기간이 2년인 경우에는 교섭대표노동조합으로 결정된 날부터 그 단체협약의 유효기간 만료일까지(제1호) 그 지위를 유지한다. 예를 들어 2011년 9월 1일 교섭대표노동조합으로 결정되어 2011.11.1~2013.10. 31을 유효기간으로 하는 단체협약을 체결한 경우에는 2011.9.1~2013.10. 31(2년 2월)이 된다. 만약 2011년 9월 1일 교섭대표노동조합으로 결정되어 그 유효기간을 소급하여 2011.8.1~2013.7.31로 하는 단체협약을 체결한 경우에는 2011.9.1~2013.7.31(1년 8월)이 된다.

사용자와 체결한 첫 번째 단체협약의 유효기간이 2년 미만인 경우에는 교섭대표노동조합으로 결정된 날부터 단체협약의 효력이 발생하는 날을 기준으로 2년이 되는 날까지(2호) 그 지위를 유지한다. 예를 들어, 2011년 9월 1일 교섭대표노동조합으로 결정되어 유효기간이 1년(2011.11.1~2012. 10.31)인 단체협약을 체결한 경우에는 2011.9.1~2013.10.31(2년 1월)이 된다.

교섭대표노동조합으로 결정된 날
* 자율적 교섭대표노동조합을 결정한 경우: 대표자 등을 결정하여 사용자에게 통지한 날(노조법 시행령 제14조의6 제1항)
* 과반수 노동조합에 관한 공고에 이의제기가 있는 경우: 그 공고기간이 끝난 날(과반수 노동조합으로 확정된 날)(노조법 시행령 제14조의7 제3항)
* 과반수 노동조합에 관한 공고에 대해 노동위원회에 이의신청을 한 경우: 노동위원회가 과반수 노동조합을 결정·통지한 날(노조법 시행령 제14조의7 제8항)
* 공동교섭대표단을 구성한 경우: 교섭위원, 대표자 등을 사용자에게 통지한 날(노조법 시행령 제14조의8 제1항, 제14조의9 제4항)

나. 새로운 교섭대표노동조합이 결정된 경우 기존 교섭대표노동조합의 지위 유지기간(노조법 시행령 제14조의10 제1항 후단)

교섭대표노동조합 유지기간 만료일 이후 유효기간이 만료되는 단체협약 갱신을 위한 새로운 교섭대표노동조합이 결정됨으로써 기존 교섭대표노동조합과 새로운 교섭대표노동조합이 같이 병존하는 경우에는 기존 교섭대표노동조합은 새로운 교섭대표노동조합이 결정된 때까지만 그 지위를 유지한다. 이는 기존 교섭대표노동조합의 지위 유지기간 중에 다른 교섭대표노동조합이 결성되는 경우에 발생하는 대표권의 중복에 따른 혼란을 방지하기 위한 조치이다. 예를 들어 단체협약 만료일 이전 3개월이 되는 날 교섭요구를 하여 1개월 만에 새로운 교섭대표노동조합이 결정된 경우에는 기존 단체협약 만료까지 2개월이 남아 있으나 기존 대표노동조합의 지위는 새로운 교섭대표노동조합이 결정된 날에 종료된다.

다. 지위 유지기간 만료 후 새로운 교섭대표노동조합이 결정되지 못한 경우(노조법 시행령 제14조의10 제2항)

교섭대표노동조합의 지위 유지기간이 만료되었으나 새로운 교섭대표노동조합이 결정되지 못한 경우에는 기존 대표노동조합은 새로운 교섭대표노동조합이 결정될 때까지 기존 단체협약의 '이행'과 관련하여 계속 그 지위를 유지한다. 이는 새로운 교섭대표노동조합의 선출지연에 따른 교섭대표노동조합의 공백상태를 메우기 위한 조치로서 임시적으로 기존 단체협약의 이행과 관련된 범위 내에서 제한적으로 교섭대표노동조합의 역할을 수행할 수 있도록 한 것이다.

라. 1년간 단체협약을 체결하지 못한 경우(노조법 시행령 제14조의10 제3항)

교섭대표노동조합으로 결정된 후 1년간 사용자와 단체협약을 체결하지 못한 경우에는 어느 노동조합이든 사용자에게 교섭을 요구함으로써 새로운 교섭대표노동조합을 정하기 위한 교섭창구 단일화 절차가 개시된다. 교섭대표노동조합이 사용자와 1년간 교섭했음에도 단체협약을 체결하지 못한 것은 교섭대표권한을 행사할 의사가 없거나 해태 또는 그 권한을 남용한 것으로 보기 때문이다.

마. 교섭대표노동조합 유지기간 사례

사례 1

임금협약의 유효기간은 1년(2012.1.1~2012.12.31), 단체협약의 유효기간은 2년(2012.7.1~
2014.6.30)으로 유효기간이 다르고, 교섭창구 단일화 절차 개시가 임금협약 유효기간 만료로
인한 경우로서 교섭대표노동조합 확정일은 2011년 11월 26일이고, 임금협약은 2012년 2월
5일 체결하면서 유효기간은 2012년 11월 1일로 소급하여 1년으로 정함

해결

○ 교섭대표노동조합의 지위 유지기간: 2011.11.26~2013.12.31
○ 체결가능 임·단협: 단체협약 1번(2012.7.1~2014.6.30), 임금협약 2번(2012.1.1~2012.
  12.31; 2013.1.1~2013.12.31)
○ 새로운 교섭대표노동조합 결정절차 개시 가능일: 2013.10.1 이후

사례 2

단체협약의 유효기간은 1년 6개월(2012.1.1~2013.12.31), 임금협약의 유효기간은 1년(2012.
7.1~2013.6.30)이고, 교섭창구 단일화 절차 개시가 단체협약 유효기간 만료로 인한 경우로서
교섭대표노동조합 확정일은 2011년 11월 26일이고, 단체협약은 2012년 2월 5일 체결하면서
유효기간을 2012년 1월 1일로 소급하여 1년 6개월로 정함

해결

○ 교섭대표노동조합의 지위 유지기간: 2011.11.26~2013.12.31
○ 체결가능 임·단협: 단체협약 2번(2012.1.1~2013.6.30; 2013.7.1~2014.12.31), 임금협약
  2번(2012.7.1~2013.6.30; 2013.7.1~2014.6.30)
○ 새로운 교섭대표노동조합 결정절차 개시 가능일: 2014.4.1 이후
○ 2014년 1월 1일 이후 새로운 교섭대표노동조합이 결정되기 전까지는 기존 교섭대표노동
  조합에 대해 단체협약 이행 관련 지위를 인정

교섭대표노동조합의 권한 및 의무

1) 단체교섭의 당사자

교섭대표노동조합의 대표자는 교섭을 요구한 모든 노동조합 및 조합원을 위해 사용자와 교섭하고 단체협약을 체결할 권한을 가진다(노조법 제29조 제2항). 교섭대표노동조합의 지위 유지기간 중 새로운 단체교섭(임금교섭 포함)을 하게 되는 경우에는 별도의 교섭창구 단일화 절차를 거치지 않고 기존의 교섭대표노동조합이 교섭당사자가 된다. 따라서 교섭대표노동조합의 대표자는 단체협약을 체결할 때 해당 단체협약은 교섭창구 단일화 절차에 참여한 모든 노동조합을 위해 체결된 것임을 명시하는 것이 바람직하다.

보충협약은 본협약을 보충하는 것이므로 본협약의 유효기간 범위 내에서 효력이 인정된다. 보충협약을 체결하면서 본협약과 유효기간을 다르게 정한 경우 본협약의 유효기간을 넘는 부분은 기존 교섭대표노동조합의 교섭대표권의 범위를 넘는 권한 행사로 무효로 해석된다.

교섭대표노동조합은 신의에 따라 사용자와 성실하게 교섭하고 단체협약을 체결해야 하며 그 권한을 남용해서는 안 된다(노조법 제30조 제1항). 또한 정당한 이유 없이 사용자와 단체협약의 체결을 거부하거나 해태해서는 안 된다(노조법 제30조 제2항).

2) 단체교섭 및 협약 체결권한의 위임

교섭대표노동조합은 교섭권한을 위임하는 것이 보다 효율적인 교섭에 도움이 된다고 판단하는 경우에는 제3자에게 단체교섭 권한을 위임할 수 있다(노조법 제29조 제3항, 제29조의5). 단체교섭 및 단체협약 체결권한을 제3자에게 위임한 때에는 그 사실을 상대방에게 통보해야 한다(노조법 제29

조 제4항). 교섭권한 등을 위임한 사실을 통보한 때에는 위임받은 자의 성명(그 자가 단체인 경우에는 그 명칭 및 대표자의 성명), 교섭사항과 권한범위 등 위임의 내용을 포함해야 한다(노조법 시행령 제14조 제2항).

3) 조정 및 쟁의행위 지도 · 관리 · 통제

교섭대표노동조합은 사용자와의 교섭에도 불구하고 더 이상 당사자 간 자주적인 교섭에 의한 합의의 여지가 없다고 판단되는 경우 노동위원회에 조정신청을 할 수 있다. 따라서 개별 노동조합은 자신의 명의로 교섭창구 단일화 절차 참여 여부와 관계없이 노동위원회에 조정신청을 할 수 없다. 교섭대표노동조합은 쟁의행위 결정 주체이며, 쟁의행위가 적법하게 수행될 수 있도록 지도 · 관리 · 통제할 책임이 있다(노조법 제29조의5, 제38조 제3항).

4) 쟁의행위 찬반투표 관리

쟁의행위 결정은 교섭창구 단일화에 참여한 전체 조합원의 과반수 찬성으로 의결해야 하며(노조법 제41조 제1항), 공동교섭대표단 구성에 포함되지 않은 조합원 10% 미만 노동조합의 조합원도 포함되어야 한다.

또한 쟁의행위를 하기 위해서는 반드시 전체 조합원의 직접 · 비밀 · 무기명 투표를 거쳐야 한다. 쟁의행위 찬반투표는 교섭에 참여한 모든 노동조합의 조합원들을 대상으로 하므로 교섭대표노동조합은 찬반투표의 절차가 정당하게 수행되는 데 필요한 조치를 위하고 이를 관리 · 통제할 의무가 있으며, 쟁의행위 찬반투표 후에 투표자 명부, 투표용지 등을 상당 기간 보존해야 한다.

교섭대표노동조합의 대표자는 교섭창구 단일화에 참여한 모든 노동조합과 협의하여 중립적인 기구를 구성하여 쟁의행위 투표 전반에 대한 관리를 하는 것이 바람직하다.

쟁의행위 찬반투표 시 지켜야 할 사항
- ○ (투표자 명부) 노조 사무실 등에 비치하고 조합원의 자유로운 열람을 보장
- ○ (투표함) 고정된 장소에 비치하고, 기표행위의 비밀은 보장
- ○ (투표용지) 반드시 투표장소에서 교부하고, 사전에 신분증을 대조·확인
- ○ (출입통제) 투표장소에 참관인 등 관계자 이외의 자는 출입을 금지
- ○ (감시활동) 선거관리위원과 참관인단의 현장투표 감시활동 전개
- ○ (투표함 봉인) 투표 완료시 투표함의 투입구와 자물쇠를 봉쇄·봉인
- ○ (개표) 선거관리위원과 참관인단의 감시하에 특정 장소에서 일괄 개표
- ○ (결과 공고) 개표 종료 후 즉시 투표 결과를 공고
- ○ (사후관리) 투표자 명부 및 투표용지는 반드시 상당기간 보존

5) 필수유지업무협정 체결 및 대상자 통보

교섭대표노동조합은 쟁의행위기간 중에 필수유지업무가 정당하게 유지·운영되도록 하기 위해 필수유지업무 협정을 체결하거나 노동위원회에 결정을 신청해야 한다(노조법 제42조의3, 제42조의4). 필수유지업무 협정이나 결정이 있는 경우, 사용자에게 쟁의행위기간 동안 근무해야 할 조합원을 사용자에게 통보해야 한다(노조법 제42조의6 제1항). 필수유지업무에 종사하는 근로자가 소속된 노동조합이 2개 이상 있는 경우, 교섭대표노동조합은 각 노동조합의 해당 필수유지업무에 종사하는 조합원 비율을 고려하여 필수유지업무 근무 근로자를 통지해야 한다(노조법 제42조의6 제2항). 이때 사용자도 쟁의행위기간 중 필수유지업무에 근무해야 할 근로자를 지명·통보하는 경우, 각 노동조합의 해당 필수유지업무에 종사하는 조합원 비율을 고려해야 한다. 교섭대표노동조합이 자의적으로 필수유지업무에 근무할 근로자를 통지·지명하는 경우에는 공정대표의무를 위반할 가능성이 있다.

공정대표의무

1) 공정대표의무의 의의

공정대표의무란 교섭대표노동조합이 교섭창구 단일화 절차에 참여한 노동조합과 조합원의 이익을 합리적인 이유 없이 차별하지 않고 공정하게 대표해야 할 의무를 말한다. 교섭대표노동조합은 교섭창구 단일화 절차에 참여한 모든 노동조합과 조합원을 대표하여 사용자와 단체협약을 체결할 권한을 가지며, 다른 노동조합은 교섭대표노동조합을 통해 간접적으로 단체교섭권한을 행사하므로 교섭창구 단일화를 할 경우에는 그 취지상 교섭대표노동조합이 공정대표의무를 부담한다. 노조법은 교섭대표노동조합이 공정대표의무가 있다는 것을 명시적으로 규정하고 있다(노조법 제29조의4). 미국의 경우에도 공정대표의무는 전국노동관계법NLRA에 명시되어 있지 않지만 판례는 교섭창구 단일화 제도와 표리일체의 관계에 있다고 일관되게 인정하고 있다.

2) 공정대표의무의 주체와 내용

공정대표의무를 부담하는 자는 원칙적으로 교섭대표노동조합이지만, 사용자도 합리적 이유 없이 노동조합 간에 차별을 하지 말아야 할 의무를 부담한다. 공정대표의무의 개념상 교섭대표노동조합이 부담 주체이지만, 사안에 따라 사용자도 공정대표의무를 위반할 수 있기 때문에 노조법에서 사용자도 공정대표의무를 부담하도록 하고 있다. 그 외 고충처리, 단체협약의 적용, 조합활동 등에 있어서도 합리적 이유 없이 차별을 해서는 안 된다. 그러나 합리적 이유가 있는 차별은 허용되므로 그 효력이 인정된다. 합리적 이유는 '자의적이지 않아야 함' 또는 '불성실하지 않아야 함' 등을 의미하며 합리적 이유 여부에 대한 판단은 구체적인 사실관계에 따라 개별적으로 판단해야 한다.

- 헌법 제11조 제1항이 규정하고 있는 평등의 원칙은 '본질적으로 같은 것을 같게, 다른 것은 다르게' 취급해야 한다는 것을 의미한다. 그러나 이는 일체의 차별적 대우를 부정하는 절대적 평등을 의미하는 것이 아니라 법의 적용이나 입법에 있어서 불합리한 조건에 의한 차별을 하여서는 안 된다는 상대적·실질적 평등을 뜻하며, 합리적 근거 없이 차별하는 경우에 한하여 평등의 원칙에 위반될 뿐이다(헌재 1989.5.24, 89헌가37)

- 평등의 원칙은 일체의 차별적 대우를 부정하는 절대적 평등을 의미하는 것이 아니라 입법과 법의 적용에 있어서 합리적 근거 없는 차별을 하여서는 아니된다는 상대적 평등을 뜻하고 따라서 근거 있는 차별 내지 불평등은 평등의 원칙에 반하는 것은 아니다(헌재 1994.2.24, 92헌바43)

3) 공정대표의무 위반의 시정

가. 시정신청 주체 및 신청기한

불공정한 교섭과 협약 체결로 인해 권리를 침해받았거나 합리적 이유 없이 차별을 받는 등 교섭대표노동조합이 공정대표의무를 위반한 경우 교섭창구 단일화 절차에 참여한 노동조합은 관할 노동위원회에 그 시정을 신청할 수 있다. 교섭창구 단일화 절차에 참여하지 않은 노동조합이나 개별 조합원은 시정신청을 할 수 없다.

시정신청 기간은 단체협약의 내용이 공정대표의무에 위반한 경우에는 단체협약 체결일로부터 3개월 이내이며, 공정대표의무 위반인 차별의 행위가 단체협약의 내용과 다른 경우에는 그 차별행위가 있은 날로부터 3개월 이내가 된다.

나. 노동위원회에서의 처리절차

노동위원회는 노동조합으로부터 공정대표의무 위반에 대한 시정신청을 받은 경우 지체 없이 필요한 조사와 관계 당사자에 대한 심문을 해야 한다. 심문을 할 때는 관계당사자의 신청이나 직권으로 증인을 출석하게 하여 필요한 사상을 질문할 수 있고, 관계 당사자에게 증거의 제출과 반대심문을 할 수 있는 충분한 기회를 주어야 한다.

노동위원회는 공정대표의무에 위반된다고 인정하는 경우 관계 당사자에게 불합리한 차별의 시정에 필요한 조치를 명하고, 공정대표의무를 위반하지 않는다고 인정하는 경우에는 기각 결정을 해야 한다. 결정이나 명령은 서면으로 해야 하며 교섭대표노동조합, 사용자 및 그 시정을 신청한 노동조합에게 각각 통지해야 한다.

공정대표의무 위반에 대한 시정명령은 불합리한 차별의 시정에 필요한 내용을 포함해야 한다. 만약 교섭대표노동조합 또는 사용자가 확정된 시정명령을 이행하지 않은 경우에는 각각의 책임범위에 따라 3년 이하의 징역 또는 3천만 원 이하의 벌금이라는 벌칙이 부과된다(노조법 제89조 제2호).

다. 노동위원회 결정·명령에 대한 불복

노동위원회의 시정명령 또는 기각결정에 대한 불복절차 및 벌칙규정에 대해서는 부당노동행위 구제명령에 대한 불복절차 및 벌칙규정을 준용한다(노조법 제85조, 제86조, 제89조 제2호). 불복사유는 위법·월권에 의한 경우로 제한되지 않는 것이 중재재정이나 교섭대표노동조합의 결정에 대한 불복절차와 다른 점이다.

지방노동위원회의 시정명령 또는 기각결정에 대해 이의가 있는 때에는 그 명령서 또는 결정서를 송달받은 날부터 10일 이내에 중앙노동위원회에 재심을 신청할 수 있으며, 중앙노동위원회의 재심판정에 대해 이의가 있는 때에는 그 재심판정서를 송달받은 날부터 15일 이내에 행정소송을 제기할 수 있다.

노동위원회의 시정명령·기각결정 또는 재심판정은 중앙노동위원회의 재심신청이나 행정소송의 제기에 의해 그 효력이 정지되지 않으므로 관계 당사자는 이에 따라야 한다. 중앙노동위원회에의 재심신청기간이나 행정 소송 제기기간에 재심신청이나 행정소송을 제기하지 않은 경우에는 노동 위원회의 시정명령·기각결정 또는 재심판정은 확정된다. 이렇게 확정된 시정명령을 불이행할 경우 3년 이하의 징역이나 3천만 원 이하의 벌금의 벌칙이 적용된다.

15 복수노조와 부당노동행위
FRENEMY PARTNERS

부당노동행위 개요

부당노동행위란 노조법 제81조에서 금지하고 있는 사용자에 의한 단결 권, 단체교섭권, 단체행동권의 노동3권 침해행위를 말한다. 사용자에게 침 해행위를 금지해야 할 의무를 지우면서, 노동위원회에 의한 구제신청 또는 벌칙을 통해 그 의무 이행을 담보하고 있다.

노조법에서는 사용자의 부당노동행위의 유형으로 ① 노조결성이나 가 입 등 노조활동을 이유로 한 불이익 취급, ② 불공정한 고용계약의 제결 Yellow dog contract, ③ 정당한 이유 없는 단체교섭의 거부 또는 해태, ④ 노동조 합에 대한 지배 또는 개입, ⑤ 정당한 쟁의행위에 참가한 것을 이유로 하 는 보복적 불이익 대우 등을 규정하고 있다.

이러한 부당노동행위는 복수노조가 허용되는 경우 개별 노동조합에 대한 부당노동행위뿐만 아니라 사용자의 공정의무 또는 중립유지의무를 위반하는 특정 노동조합에 대한 차별적 대우, 노동조합 간 차별 대우 등이 문제가 될 수 있다. 즉, 사용자가 특정 노동조합에 대한 교섭을 거부하거나 특정 노동조합 또는 조합원에 대한 불합리한 차별 또는 인사상 불이익 취급 등을 한 것이 부당노동행위에 해당하는지에 대한 것이다.

복수노조제도에서의 부당노동행위 판단 기준

1) 불이익 취급

정당한 노동조합 활동을 이유로 근로자에게 불이익을 주는 유형의 부당노동행위로서 부당노동행위가 성립하기 위해서는 근로자의 정당한 노동조합 활동과 근로자에 대한 불이익 취급 사이에 인과관계가 성립해야 한다.

사용자가 근로자를 해고함에 있어서 표면적으로 내세우는 해고사유와는 달리 실질적으로는 근로자의 정당한 노동조합 활동을 이유로 해고한 것으로 인정되는 경우에 있어서는 그 해고는 부당노동행위로 보아야 할 것이고, 근로자의 노동조합 업무를 위한 정당한 행위를 실질적으로 해고사유로 한 것인지 여부는 사용자 측이 내세우는 해고사유와 근로자가 한 노동조합 업무를 위한 정당한 행위의 내용, 해고를 한 시기, 사용자와 노동조합과의 관계, 동종 사례에 있어서 조합원과 비조합원에 대한 제재의 불균형 여부, 종래의 관행에 부합 여부, 사용자의 조합원에 대한 언동이나 태도, 기타 부당노동행위 의사의 존재를 추정할 수 있는 제반 사정 등을 비교 검토하여 종합적으로 판단해야 한다(대법원 1999.11.9, 99두4273).

기존 노동조합이 있는 경우에 새로운 노동조합을 조직 또는 조직하려고 하거나 다른 노동조합에 가입 또는 가입하려고 한 것을 이유로 해고 등 불이익 취급을 할 경우에 정당한 이유가 없다면 부당노동행위가 성립한다.

노조법 제81조(부당노동행위) 제1호

근로자가 노동조합에 가입 또는 가입하려고 하였거나 노동조합을 조직하려고 하였거나 기타 노동조합의 업무를 위한 정당한 행위를 한 것을 이유로 그 근로자를 해고하거나 그 근로자에게 불이익을 주는 행위

노조법 제81조(부당노동행위) 제5호

근로자가 정당한 단체행동에 참가한 것을 이유로 하거나 또는 노동위원회에 대해 사용자가 이 조의 규정에 위반한 것을 신고하거나 그에 관한 증언을 하거나 기타 행정관청에 증거를 제출한 것을 이유로 그 근로자를 해고하거나 그 근로자에게 불이익을 주는 행위

2) 불공정 고용계약(비열계약, Yellow dog contract)

불공정 고용계약은 근로자가 되기 전의 상태에서 단결권 행사를 제한하는 것을 방어하는 성격의 부당노동행위로서 근로자와 근로계약을 체결할 때 특정 노동조합에 가입하지 않거나 특정 노동조합의 조합원이 될 것을 고용조건으로 할 경우에 부당노동행위가 성립한다.

다만 예외적으로 노동조합이 당해 사업장에 종사하는 근로자의 3분의 2 이상을 대표하고 있을 때에 제한적으로 유니언숍 협정의 효력은 인정된다. 이러한 유니언숍 협정이 있더라도 근로자가 노동조합으로부터 제명되거나 그 노동조합 탈퇴 후 새로운 노동조합을 조직하거나 다른 노동조합에 가입한 경우에는 신분상 불이익한 행위를 할 수 없다.

노조법 제81조 제2호

근로자가 어느 노동조합에 가입하지 아니할 것 또는 탈퇴할 것을 고용조건으로 하거나 특정한 노동조합의 조합원이 될 것을 고용조건으로 하는 행위. 다만, 노동조합이 당해 사업장에 종사하는 근로자의 3분의 2 이상을 대표하고 있을 때에는 근로자가 그 노동조합의 조합원이 될 것을 고용조건으로 하는 단체협약의 체결은 예외로 하며, 이 경우 사용자는 근로자가 제명된 것 또는 그 노동조합을 탈퇴하여 새로 노동조합을 조직하거나 다른 노동조합에 가입한 것을 이유로 근로자에게 신분상 불이익한 행위를 할 수 없다.

3) 단체교섭 거부·해태

노동조합의 교섭요구에 대해 정당한 이유 없이 단체협약 체결 등 단체교섭을 거부하거나 해태하는 형태의 부당노동행위로서 교섭대표노동조합과의 교섭 또는 노조법 제29조의2 제1항 단서에 따른 사용자의 동의에 의한 개별 노동조합과의 교섭을 정당한 이유 없이 거부·해태하는 것은 부당노동행위에 해당한다. 단체교섭 거부·해태의 정당한 이유에 대해서는 노동조합 측의 교섭권자, 노동조합 측이 요구하는 교섭시간, 교섭장소, 교섭사항 및 그간의 교섭 태도 등을 종합하여 개별적·구체적으로 판단해야 한다.

교섭창구 단일화 절차에 참여하지 않은 노동조합 또는 신설노동조합은 해당 단체협약이 있는 경우에 단체협약 유효기간 만료일 이전 3개월이 되는 날부터 교섭을 요구할 수 있으므로 그전에 행한 교섭요구에 대해 교섭을 거부하는 것은 정당하다.

> **노조법 제81조 제3호**
> 노동조합의 대표자 또는 노동조합으로부터 위임을 받은 자와의 단체협약 체결, 기타의 단체교섭을 정당한 이유 없이 거부하거나 해태하는 행위

4) 노동조합의 운영 등에 대한 지배·개입

노동조합에 영향을 미치기 위한 사용자의 제반 지배·개입행위와 노동조합에 대한 운영비 원조 및 노동조합의 전임자에 대한 급여 지원은 부당노동행위로 금지된다. 노동조합의 조직준비행위 등 노동조합 결성을 위한 일체의 행위, 노동조합의 대내적 운영 및 대외적 활동 등을 포함한 전반적 운영 등을 사용자가 지배하거나 개입하는 것을 금지하는 것이다.

특정 노동조합의 조직을 방해하거나 조합원의 노동조합 탈퇴를 종용하

거나 제2의 단체를 통해 노동조합 조직을 와해시키거나 노동조합 활동을
방해하는 경우에는 부당노동행위가 성립한다.

　복수의 노동조합 간에 합리적 이유 없이 노동조합에 대한 편의제공 등
을 차별하거나 교섭대표노동조합의 교섭대표권한을 침해하는 것은 부당
노동행위가 된다. 특정 노동조합에 대해서만 조합비 일괄공제Check-off를 허
용하지 않는 것은 지배개입의 부당노동행위에 해당하나, 근로시간면제Time
off 한도 적용에 있어서 교섭대표노동조합인 노동조합에게 조합원 수 비례
에 의한 한도보다 많이 인정한다 하더라도 그것만을 이유로 부당노동행위
라고 할 수 없다.

노조법 제81조 제4호
근로자가 노동조합을 조직 또는 운영하는 것을 지배하거나 이에 개입하는 행위와 노동조합의
전임자에게 급여를 지원하거나 노동조합의 운영비를 원조하는 행위. 다만, 근로자가 근로시간
중에 제24조 제4항에 따른 활동을 하는 것을 사용자가 허용함은 무방하며, 또한 근로자의 후
생자금 또는 경제상의 불행, 기타 재액의 방지와 구제 등을 위한 기금의 기부와 최소한의 규모
의 노동조합사무소의 제공은 예외로 한다.

Part 2

● ● ● 전임자급여금지와 근로시간면제(타임오프)

FRENEMY

PARTNERS

16 전임자급여지급금지의 연혁과 외국의 사례

노동조합 전임자란

노동조합의 전임자는 단체협약으로 정하거나 또는 사용자의 동의로 근로계약상의 근로제공의무를 면제받으면서 노동조합업무를 전담하는 위치에 있는 자를 의미한다. 대법원 판례도 "노동조합 전임자는 사용자와의 관계에서 근로제공의무가 면제되고 사용자의 임금지급의무도 면제될 뿐 사용자와의 사이에 기본적 노사관계는 유지되고 근로자로서의 신분도 그대로 가지는 것이다"(대법원 2003.9.2, 2003다4815, 4822, 4839)라고 하여 전임자의 개념을 '근로제공의무의 면제와 기본적 근로관계의 유지'로 정리하고 있다. 노동조합에서 채용한 경우에도 노조전임자로 볼 수 있지만 회사에 채용된 근로자가 노조업무를 위해서 전임휴직을 하고 노동조합의 전임자로서 노조업무만 담당하는 경우가 대부분일 것이다. 회사와 대립적인 관계에 있고 주로 회사와 교섭을 통해서 유리한 근로조건 등을 쟁취한다는 입장에서 보면 노동조합 전임자의 급여는 당연히 노동조합에서 부담하는 것이 논리적으로 타당하다. 투쟁의 상대방으로부터 투쟁에 필요한 자금을 지원받는다면 노동조합의 자주성이 훼손될 우려가 있기 때문이다.

그럼에도 오랫동안 지속돼온 기업별노조의 역사성, 협조적 노사관계를 통해 안정적인 성장을 목표로 삼은 기업의 전략적인 선택, 그리고 노동조합 재정자립의 취약성 등으로 기업별노조인 경우 대부분의 노동조합이 사용자로부터 전임자급여를 지급받고 있었다. 우리나라의 경우 1997년 노동법 개정 시 전임자에 대한 급여지급을 금지하고 이를 부당노동행위로 평가하는 입법을 했음에도 노동계의 반발과 법적용의 어려움 때문에 13년간 그 적용을 유예해온 경험을 가지고 있다. 2011년 7월 1일부터는 복수노조가 현실화되고, 2010년 7월 1일부터는 전임자급여지급을 금지하는 대신 근로시간면제$^{Time\ off}$제도가 적용되고 있다. 즉, 2010년 7월 1일부터는 전임자에게 급여를 지급하는 것이 금지되고 만약 전임자에게 급여를 지급한다면 이는 부당노동행위로서 형사처벌과 구제명령의 대상이 된다.

노동조합법 제24조(노동조합의 전임자)
① 근로자는 단체협약으로 정하거나 사용자의 동의가 있는 경우에는 근로계약 소정의 근로를 제공하지 아니하고 노동조합의 업무에만 종사할 수 있다.
② 제1항의 규정에 의한 노동조합의 업무에 종사하는 자(전임자)는 그 전임기간 동안 사용자로부터 어떠한 급여도 지급받아서는 안 된다.

노동조합법 제81조(부당노동행위)
① 사용자는 다음 각 호의 1에 해당하는 행위(부당노동행위)를 할 수 없다.
   4. 근로자가 노동조합을 조직 또는 운영하는 것을 지배하거나 이에 개입하는 행위와 노동조합의 전임자에게 급여를 지원하거나 노동조합의 운영비를 원조하는 행위……

노동조합법 제90조(벌칙) …… 제81조의 규정에 위반한 자는 2년 이하의 징역 또는 2천만 원 이하의 벌금에 처한다.

현재의 법내용을 살펴보면 일단 노조업무를 전담하는 전임자의 개념을 '단체협약으로 정하거나 사용자의 동의'를 전제조건으로 '근로계약 소정의 근로를 제공하지 아니하고 노동조합의 업무에만 종사하는 자'로 성리된나. 현실적으로 전임자는 아예 근로를 제공하지 않고 노조업무에만 전담하는 완전전임이 있는가 하면 근로시간의 일부를 쪼개서 노조업무에 활용하는 부분전임(예를 들면 오전에는 노조업무, 오후에는 본래의 업무)이나 요일전임(예를 들면 월요일과 화요일은 노동조합업무를 전담하고 수, 목, 금은 본래의 업무를 처리하는 방식) 등 다양한 형태가 나타나고 있다. 경우에 따라서는 교섭

준비에 필요한 기간 동안 노조업무를 전담하는 방식(예를 들면 3월, 4월은 노동조합업무만 처리하는 방식)도 활용되고 있다.

　노동조합업무를 전담하는 전임자는 단체협약(노사합의서 포함)으로 정하거나 또는 사용자의 동의라는 요건이 있어야 한다. 노동조합에서 일방적으로 전임자를 선출하거나 임명한다고 해서 전임자가 되는 것은 아니며 상대방인 사용자의 동의가 단체협약이나 노사합의서에 정해져 있어야 한다. 단체협약이나 노사합의서가 아니라도 사용자가 구두상으로 동의해서 전임자를 인정하는 것도 가능하다. 다만 구두상의 약속은 해석상 분쟁이 발생할 소지가 있으므로 가능하면 서면화 절차를 거치는 것이 합리적이다.

　이렇게 단체협약이나 사용자의 동의로 전임자를 인정한다고 하더라도 전임자에 대한 급여지급은 제한이 있다. 전임자를 인정할 것인지, 인정한다면 몇 명으로 할 것인지는 당사자 간에 자유롭게 정할 수 있지만 전임자를 인정한다고 하더라도 그것이 바로 전임자에게 급여를 지급할 수 있는 근거가 되는 것은 아니다. 법규정상 사용자는 전임자에게 급여를 지급하지 못하도록 금지하고 있으며 이를 위반한 경우 2년 이하의 징역 또는 2천만 원 이하의 벌금이라는 형사처벌규정을 두고 있기 때문이다. 전임자에게 급여를 지급하는 것은 부당노동행위에 해당하고 부당노동행위는 형사처벌의 대상이 된다. 또는 부당노동행위구제절차를 거쳐서 확정된 구제명령을 위반하는 경우에도 형사처벌조항을 두고 있다.

전임자급여금지에 대한 외국의 사례

○ ILO 협약(제135호) 및 권고(제143호)
사업 또는 사업장에서 노조대표자(또는 선출된 종업원대표)에게는 임금상실 없는 전임시간이 사용자에 의해 제공될 수 있어야 함. 다만, 전임시간 수에 대한 합리적 제한을 가할 수 있기 때문에 반드시 풀타임전임이어야 하는 것은 아니고, 전임시간 부여를 포함한 편의제공에 있어서 국내 노사관계제도의 특성과 기업의 필요·규모·능력이 고려되어야 하며, 편의제공에 의해 기업의 효율적 운영이 저해되어서는 아니됨

○ 프랑스: 사업장단위 노조대표 및 종업원대표에 대한 유급전임시간 보장
기업단위에서 노조를 대표하여 활동하는 자(이를 조합대표위원이라고 부름)에 대해 기업규모에 비례하여 그 수와 월 일정시간의 유급전임시간을 법으로 보장, 종업원들에 의해 선출된 종업원대표들에게도 유급전임시간 법으로 보장

○ 독일: 사업장단위 종업원대표에 대한 유급전임시간 보장
종업원대표기구인 '종업원평의회'를 구성하는 근로자대표들(그 수는 사업장근로자의 수에 비례)에게 유급전임시간 보장. 한편, 노조신임자(해당 사업장에서 노조와 근로자 간, 노조와 종업원평의회 간 연락·중개의 기능담당)에 대해 협약 또는 관행상 조합활동에 따른 유급근로면제권 인정
  ※ 종업원평의회 전임자의 수
    300~600명: 1명, 601~1,000명: 2명, 이후 1,000명당 1명 추가, 9,001~1만 명: 11명,
    1만 명 이상인 경우 2,000명당 1명 추가

○ 일본: 원칙적으로 부당노동행위로 처리
노조전임자에 대한 임금지급관행은 1949년 노조법 개정(단체의 운영에 필요한 경비의 지출에 대한 사용자의 경리상의 원조를 부당노동행위로 간주) 이후 급속히 감소하여 전임자급여는 조합재정으로부터 거의 전적으로 지급되는 상황. 단, 조합의 자주성을 침해하지 않는 범위 내에서의 일시금 등의 지급을 단체협약으로 규정한 경우에는 부당노동행위에 해당하지 않음

○ 영국: 근로면제부여 및 유급 여부는 낭사사 자치
사용자가 승인한 노조(또는 법정절차에 따른 승인노조)를 대표하는 자는 근로시간 중에 조합활동에 참여할 수 있는 합리적인 근로면제(타임오프)가 부여되지만 반드시 유급의 근로면제가 보장되어야 하는 것은 아님

○ 미국: 당사자 자치에 위임
근로자 신분을 유지한 채 노조업무를 행하는 전임자에 대한 임금지급 자체를 금지하지는 않지만 모든 조합활동에 대해 허용되는 것은 아니고 해당 사업장의 노사관계와 밀접한 관련이 있는

업무에 대한 유급전임활동 허용. 단, 이는 단체협약으로 규율되고 있는 것이 일반적임

근로시간면제(타임오프) 논의 연혁

□ 노사정위원회 논의: 2008.10.29~2009.7.20, 노사정위원회에 '노사관계선진화위원회'를 운영, 공익위원안을 도출했으나, 노사 이견으로 합의 없이 종료

□ 노사정 논의 및 합의 도출: 2009.11.27~12.4, 한국노총, 경총 및 노동부 간 실무회의, 대표자회의 등 집중논의를 거쳐 「12·4 노사정 합의」 도출. 한나라당 당론으로 노조법 개정법안 제출(12.8)

□ 국회 법안 심의 및 의결: 2009.12.22, 노조법 개정법안(3건) 국회 환노위 상정. 2009.12.28~2010.1.1, 여야 입법안에 대한 추미애 환노위 위원장의 중재안을 중심으로 여야 간 집중논의를 거쳐 국회 의결·통과

□ 근로시간면제심의위원회 발족 및 논의
  ○ 2010.2.26, 노·사 단체 및 정부추천 공익위원 등 총 15명으로 구성된 근면위 발족
  ○ 2010.2.26~5.1까지 전체회의 16차례 등 총 34차례 회의 개최
   - 실태조사계획 논의 및 확정(3.5~3.9)
   - 전문가 초청 토론회 및 현장 노사의견 수렴(3.16, 3.29, 4.13)
   - 4.30까지 '근면위 운영방향' 합의(4.2) 및 논의의제 확정(4.6)
   - 4.20 노동조합 활동 실태조사 결과 발표
   - 4.23 노동계·경영계 근로시간면제 한도 요구안 각각 제출
   - 4.29 제15차 전체회의에서 노사 수정안 제시하고 공익위원 조정안 제시
   - 4.30 제16차 전체회의를 개의, 노사 조율을 거쳐 공익 조정안 마련
   - 5.1 무기명·비밀투표를 거쳐 근로시간면제 한도(안) 심의·의결
    * 재적 15명 중 15명 출석하여 찬성 9명, 반대 1명, 기권 5명
  ○ 2010.5.1 근로시간면제 한도 의결안을 노동부장관에게 송부

□ 노동부장관 근로시간면제 한도 고시: 2010.5.14 근로시간면제심의위원회가 의결한 바에 따라 근로시간면제 한도 고시(노동부 고시 제2010-39호, 2010.5.14)

17 근로시간면제(타임오프) 한도의 이해

타임오프 제도의 도입배경과 한도

우리나라의 경우 노조전임자 급여는 노동조합에서 부담하는 것이 원칙임에도 기업별노조의 특성상 사용자가 전적으로 지급해온 부적절한 관행이 광범위하게 존재했다. 1997년 노조법에 노조전임자 급여지급 금지 규정을 도입한 이후 세 차례에 걸쳐 13년간 유예하면서 노사자율로 전임자를 축소토록 했으나 오히려 전임자 수가 계속 증가한 것이 현실이다.

이러한 현실에서 노사공동의 건전한 노조활동을 보장하면서 부적절한 노조전임 관행을 개선하기 위해 2009년 12월 4일 노사정 합의를 통해 근로시간면제제도를 도입하게 된 것이다. 근로시간면제제도는 기본적으로 노사공동의 이해관계에 속하는 협의·교섭, 고충처리, 산업안전, 건전한 노사관계 발전을 위한 노조 유지·관리업무 등 노동조합의 활동에 대해 유급처리를 인정하는 제도이다.

산업현장의 노사는 근로시간면제심의위원회가 심의·의결한 바에 따라 노동부장관이 고시한 근로시간면제 한도의 범위 내에서 근로시간면제 수준을 자율적으로 정하게 된다. 2010년 1월 1일 노조법 개정에 이어 2010년 5월 14일 근로시간면제 한도가 고시되고 2010년 7월 1일부터 전면적으로 시행됨으로써 우리나라 노사관계의 패러다임이 전환될 수 있는 제도적 틀이 마련되었다.

근로시간면제 한도 고시 내용(노동부 고시 제2010-39호, 2010.5.14)

조합원 규모	시간 한도	사용가능 인원
50명 미만	최대 1,000시간 이내	
50명~99명	최대 2,000시간 이내	
100명~199명	최대 3,000시간 이내	
200명~299명	최대 4,000시간 이내	○ 조합원 수 300명 미만의 구간: 파트타임으로 사용할 경우 그 인원은 풀타임으로 사용할 수 있는 인원의 3배를 초과할 수 없다.
300명~499명	최대 5,000시간 이내	
500명~999명	최대 6,000시간 이내	
1,000명~2,999명	최대 10,000시간 이내	○ 조합원 수 300명 이상의 구간: 파트타임으로 사용할 경우 그 인원은 풀타임으로 사용할 수 있는 인원의 2배를 초과할 수 없다.
3,000명~4,999명	최대 14,000시간 이내	
5,000명~9,999명	최대 22,000시간 이내	
10,000명~14,999명	최대 28,000시간 이내	
15,000명 이상	2012년 6월 30일까지: 28,000시간 + 매 3,000명마다 2,000시간씩 추가한 시간 이내 2012년 7월 1일 이후: 최대 36,000시간 이내	

18 근로시간면제(타임오프) 한도 적용 기준(노동부 매뉴얼)

근로시간면제한도 일반원칙

1) 근로시간면제자

근로시간면제자는 단체협약으로 정하거나 사용자의 동의에 의해 근로시간면제 한도 내에서 사용자와의 협의 · 교섭, 고충처리, 산업안전 활동 등 노조법 또는 다른 법률에서 정하는 업무와 건전한 노사관계 발전을 위한 노동조합의 유지 · 관리 업무를 수행하는 근로자를 말한다(노조법 제24조 제4항).

2) 노조전임자와 근로시간면제자의 차이점

'노조전임자'는 노조법 제24조 제1항 및 제2항에 따라 노동조합 업무에만 종사하는 자로서 사용자의 급여지급이 금지된다. 노조전임자의 업무범위와 몇 명을 둘 것인가는 노사가 자율적으로 정할 수 있으나, 급여는 노조 자체 재정에서 부담해야 한다.

'근로시간면제자'는 정해진 시간 내에서 근무를 면제받고 노조법에 규정된 근로시간면제 대상에 속하는 업무를 수행할 수 있도록 지정된 자로 이러한 근로시간면제자의 활동에 대해 유급처리가 가능하다. 다만, 근로시간면제자라 하더라도 파업, 공직선거 출마 등 사업장 내 노사공동의 이해관계에 속하는 업무와 무관한 활동은 근로시간면제 대상 업무로 볼 수 없으므로 이러한 활동에 대해서는 유급처리를 할 수 없다.

노조법에서는 노사가 합의하는 경우 노조전임자를 둘 수 있도록 하되, 사용자의 급여지급은 금지하고 노동조합이 스스로 부담하도록 하면서 기존 노조전임자와는 별도로 교섭 · 협의, 고충처리, 산업안전 활동 등 개정 노조법이 정한 소정의 활동에 대해 임금의 손실 없이 그 활동을 할 수 있도록 하는 새로운 근로시간면제제도를 도입했다.

노조전임자와 근로시간면제자 비교표

구분	노조전임자	근로시간면제자
근거	노조법 제24조 제1항 및 제2항	노조법 제24조 제4항
업무범위	노동조합 업무로서 제한 없음	ㅇ 사용자와의 협의 · 교섭, 고충처리, 산업안전 활동 등 노조법 또는 다른 법률에서 정하는 업무 ㅇ 건전한 노사관계 발전을 위한 노동조합의 유지 · 관리 업무 - 노조법 제2장 제3절 규정에 의한 노동조합 관리 업무 - 기타 사업장 내 노사공동의 이해관계에 속하는 노동조합의 유지 · 관리 업무
급여지급	무급	근로시간면제 한도 내에서 유급처리 가능
인원수	노사가 협의 결정	근로시간면제 한도 내에서 노사가 결정

3) 근로시간면제 한도 적용 원칙

ㅇ 개별 사업장에서 근로시간면제제도를 효율적으로 활용하기 위해 근로시간면제 한도(노동부 고시 제2010-39호) 내에서 노사가 협의, 총 사용시간과 사용인원을 확정해야 함

  ※ 예시: 조합원 350명(법정 한도 5,000시간) 사업(장)에서 노사가 사업장 여건을 고려하여 근로시간면제 총량을 4,000시간으로 합의할 경우「총 사용시간 4,000시간, 사용인원 풀타임 2명(또는 풀타임 1명, 파트타임 3명)」으로 명확하게 정해야 함

ㅇ 노사는 근로시간면제 사용인원에 대한 선정기준 · 절차 등을 정하고 노동조합은 사용자에게 확정된 대상자 명단을 사전에 통보해야 함

ㅇ 사용자와의 교섭 · 협의, 고충처리, 산업안전 활동 등 노조법 또는 다른 법률에서 정하는 업무와 건전한 노사관계 발전을 위한 노동조합의 유지 · 관리 업무는 근로시간면제자가 반드

시 우선적으로 수행해야 함

○ 근로시간면제자가 근로시간 중에 위에 규정된 업무 이외의 업무를 하는 경우, 해당 업무 수
행시간에 대하여는 원칙적으로 급여를 지급받을 수 없음

근로시간면제 한도 세부적용 기준

1) 근로시간면제 시간 및 인원 한도

가. 시간 한도

노사 당사자는 조합원 규모별로 정해진 근로시간면제 한도(노동부 고시
제2010-39호)를 초과하지 않는 범위 내에서 단체협약 또는 사용자의 동의
하에 자율적으로 근로시간면제 시간 및 인원을 정해야 한다. 이때 '시간 한
도'는 연간단위로 사용할 수 있는 최대시간이다. 1일 단위의 면제 근로시
간은 법정 근로시간의 범위 내에서 당해 사업(장)의 근로자와 사용자 사이
에 정한 '1일 소정근로시간(예: 8시간)' 이내로, 이를 초과한 시간은 무급이
원칙이다. 다만, 교섭ㆍ협의시간 등이 1일 소정근로시간을 초과하여 계속
되는 경우(예: 10시간), 초과시간(2시간)을 유급으로 할지 여부는 노사가 자
율적으로 정할 수 있다. 유급으로 정할 경우에는 이러한 유급 면제시간을
총량에 포함하여 근로시간면제 한도를 설정ㆍ운영해야 한다.

나. 인원 한도

근로시간면제 한도 고시 범위 내에서 사업특성에 따라 단체협약 등으로
근로시간면제자의 수를 정해야 하며 근로시간면제 한도의 사용가능 인원
(파트타임 사용가능 인원)보다 사용인원을 늘리는 것은 허용되지 않는다. 근
로시간면제를 파트타임으로 사용할 수 있는 인원 한도는 노사가 정한 근

로시간면제 한도를 당해 사업(장)의 연간 소정근로시간으로 나눈 숫자에 해당하는 인원(소수점 이하는 1명으로 인정)의 2배(조합원 300명 이상) 또는 3배(조합원 300명 미만)의 인원이 된다. 연간 소정근로시간은 법정 근로시간 범위 내에서 노사가 연간 근로하기로 한 시간(예: 2,000시간, 2,080시간 등)이다.

사례

조합원이 150명이고, 최대 시간 한도가 3,000시간, 연간 소정근로시간이 2,000시간인 경우, 파트타임 사용가능 인원은 6명[(3,000시간÷2,000시간=1.5 → 2명으로 산정)×3배=6명]임

근로시간면제 사용인원은 법정 한도 내에서 사업(장) 특성에 따라 노사가 자율적으로 정할 수 있으므로 한 사람 또는 일부 인원이 시간을 모아서 사용하는 것도 가능하다.

사례

연간 소정근로시간이 2,000시간인 사업장(조합원 350명)에서 시간한도를 4,500시간으로 정한 경우

- 사용가능 인원(파트타임)은 6명[(4,500÷2,000=2.25명 → 3명으로 산정)×2배=6명] 이내임
⇒ 이 경우 ① 풀타임인원 2명(2,000시간×2명), 파트타임인원 1명(500시간) 또는 ② 풀타임인원 1명(2,000시간×1명), 파트타임인원 3명(1,000시간 2명, 500시간 1명), ③ 파트타임인원 5명(1,000시간 4명, 500시간 1명) 등으로 사용가능

조합원 규모별 시간 한도 및 사용가능 인원 한도 조견표

조합원 규모	시간 한도	연간 사용가능 인원 한도(파트타임)	
		2,000시간	2,080시간
50명 미만	최대 1,000시간 이내	3명 이내	3명 이내
50~99명	최대 2,000시간 이내	3명 이내	3명 이내
100~199명	최대 3,000시간 이내	6명 이내	6명 이내
200~299명	최대 4,000시간 이내	6명 이내	6명 이내
300~499명	최대 5,000시간 이내	6명 이내	6명 이내
500~999명	최대 6,000시간 이내	6명 이내	6명 이내
1,000~2,999명	최대 10,000시간 이내	10명 이내	10명 이내
3,000~4,999명	최대 14,000시간 이내	14명 이내	14명 이내
5,000~9,999명	최대 22,000시간 이내	22명 이내	22명 이내
10,000~14,999명	최대 28,000시간 이내	28명 이내	28명 이내
15,000~17,999명	최대 30,000시간 이내	30명 이내	30명 이내
18,000~20,999명	최대 32,000시간 이내	32명 이내	32명 이내
21,000~23,999명	최대 34,000시간 이내	34명 이내	34명 이내
24,000~26,999명	최대 36,000시간 이내	36명 이내	36명 이내
27,000~29,999명	최대 38,000시간 이내	38명 이내	38명 이내
30,000~32,999명	최대 40,000시간 이내	40명 이내	40명 이내
33,000~35,999명	최대 42,000시간 이내	42명 이내	42명 이내
36,000~38,999명	최대 44,000시간 이내	44명 이내	44명 이내
39,000~41,999명	최대 46,000시간 이내	46명 이내	46명 이내
42,000~44,999명	최대 48,000시간 이내	48명 이내	48명 이내

조합원 15,000명 이상 사업(장)은 2012년 7월 1일부터 최대 36,000시간 이내, 파트타임 사용가능인원은 36명 이내가 된다. 따라서 2012년 7월 1일 이후 36,000시간을 초과하여 근로시간면제 한도를 인정하는 것은 법 위반 이며, 이를 초과한 단체협약은 그 부분에 한해 효력이 상실된다. 예를 들어 조합원이 35,000명인 사업(장)에서 단체협약(유효기간 2012년 12월 31일)으로 근로시간면제 한도를 41,000시간으로 정한 경우, 2012년 7월 1일 이후 부터는 면제 한도가 36,000시간으로 적용된다.

2) 근로시간면제 대상 업무의 범위

가. 업무 범위

㉮ 사용자와의 협의·교섭, 고충처리, 산업안전 활동 등 노조법 또는 다른 법률에서 정하는 업무

○ 노조법상 단체교섭 업무
○ 근참법상 노사협의회 업무
○ 근참법상 고충처리 업무
○ 산안법상 산업안전보건위원회 업무, 근로자대표로서 동의·입회·의견청취 업무
○ 사내근로복지기금협의회 위원 등으로 활동하는 업무

㉯ 건전한 노사관계 발전을 위한 노동조합의 유지·관리 업무

○ 노조법 제2장 제3절의 노동조합 관리 업무(규약상 정기 총회·대의원회, 임원선거, 회계감사)
○ 그 밖의 생산성 향상 등을 위한 노사공동위원회, 사용자의 위탁교육 등 기타 사업장 내 노사
  공동의 이해관계에 속하는 노동조합의 유지·관리 업무

노조법 제24조
④ 제2항에도 불구하고 단체협약으로 정하거나 사용자가 동의하는 경우에는 사업 또는 사업장
  별로 조합원 수 등을 고려하여 제24조의2에 따라 결정된 근로시간면제 한도를 초과하지 아
  니하는 범위에서 근로자는 임금의 손실 없이 사용자와의 협의·교섭, 고충처리, 산업안전
  활동 등 이 법 또는 다른 법률에서 정하는 업무와 건전한 노사관계 발전을 위한 노동조합의
  유지·관리업무를 할 수 있다.

나. 근로시간면제자로 지정된 자의 유급인정 범위

○ 사용자와의 교섭·협의, 고충처리, 산업안전 활동 등 사업장 내 근로시간면제 대상 업무는
  근로시간면제자로 지정된 자가 반드시 우선적으로 참여해야 함
○ 근로시간면제자에 대한 유급처리가 인정되는 범위는 회의 참석 등 법에 정해진 소정의 업무
  를 직접 수행하는 시간과 이와 직접 관련된 시간임

○ 파업, 공직선거 출마 등 사업장 내 노사공동의 이해관계에 속하는 업무와 무관한 활동은 근로시간면제 한도 이내라도 유급처리 받을 수 없음

㉮ 사용자와의 협의·교섭 업무

○ 근참법에 의한 노사협의회 위원으로 실제 회의 참석 활동
  - 이동시간, 회의안건 준비 등 회의와 직접 관련된 활동
○ 근로기준법에 의한 근로자대표로서 탄력적 근로시간제 및 선택적 근로시간제 도입, 보상휴가제 실시, 재량근로제 실시 등 법률요건에 해당하는 협의사유 발생 시 사용자와 실제 협의하는 활동
○ 단체협약 체결을 위해 사용자와 교섭하는 활동
  - 협의·교섭 형태를 불문하고 본교섭, 실무교섭, 보충교섭 등 사용자와 실제 교섭하는 활동
  - 교섭안 마련, 교섭결과 설명회 등 교섭과 직접 관련된 활동

㉯ 고충처리 업무

○ 근참법 및 사업장 내 관련 규정에 의해 정식 위촉된 고충처리위원으로서 단체협약 또는 취업규칙 등 공식 규정에 따라 제기된 고충을 처리하기 위해 협의하거나 근로자로부터 고충사항을 청취하고 이를 처리하기 위해 사용자와 협의하는 활동

㉰ 산업안전활동

○ 산업안전보건위원회 업무(산안법 제19조)
  - 산업안전보건위원회 위원으로 실제 회의에 참석하는 활동: 회의안건 준비, 안건 검토 등 이와 직접 관련된 활동
○ 근로자대표의 동의·입회·의견청취
  - 근로시간면제자가 근로자대표로서 법률에 규정된 활동을 하는 경우 실제 참여한 시간

④ 사내근로복지기금법(근로복지기본법) 관련 업무

○ 사내근로복지기금협의회의 위원 및 이사, 감사로서 기금(법인) 업무 수행 활동

⑪ 건전한 노사관계 발전을 위한 노조 유지·관리 업무 범위

○ 노동조합의 관리 업무(노조법 제2장 제3절)
  - 노조 규약에 정해진 정기 총회·대의원회, 임원선거, 회계감사 등 노동조합의 유지·관리
    를 위한 정기적이고 필수적인 활동
○ 그 밖의 생산성 향상 등을 위한 노사공동위원회, 사용자의 위탁교육 등 기타 사업장 내 노사
  공동의 이해관계에 속하는 노동조합의 유지·관리 업무
  - 근참법이나 단체협약 또는 사용자의 동의로 설치·운영되는 노사공동위원회 등의 활동
  - 사용자의 위탁에 의한 조합원 교육, 직업능력개발훈련 등 노사공동의 이익과 관련된 교육
    활동
  - 기타 이에 상응하는 건전한 노사관계 발전을 위한 노동조합의 유지·관리 업무

다. 근로시간면제자가 아닌 자의 노조활동 관련 기준

○ 근로시간면제자로 지정되지 않은 자의 노조활동은 근무시간 외에 해야 하며 근무시간 중 노
  조활동은 무급이 원칙임
○ 개별 법령에 의해 설치·운영되는 회의체는 근로시간면제자가 반드시 우선적으로 참여해
  야 함
  - 다만, 근로시간면제자만으로 회의체 구성이 어려운 경우에는 근로시간면제자로 지정되지
    않은 자가 참여할 수 있고, 해당 법령의 근거에 따라 유급 처리하는 것은 가능
○ 이 경우 실제 소요된 시간보다 과다한 시간을 유급 처리하거나 시간에 비해 과다한 임금을
  지급하는 등 편법·변칙 운영하는 것은 부당노동행위에 해당

㉠ 근참법상 노사협의회 위원, 고충처리 위원으로 활동하는 경우

노사협의회 위원
○ 노사협의회 회의 참석시간과 이와 직접 관련된 시간을 근참법에 의해 유급 처리하는 것은

가능
○ 그러나 편법적으로 협의회를 상설화하여 회의도 하지 않고 급여를 지급하는 것은 명칭에 관계없이 실제 전임자에게 급여를 지급하는 것과 같으므로 부당노동행위에 해당

고충처리 위원
○ 고충처리 위원을 법령에 따른 절차에 따라 정식으로 임명하고 단체협약 또는 취업규칙 등에서 노사가 정한 규정에 따라 제기된 고충처리에 직접 처리되는 시간은 유급인정 가능
○ 그러나 고충처리위원 제도를 편법적으로 운영하여 고충처리 활동과 관계없이 노동조합 업무를 하도록 하면서 급여를 지급하여서는 아니됨

㉯ 산안법상 산업안전보건위원회 위원으로 활동하는 경우

○ 산업안전보건위원회 회의 참석시간과 이와 직접 관련된 시간을 산안법에 의해 유급 처리하는 것은 가능
○ 그러나 산업안전보건위원 제도를 편법적으로 운영하여 산업안전보건위원회 활동과 관계없이 노동조합 업무를 하도록 하면서 급여를 지급하여서는 아니됨

라. 상급단체 파견 업무

○ 사업장과 무관한 순수한 상급단체 활동은 근로시간면제 한도에 포함되지 않음

3) 근로시간면제자 적용 기준

가. 사업 또는 사업장 판단 기준

○ 사업이란 경영상의 일체를 이루는 기업체 그 자체를 의미하는 것으로 장소적 관념을 기준으로 판단하는 것이 아니라 일괄된 공정 아래 통일적으로 업무가 수행되는지 여부에 따라 판단해야 함. 장소에 관계없이 경영상의 일체를 이루면서 유기적으로 운영되는 기업조직은 하나의 사업으로 봄
(판례) 사업이란 경영상의 일체를 이루는 기업체 그 자체를 말하며, 경영상의 일체를 이루면서 유기적으로 운영되는 기업조직은 하나의 사업임(대법원 1993.2.9, 91다21381; 대법원 1993.10.12, 93다18365 등)

○ 하나의 법인체는 원칙적으로 하나의 사업으로 인정
 - 법인 내에 있는 수 개의 사업장·사업부서는 인사·노무관리에 있어 일정 부분 재량권이
   위임되어 있다 하더라도 전사적인 방침이나 목표 등에서 제약이 있는 것이 일반적이므로
   기업의 일부에 해당함
 - 따라서 경영주체인 법인체는 하나이므로 모든 사업장·사업부서의 전체 조합원 수를 고려
   하여 근로시간면제 한도를 정해야 함
○ 다만, 하나의 법인체라 하더라도 각 사업장별로 근로조건의 결정권이 있고, 인사·노무관
   리, 회계 등이 독립적으로 운영되는 등 각각의 사업장이 독립성이 있는 경우에는 각 사업장
   의 조합원 수 규모에 따라 근로시간면제 한도를 각각 적용

㉮ 하나의 사업(장)으로 볼 수 있는 경우

㉠ 원칙적으로 사업을 기준으로 조합원 규모 산정

○ 수 개의 공장·지점(영업소)·사무소 등이 장소적으로 독립되어 있으나 하나의 법인인 경우
(사례) 은행의 지점, 용역업체, 위탁관리업체, 건설업체 등에 있어서 각 현장 ⇒ 각 공장·지점
등의 조합원 수를 합한 전체 조합원 규모에 따라 근로시간면제 한도를 적용
(사례) '갑' 사업에 본사(조합원 20명) 및 A공장(조합원 100명), B공장(조합원 50명), C공장(조
합원 150명)이 있으나 각 공장을 별도의 사업(장)으로 볼 수 없는 경우 → 본사 및 각 공장의 조
합원 수 합계 320명을 기준으로 근로시간면제 한도를 적용
○ 하나의 사업에 각 공장별로 노동조합의 지회·분회 등 산하조직이 별도로 조직되어 있다 하
   더라도 해당 노동조합의 전체 조합원 수에 따라 근로시간면제 한도 적용

㉡ 사업장별로 조합원 규모를 산정하는 경우

○ 하나의 법인이나 법인 내 각 사업장별로 근로조건의 결정권이 있고, 인사·노무관리, 회계
   등이 독립적으로 운영되는 경우 각 사업장별로 전체 조합원 수를 산정
(사례) 의료법인에 요양병원(조합원 70명), 일반병원(조합원 300명)이 있고, 각 병원별로 근로
조건 결정권이 있는 등 독립적으로 운영되는 경우 ⇒ 각 병원별로 각각 근로시간면제 한도 적용

⊕ 하나의 사업(장)으로 볼 수 없는 경우

○ 백화점, 호텔 등 동일그룹 계열사이나 각 별도의 법인체인 경우
○ 본사와 공장 또는 생산공장과 영업장 등 업무의 관련성은 있으나 각 별도의 법인인 경우
○ 대표이사 또는 경영진은 동일하나 각 별도의 법인인 경우

나. 조합원 규모 산정 기준

㉮ 산정원칙

근로시간면제 한도 적용을 위한 조합원 수는 통상 단체교섭이 시작되는 시점인 단체협약 만료일 이전 3개월이 되는 날을 기준으로 산정한다. 단체협약 등에 노사가 별도로 정한 기준이 있는 경우 그에 따라 정할 수 있다.

㉯ 산정기준

조합원은 상용직, 일용직, 기간제, 단시간 근로자 등 고용형태를 불문하고 사업체에 직접 고용된 자로서 노동조합에 가입된 자를 기준으로 하며 조합원 여부는 조합비 납부, 조합가입신청서 등 객관적인 자료를 근거로 판단한다. 그리고 노동조합에 가입되어 있더라도 노조법상 근로자가 아닌 자, 사용자 또는 사용자의 이익을 대표하는 자는 제외해야 한다. 다만, 근로자가 아닌 자 등 조합원 자격에 대해 다툼이 있는 자에 대해서는 조합원 지켜을 부정하는 결정이나 판결 등이 있기 전까지는 조합원 수 산정에 포함한다.

조합원으로서 해고된 자가 노동위원회에 부당노동행위 구제신청을 한 경우에는 중앙노동위원회의 재심판정이 있을 때까지는 조합원 수에 포함하여 산정하는데 만약 부당해고 구제신청만 한 경우에는 노조법상 근로자로 간주되지 않는다.

다. 하나의 사업(장)에 2개 이상의 노조가 조직되어 있는 경우

각 노조의 조합원 수를 합하여 전체 조합원 규모에 따라 노사가 근로시간면제 한도 범위 내에서 면제시간 총량을 정한다. 예를 들어 '갑' 사업(장)에 기업별노조(조합원 350명)와 산별노조(조합원 170명)가 있는 경우, 기업별노조 및 산별노조 조합원 수 합계 520명을 기준으로 근로시간면제 한도를 적용하게 된다.

노조법 시행령 (제11조의2)
······ 근로시간면제 한도를 정할 때 법 제24조 제4항에 따라 사업 또는 사업장의 전체 조합원 수와 해당 업무의 범위 등을 고려하여 시간과 이를 사용할 수 있는 인원으로 정할 수 있다.

전체 노동조합의 조합원 규모는 교섭시기가 먼저 도래한 노동조합의 단체협약 만료일 이전 3개월이 되는 날을 기준으로 한다. 각 노조별 근로시간면제 시간 및 인원 배분은 노사간에 정한 총량 한도(시간 및 인원) 범위 내에서 노조 간에 자율적으로 정하되, 조합원 수, 업무 등을 고려하여 노조 간에 적정하게 배분해야 한다. 그리고 2011년 7월 1일 이후에 교섭창구 단일화 제도가 시행되면서는 교섭대표노동조합은 공정대표의무에 따라 각 노동조합과 협의를 통해 근로시간면제 한도를 결정한다.

4) 면제 근로시간에 적용되는 급여 지급기준

근로자는 '임금의 손실 없이' 사용자와의 협의·교섭 등의 업무를 할 수 있다(노조법 제24조 제4항). 이때 '임금'은 해당 근로자가 정상적으로 근로를 했다면 받을 수 있는 급여를 말한다. 사용자가 지급하는 급여 지급기준은 사업(장)의 통상적인 급여 지급기준을 토대로 노사가 자율적으로 정할 수 있지만 통상적으로 받을 수 있는 급여보다 과도한 기준을 설정·지급하는

것은 노동조합에 대한 경비 원조에 해당하므로 부당노동행위에 해당한다.

5) 근로시간면제 한도 사용방법

단체협약 또는 사용자의 동의하에 정한 근로시간면제 사용인원에 대해 노동조합은 사용자에게 그 명단을 사전에 통보해야 한다. ILO 권고 143호 10조(2)에서도 특별한 규정이 없는 경우 근로자대표는 근로제공의무를 면하기 전에 직속상관, 기타 이러한 목적을 위해 지명된 경영자 대표의 승인을 받아야 하며, 그러한 승인은 부당하게 거부되어서는 안 된다는 규정을 두고 있다. 근로시간면제자로 통보된 자에 대한 변경은 노사협의회 위원의 신규 선출 등 특별한 사정이 없는 한 노사가 협의하여 변경해야 하며, 사용자와 협의 없이 노조가 임의로 변경하거나 수시로 변경할 수 없다. 그리고 근로시간면제 대상 업무는 근로시간면제자가 반드시 우선적으로 수행해야 하며 풀타임 또는 파트타임의 방식에 의해 정기적·고정적으로 시간 한도를 사용하기로 정해진 근로시간면제자는 법에 정해진 소정의 대상 업무를 자유롭게 수행할 수 있다. 그러나 근로시간면제자로 지정된 자가 근로시간 중에 법에 정해진 소정의 근로시간면제 대상 업무 이외의 업무를 수행하거나 노사 당사자가 정한 시간 한도를 초과한 경우, 그 해당 시간에 대해서는 무급 처리해야 하며, 근로시간면제자의 활동업무 및 사용시간에 대해 사후적으로 정산한다.

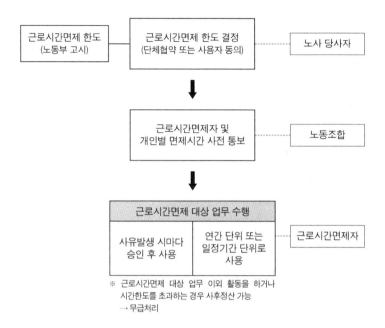

근로시간면제 한도 사용 절차

6) 근로시간면제 한도 관련 부당노동행위 유형 예시

○ 사업(장) 단위 조합원 규모에 따른 노동부 고시 한도를 초과하여 근로시간면제 사용시간 및 인원을 인정하는 단체협약 등을 체결하고 유급 처리하는 경우

○ 근로시간면제 업무를 유급으로 인정하는 것 이외에 근로시간 면제자에게 별도의 수당을 추가로 과도하게 지급하는 경우

○ 교섭 · 협의, 고충처리 등 근로시간면제 대상 업무를 함에 있어 정당한 사유 없이 근로시간 면제자를 제외하고 근로시간면제자가 아닌 노조간부를 참여하게 하고 유급 처리하는 경우

○ 근로시간면제자의 면제활동을 이유로 인사배치, 경력관리, 승진 등에 있어서 불합리하게 차별하는 경우

○ 기타 근로시간면제 활동을 통해 노동조합을 지배 · 개입하거나 근로시간면제자를 불이익 취급하는 경우

* 부당노동행위에 대하여는 2년 이하의 징역 또는 2천만 원 이하의 벌금(노조법 제90조)

7) 근로시간면제 한도 초과 요구 관련 쟁의행위 정당성

○ 노동조합이 근로시간면제 한도를 위반하여 급여 지급을 요구하고 이를 관철할 목적으로 행하는 쟁의행위는 금지됨(노조법 제24조 제5항)

- 따라서 근로시간면제 한도를 초과하는 시간 및 인원을 요구하면서 이를 관철할 목적으로 행하는 쟁의행위는 정당성 여부와 관계없이 노조법 제24조 제5항(제92조 제1호) 위반으로 처벌(1천만 원 이하의 벌금)받게 됨

○ 근로시간면제 한도를 초과하지 않는 범위 내에서 시간 및 인원을 요구하고 이를 관철할 목적으로 행하는 쟁의행위의 경우에는 쟁의행위의 '주된 목적'에 따라 그 정당성 여부를 판단해야 함

* 근로시간면제 한도 관련 사항은 근로조건의 결정에 관한 사항이 아니므로 쟁의행위의 주된 목적이 될 수 없음

19 노조 재정으로 부담하는 노조전임자 관련 기준

노조전임자 개념

노조전임자는 노동조합 스스로 급여를 부담한다는 전제하에 단체협약 또는 사용자의 동의를 얻어 근로계약에 따른 소정의 근로를 제공하지 않고 노동조합의 업무에만 종사하는 자를 말한다. 따라서 근로시간면제제도 시행에도 불구하고 노동조합은 노사간 자율적인 합의 등을 통해 사용자가 급여를 부담하지 않는 노조전임자를 둘 수 있으며, 사용자는 노조전임자의 정당한 노조활동을 제한할 수 없다.

노조전임자에 대한 사용자의 급여지급 금지

1) 노조전임자의 개념

노조전임자의 급여는 법에 따라 노동조합 스스로 부담해야 하며 그 전임기간 동안 사용자로부터 어떠한 급여도 지급받을 수 없다. 즉, 사용자가 전임자를 인정하는 것과 전임자에게 (노동조합이 아닌) 사용자가 급여를 지급하는 것은 별개의 문제가 된다. 노조전임자에 대한 사용자의 급여 지급은 노조의 자주성을 해칠 우려가 있으므로 노조법 제81조 제4호 규정에 따라 부당노동행위에 해당한다. 다만, 2009년 12월 31일 이전 이미 체결되어 유효한 단체협약의 규정에 따라 그 유효기간까지 급여를 지급하는 경우에는 부당노동행위로 보지 않고 허용된다.

2) 노조전임자 근태 등

사용자가 일정 수의 노조전임자를 두는 데 동의했다면 사용자는 노사간 정한 기준, 절차에 따라 노동조합 전임자로 인사조치하는 것이 필요하며 방법은 무급휴직 등 회사의 취업규칙과 같은 내부규정에 따르는 것이 바람직하다. 사용자가 정당한 이유 없이 그 교체를 주장하면서 인사 조치를 지연하는 것은 부당하다. 노조전임자가 전임기간의 종료 또는 전임자로 선정된 사유가 소멸된 때에는 회사의 규정에 따라 원직 등 회사업무에 복귀해야 한다.

단체협약의 유효기간의 만료로 효력이 상실된 경우 그 단체협약에 따라 노동조합 업무만을 전담하던 노조전임자는 사용자의 원직 복직 명령에 응해야 할 것이므로 사용자가 원직 복귀 명령에 불응한 노조전임자를 해고한 것은 정당한 인사권의 행사이다(대법원 1997.6.13, 96누17738).

3) 노조전임자 관련 부당노동행위

○ 노조전임자의 정당한 조합활동을 이유로 불이익취급을 하거나 조합활동을 방해하는 경우

○ 정당한 이유 없이 노조전임자 선정을 방해하거나 그 활동을 어렵게 하는 경우

○ 노동조합이 부담하는 전임자의 활동을 이유로 인사배치, 경력관리, 승진 등에 있어서 불합리하게 차별하는 경우

○ 2010년 7월 1일 이후에도 노조전임자에게 종전과 같이 급여를 지원하는 경우

 * 다만, 2010년 1월 1일 당시 유효한 단체협약의 규정에 의해 노조전임자에게 급여를 지급하는 경우, 당해 단체협약 유효기간까지는 부당노동행위로 처벌되지 않음

○ 노조간부나 노조전임자를 사업장 내 인사 · 노무부서 등 지원부서에 배치하고 부서업무와 관련된 업무를 하지 않고 노조활동을 하도록 하면서 급여를 지급하는 경우

노조전임자 급여지급 요구 관련 쟁의행위 정당성

　노조전임자 관련 사항은 단체협약의 채무적 부분으로 의무적 교섭대상이 아니다. 판례도 "노조전임제가 노동조합에 대한 사용자의 편의제공의 한 형태로서 사용자가 단체협약 등을 통해 승인하는 경우에 인정되는 것이며 단순히 사용자와 노동조합이 단체교섭을 함에 있어 임의적으로 교섭할 수 있는 사항에 불과하다(대법원 1992.23, 94누9177)"는 입장이다.

　노조법에서는 노동조합이 전임자의 급여 지급을 요구하고 이를 관철할 목적으로 하는 쟁의행위를 명시적으로 금지하고 있다(노조법 제24조 제5항). 따라서 노동조합이 전임자급여 지급을 요구하고 이를 관철할 목적으로 행하는 쟁의행위는 정당성 여부와 관계없이 노조법 제24조 제5항에 위반되며 1천만 원 이하의 벌금에 처한다(노조법 제92조).

Part 3

● ● ● 산별노조와 산별교섭

20 산별노조의 개념과 산별교섭에 대한 시각

산업별 노동조합이란

산별노조는 동종 산업에 종사하는 근로자들이 직종이나 기업을 초월하여 조직한 노동조합을 말한다. 이 중 근로자들이 그 구성원으로서 직접 가입하고 참여하는 조직형태를 산업별 단위노동조합이라 하며 동종 산업에 조직된 기업별 노동조합 등을 구성원으로 하는 산업별 연합단체인 산별연맹과는 구별된다. 관례에 따라서는 산업별 단위노동조합의 의미로 산별노조라는 용어를 사용하기도 한다. 단위노동조합으로서의 산별노조는 교섭당사자의 지위를 가지고 스스로 단체교섭을 할 수 있는 반면 산별연맹은 기업별노조 등 단위노조의 연합체로서 그 구성원인 각 단위노조별로 교섭하는 것이 원칙이고, 단위노조로부터 교섭권을 위임받은 경우가 아니면 스스로 교섭할 수 없다.

산업별 교섭이란

현행법에는 산별교섭 등 단체교섭의 방식이나 정의에 관하여 별도의 규정이 없어 학문적으로나 실무적으로 산별교섭의 개념을 다양하게 이해하고 있다. 일부에서는 산별노조와 이에 대응하는 사용자단체가 당해 산업의 근로자에게 적용되는 근로조건에 관하여 교섭하는 방식('통일교섭')만을 산별교섭으로 좁게 보는 반면 하부 단위노조로부터 교섭권을 위임받은 산별연맹이 사용자단체와 교섭하는 방식도 산별교섭의 하나로 보기도 한다. 나아가 산별노조가 실행하는 일체의 교섭방식을 모두 산별교섭으로 폭 넓게 이해하는 경우도 있다. 실무적으로는 통일교섭뿐만 아니라 산별노조가 실행하는 집단교섭·대각선교섭 등도 모두 산별교섭에 포함되는 것으로 본다. 대부분이 대각선교섭·집단교섭을 하거나 이들 방식과 기업별교섭을 병행하고 있는 실정이다.

교섭방식

통일교섭	○ 상급 노동단체 또는 산업별 노동조합과 이에 상응하는 사용자단체(노동관계에 관하여 그 구성원인 사용자에 대해 조정 또는 규제할 수 있는 권한을 가진 사용자의 단체)가 교섭하는 방식 ※ 사용자단체가 없는 경우 다수의 개별기업 사용자로부터 교섭권을 위임받은 자와 교섭하는 것도 가능
기업별교섭	○ 기업별 노동조합과 당해 개별기업의 사용자가 교섭하는 방식
대각선교섭	○ 상급 노동단체 또는 산업별 노동조합과 개별기업의 사용자가 직접 교섭하는 방식 ※ 대각선교섭을 하는 경우에도 산별노조의 임원과 당해 기업별 조직 임원이 함께 교섭위원으로 참여하는 경우가 많음
집단교섭	○ 상급 노동단체, 산업별 노동조합과 이에 상응하는 다수의 사용자들이 동시에 동일한 장소에서 교섭하는 방식

산업별 노동조합과 산업별 교섭에 관한 시각

산별노조와 산별교섭에 대한 부정적 시각의 근거

① 산별노조는 노동조합의 인적·재정적 규모를 중앙으로 집중·확대하는 조직이기 때문에 노동조합의 운영이 경직화되거나 지도부와 현장조직이 유리되는 등 노동조합의 민주적 운영을 저해할 소지가 있음

② 산업별 단체협약에 의해 임금 등 근로조건을 일률적으로 규제할 경우에는 개별기업의 재무상태나 지불능력 등 기업별 특수성을 반영하기 어려움

③ 개별기업의 경영상태가 서로 다르기 때문에 산별본조, 지역 지부 또는 기업 지부·분회 단위로 이중·삼중교섭을 해야 하는 번거로움을 초래할 수 있음

④ 산별교섭이 결렬될 경우에는 전국규모의 분규로 비화될 우려가 있음

⑤ 기업차원의 현안보다 사회적 이슈나 정치적 쟁점이 교섭 및 쟁의의 대상이 되어 교섭이 장기화될 수 있음

산별노조 또는 산별교섭을 긍정적으로 보는 시각

① 산별노조는 노동조합의 인적·재정적인 집중이 가능한 조직형태이고 이로 인해 노동조합

의 정책개발기능이 활성화되고 노조의 전문성이 제고될 수 있음

② 전임자 급여나 노조사무실 등을 노동조합이 자체적으로 해결할 수 있게 되어 노사관계 관리 비용이 줄고 기업부담이 완화될 수 있으며 노동조합의 자주성도 제고될 수 있음

③ 개별 사업(장) 단위를 넘어 초기업적으로 운영되기 때문에 어용시비와 이로 인한 노노 간의 갈등이 완화될 수 있음

④ 산별교섭은 단체교섭 구조가 중앙단위로 집중되어 교섭비용이 절감될 수 있음

⑤ 동종 산업에 공통적으로 적용될 산별협약이 체결되면 기업 간의 임금격차나 근로조건의 차이가 완화될 수 있음

21 FRENEMY PARTNERS 산별노조의 설립과 운영

산업별 노동조합의 설립

근로자들은 자유로이 노동조합을 설립 · 가입할 수 있으며, 노동조합의 조직형태에 대한 제한은 없으므로 산별노조는 다음과 같은 방식으로 설립할 수 있다.

① 동종 산업에 종사하는 근로자들이 직종이나 기업을 초월하여 산별노조를 설립

② 기업별노조의 연합체인 산별연맹이 총회나 대의원회에서 산별노조 설립을 결의한 후 구성원인 기업별노조는 조직형태를 변경하여 산별노조의 지부 · 분회 등으로 가입

※ 산별연맹의 구성원인 노동조합이 한꺼번에 모두 산별노조의 지부 · 분회로 전환하지 않고, 일부는 산별연맹에 그대로 남아서 활동하고 있는 사례도 있음

③ 소규모의 동종업종 근로자들을 대상으로 '소산업별 노동조합'을 조직하거나 일정 지역 내 소규모 사업장 근로자를 대상으로 '지역노조'를 결성한 후 이들 '소산업별 노동조합'들 간 또는 '지역노조'들 간 합병 결의

④ 다수의 기업별 노조를 해산하고 그 해산결의서를 첨부하여 산별노조 설립신고서를 관할 행

정관청에 제출하면 행정관청에서 산별노조 설립신고증 교부와 동시에 기업별노조 해산신
고서를 처리하기도 했음

조직형태의 변경과 기존 단체협약의 효력

기업별노조에서 산별노조의 기업지부로 변경하는 등 노동조합이 그 실체의 동일성을 그대로 유지하면서 조직형태를 변경하는 경우 실체의 동일성이 유지되는 한 기존 노동조합을 둘러싼 법률관계의 인적·물적 기초가 이전되는 법률상 효력이 발생한다. 기존 기업별노조와 사용자가 체결한 단체협약은 그 유효기간 동안 산별노조의 지부·분회 등에도 계속 적용되는 것으로 본다.

산업별 노동조합의 운영

1) 산업별 노동조합의 조직적 특성과 그 운영

산별노조는 산하조직들을 지휘하는 본조, 지역단위의 지부, 기업단위의 지부·분회 등으로 구성된 단일 조직체이다. 산별노조의 지역지부나 기업분회 등은 노동조합의 내부조직에 불과하므로 원칙적으로는 산별노조의 결정·위임 없이는 독자적으로 단체교섭 및 단체협약 체결을 할 수 없다. 다만, 노조법 시행령 제7조의 규정에 의거 설립신고된 지부·분회는 독자적으로 단체교섭을 하여 단체협약을 체결할 수 있다고 해석되나, 동 규정은 노동조합의 조직원리에 맞지 않다는 지적이 있다.

2) 회의(총회 및 대의원회)

산별노조의 총회는 조합원 전원으로 구성되는 최고의사결정기관이며 규약이 정하는 바에 따라 총회에 갈음할 대의원회를 둘 수도 있다. 총회 또

는 대의원회는 적어도 회의개최일 7일 전까지 그 회의에 부의할 사항을 공고하고 규약에서 정한 방법에 의해 소집해야 한다. 회의 공고는 조합원 또는 대의원에게 회의개최 사실을 미리 알려, 준비할 기회를 균등하게 보장하려는 취지이다. 법에 규정된 총회 의결사항은 반드시 총회 또는 규약이 정하는 바에 따라 총회에 갈음하는 대의원회에서 처리되어야 하고 운영위원회, 중앙집행위원회, 상무집행위원회 등에서 의결할 수는 없다.

총회에서는 원칙적으로 공고된 부의사항에 대해서만 심의 · 의결할 수 있고 규약이 긴급동의에 관하여 정하고 있는 경우에는 그에 따라 부의사항 외의 안건을 채택하여 심의 · 의결할 수 있다. 현행법상 대의원회는 총회에 관한 규정을 준용하고 있으므로 대의원회 개최, 의결정족수 등 제반 사항은 총회의 규정을 적용해야 한다. 따라서 대의원회는 규약에 의해 총회의 전권사항으로 정해진 사항을 제외하고는 무엇이든지 심의 · 의결할 수 있다.

한편, 산별노조의 지부 · 분회의 조합원 · 대의원 1/3이상이 지부 · 분회의 임시총회나 임시대의원회 소집을 요구했으나 지부 · 분회장이 이를 고의로 기피하거나 해태할 경우에는 본조의 규약이나 지부 · 분회의 운영규정 등에서 별도의 규정을 두고 있으면 그 규정에 따르되 별도의 규정이 없을 경우에는 규약 등의 취지에 비추어 권한 있는 기관(예컨대, 산별노조 위원장, 본조의 중앙집행위원회 등)의 결의 · 결정에 따라 처리해야 한다.

22 산별노조와 산별 단체교섭

교섭방식에 관한 노사합의

단체교섭의 방식은 노동조합의 조직형태나 사용자단체 구성 여부 등을 고려하여 노사 당사자가 교섭을 진행하기 전에 협의하여 결정해야 한다. 다만 생산방식·근로조건·임금수준 등이 유사한 업종이나 회원사에 대한 조정·통제수단이 부여된 사용자협회가 구성되어 있는 산업 등은 교섭의 전문화나 교섭비용 절감 측면에서 산별교섭 방식이 보다 생산적이고 효율적일 수 있다.

산별노조에 대응하는 사용자단체가 구성되어 있는 경우 전국 또는 지역단위로 통일교섭이 가능하다. 산업의 특성·사용자단체 구성단위 등에 따라 중앙교섭·지역별 교섭·패턴교섭 등의 다양한 교섭형태를 예상해볼 수 있다. 다만, 산별교섭의 결과에 대해 개별기업의 여건이나 특수성을 반영하기 위한 보충적인 교섭절차는 필요할 수 있다.

사용자단체가 구성된 경우 예상 가능한 교섭형태

○ 중앙교섭(공통사항) → 기업별교섭(보충교섭)

○ 지역별 교섭(중앙은 조정역할) → 기업별교섭(보충교섭)

○ 패턴교섭(대표적 기업과 산별노조 간 교섭) → 다른 기업에 확장(보충교섭)

사용자단체가 구성되어 있지 않은 경우 특정 단체(예컨대, 경총) 또는 사용자대표에게 교섭권을 위임하거나 다수의 개별기업 사용자가 집단적으로 산별교섭에 응할 수 있다. 그렇지 않은 경우 단체교섭은 기업단위에서 개별 사용자와 교섭할 수밖에 없으며 개별사용자가 근로조건 차이 등을

이유로 개별교섭을 주장하며 산별교섭을 거부할 경우 부당노동행위로 보기 어렵다.

사용자단체가 구성되지 않은 경우 예상 가능한 교섭형태
○ 대각선교섭: 산별노조 또는 기업단위 지부·분회(산별노조의 교섭권 위임) ↔ 개별 기업의 사용자
○ 집단교섭: 산별노조 ↔ 다수의 개별기업 사용자(또는 교섭권을 위임받은 대표자)
  ※ 전국 또는 지역·세부 업종 단위의 집단교섭도 가능

현실 여건상 전국 단위의 산별교섭이 용이하지 않은 경우에는 우선 지역 또는 세부 업종별로 집단교섭 등을 도모할 수 있고 노사 당사자 간의 합의로 기업규모나 근로조건 등의 유사성 등을 고려하여 몇 개의 그룹으로 나누어 교섭을 시도할 수 있다. 산별노조와 대표성 있는 기업 간에 체결된 단체협약의 내용을 다른 기업으로 확장 적용하는 패턴교섭도 활용할 수 있을 것이다.

산업별 교섭의 주체와 위임

1) 교섭주체

산별노조가 교섭을 진행함에 있어 산별본조 위원장이 교섭당사자로서 교섭단을 구성하여 직접 교섭에 임하거나 교섭권을 제3자에게 위임하여 수임자로 하여금 교섭을 담당하게 할 수 있다. 대법원은 산별노조의 지부·분회장이 본조 위원장의 위임 없이 단체교섭을 진행하여 단체협약을 체결할 때 "지부·분회가 독자적인 규약·집행기관을 가지고 독립된 조직체로서 활동을 하는 경우에 당해 조직이나 그 조합원에 고유한 사항에 대하여는 독자적으로 단체교섭·단체협약을 할 수 있다"고 판시하여(대법원

2001.2.23, 2000도4299; 대법원 2002.7.26, 2001두5361), 지부·분회가 독립된 조직체로서의 실체를 가지고 활동할 경우에는 산별본조의 위임 없이 교섭하고 협약을 체결할 수 있다는 입장이다.

사용자 측에서는 사용자단체 또는 개별기업의 사용자가 교섭당사자이나, 사용자단체가 구성되어 있지 아니한 경우 다수의 개별기업 사용자가 집단적으로 또는 소수의 사용자대표가 교섭권을 위임받아 교섭에 임할 수 있다. 사용자단체라 함은 노동관계에 관하여 그 구성원인 사용자에 대해 조정 또는 규제할 수 있는 권한을 가진 사용자의 단체로(법 제2조 제3호) 통상 노조와의 단체협약 체결을 목적으로 설립되거나, 정관에 단체교섭 권한을 인정하고 있거나, 회원사로부터 단체교섭권을 위임받은 단체를 의미한다(노조 01254-557, 1996.5.28). 대법원도 "노동조합과 단체교섭을 할 상대방인 사용자단체는 노동관계에 관하여 그 구성원인 사용자에 대해 조정 또는 규제할 수 있는 권한을 가진 자이어야 하는데, 사용자단체가 이러한 권한을 가지기 위해서는 노동조합과의 단체교섭 및 단체협약을 체결하는 것을 그 목적으로 하고, 그 구성원인 각 사용자에 대해 통제력을 가지고 있어야 하며 나아가 노동조합에 대응하는 단체가 아니라 구성원들의 경제적 지위의 향상 등 다른 목적으로 설립된 경제단체 등의 경우에는 그 정관에서 정하고 있는 경우나 그 구성원들의 위임이 있는 경우 등에 한하여 노동조합과 단체교섭 및 단체협약을 체결할 권한이 있다"라고 판시하고 있다(대법원 1999.6.22, 98두137 등). 따라서 노동관계에 관하여 개개 사용자들을 규제·조정할 수 없는 사용자협회들은 노조법상의 사용자단체로 보기는 어렵다.

2) 교섭단 구성 및 교섭권 위임

산별 통일교섭 또는 집단교섭을 진행할 경우에는 교섭준비 단계에서 미리 충분히 협의해서 교섭단을 구성해야 한다. 산별노조의 대표자가 제3자에게 교섭권을 위임한 경우에는 위임을 해지하는 등의 별개의 의사표시가 없더라도 노동조합의 교섭 권한은 여전히 수임자의 교섭 권한과 중복하여 경합적으로 남아 있다. 예컨대, 산별노조 위원장으로부터 교섭권을 위임받은 자가 교섭을 진행했으나 쟁점에 관한 의견접근이 이루어지지 않을 경우 산별노조 위원장이 직접 교섭하고 단체협약을 체결하더라도 이는 유효하다.

23 산별 단체교섭의 절차

단체교섭의 준비

단체교섭을 원활하게 진행하기 위해서는 교섭준비 단계에서 교섭당사자가 다음과 같은 사항을 충분히 협의할 필요가 있다.

- ○ 교섭방식
- ○ 교섭당사자 확인 및 교섭단 구성방법 · 교섭위원 협의
- ○ 조합원의 명단 제시방법, 공개할 자료의 종류 및 제공방법
- ○ 산별 중앙 및 지부별 교섭사항 배분방법(중앙단위의 공통교섭사항과 지부 · 분회 위임사항을 구분)
- ○ 교섭진행 방법, 교섭절차, 안건의 토의방식

○ 교섭일시 및 장소
○ 기타 효율적인 교섭을 위해 상대방을 설득하기 위한 설득카드 제시 등

　교섭개시 전에 교섭방식에 관한 협의를 진행하되 노사여건이라든지 업종의 특성 등을 감안하여 알맞은 교섭방식을 택하도록 하되 특정 교섭방식만을 주장하다가 근로조건 등에 관한 단체교섭을 진행하지도 못한 채 분쟁상태로 들어가는 일이 없도록 주의해야 한다. 교섭개시 전에 상대방에 대해 단체교섭의 당사자인지의 여부를 확인할 수 있는 증빙자료를 요구하여 이를 명확히 해두어야 하고, 아울러 교섭단의 규모와 구성방법, 교섭위원 수와 명단 등을 확정하고 교섭권 위임 여부 등도 명확히 해야 한다.

　사용자는 단체교섭을 통해 체결될 단체협약을 적용받게 되는 대상자의 명단을 요구하여 이를 확인해야 하고 노동조합은 사용자에 대해 공개할 자료의 종류 및 제공방법 등을 제시하여 교섭준비에 활용하도록 해야 한다.

　교섭사항 중 어떤 것은 중앙단위로 교섭하며(공통사항) 어떤 것은 지부·분회 단위로 위임할 것인지(위임사항)에 관해 사전에 양 당사자가 조율하는 것이 효율적인 교섭을 위해 필요하다.

○ 산별교섭사항: 단체교섭 절차, 임의조정 등 분쟁해결절차, 산업안전, 임금인상률, 기타 산업 단위의 공통관심사
○ 기업별 보충교섭 사항: 임금 인상수준 및 구성방법, 복리후생, 노조전임자·사무실 제공· 근무시간 중 노조활동·회사시설물 이용 등과 같은 '채무적 부분'

　노사 당사자 일방이 상대방에게 단체교섭신청서나 단체교섭요구서를 제시할 경우 교섭당사자·교섭위원, 교섭사항, 교섭일시 및 장소 등을 명시하고 이에 대한 답변은 상대방이 납득하거나 이해할 수 있도록 명확하

게 제시해야 한다.

단체교섭의 진행

단체교섭은 교섭준비 단계에서 정한 절차에 따라 진행하되, 이와 같은 절차를 정하고 있지 않은 경우에는 일반적인 관례대로 상견례와 제안설명, 요구안과 대응안 검토의 순서로 진행한다. 산별본조나 지역지부 차원의 공통적인 사항(단체교섭의 절차 등)에 대해서는 통일교섭 또는 집단교섭으로 다루고 기업별 여건을 감안해야 하는 근로조건, 특히 임금부문에 관해서는 최저기준(임금인상률)만 설정하고, 다시 기업별로 보충교섭을 통해 재조정하는 것도 검토할 수 있다. 산별본조나 지역지부 차원에서 제시하는 임금수준(임금인상률)은 동종 산업의 대부분의 사업장에서 지켜질 수 있도록 최저수준을 제시하는 것이 교섭의 효율성을 제고하기 위한 현실적인 방안이다. 제안설명이 끝난 후 교섭의 효율적인 진행을 위해 실무소위원회를 구성하여 양측 의견을 조율하는 경우도 있을 수 있다.

단체협약의 체결

양 당사자 간 의견의 합치가 있는 경우에는 곧바로 단체협약에 서명·날인함으로써 단체교섭의 모든 절차를 마무리하거나 특정한 날짜를 정해서 노사 양측이 참여한 가운데 별도로 조인식을 개최할 수도 있다. 산별협약의 체결권자는 산별노조 위원장과 사용자(사용자단체, 교섭권을 위임받은 대표자 등)이며 이들이 산업별 단체협약서('각서', '협정', '합의서' 등의 이름으로 작성)라는 서면을 작성하고 서명·날인함으로써 법률상 효력이 발생한다.

교섭당사자가 타인이나 하부단체 등에 교섭권과 단체협약 체결권까지 위임한 경우에는 위임받은 자가 직접 서명·날인할 수 있는데 이때 단체협약 체결권을 위임받아 서명·날인한다는 사실을 명기하고 위임장 등 위임사실을 증명할 수 있는 자료를 첨부함으로써 불필요한 다툼을 줄이도록 해야 한다.

24 산별 노동조합과 쟁의행위

쟁의행위의 주체

쟁의행위는 단체교섭의 결렬로 인해 행해지는 것이므로 단체교섭의 당사자와 쟁의행위의 당사자는 같은 것으로 이해된다. 따라서 산별교섭이 결렬된 경우 쟁의행위 주체는 원칙적으로 산별노조이고, 지부·분회가 독자적으로 쟁의행위의 주체가 될 수는 없다. 다만, 산별노조의 규약에 의해 위임된 권한의 범위 내에서는 산별노조의 지부·분회가 독자적으로 쟁의행위를 결의할 수 있다.

쟁의행위의 목적 및 절차

산별·지부별 단위에서 교섭이 진행되다 결렬된 경우에는 비록 기업별 지회·분회 단위의 교섭이 진행되지 않았다 하더라도 그 내용이 근로조건의 결정에 관한 주장의 불일치에 해당한다면 조정절차 및 찬반투표를 거쳐 쟁의행위를 할 수 있다. 산별교섭의 결렬로 노동쟁의가 발생한 경우 산별노조 명의로 조정을 신청하되 노동쟁의가 2개 이상의 지방노동위원회 관할에 걸치는 경우에는 중앙노동위원회에 신청한다.

쟁의행위는 조정절차 및 찬반투표를 거쳐 최후 수단으로 행사하되, 쟁의행위 찬반투표 단위는 교섭단위를 기준으로 판단해야 한다. 즉, 교섭대표를 선임하여 교섭권을 위임하거나 사용자단체를 구성하여 교섭하는 경우에는 교섭단위 내 전체 조합원의 과반수 동의로 쟁의행위를 결의해야 하지만, 개별기업의 사용자와 대각선교섭을 진행하거나 다수의 사용자가 동시에 같은 장소에서 교섭을 진행할 뿐 사실상 대각선교섭을 진행하는 경우에는, 개별기업별로 당해 기업의 노조원들로만 찬반투표를 실시, 쟁의행위를 결의해야 한다.

○ 지역단위로 여러 개 사업장을 대상으로 설립된 노동조합에 의해 조직된 특정 사업장의 근로관계 당사자 간에 근로조건의 결정에 관한 분쟁이 있을 경우에 당해 사업장 재적조합원 과반수 찬성으로 쟁의행위를 결의해야 할 것임(협력 68107-607, 2001.12.13 등)
○ 기업단위노조가 조직형태 변경에 의해 전국단위 산별노조의 지회로 전환한 후 지회단위의 쟁의행위를 할 경우에 있어서 쟁의행위에 대한 결의는 산별노조의 규약에 의거, 지회가 노동쟁의의 당사자능력을 부여받고 있는 경우라면 지회 재적조합원 과반수 찬성으로 결정해야 할 것임(협력 68107-240, 2001.5.21)

25 산별노조와 산별교섭의 흐름

F R E N E M Y   P A R T N E R S

노동조합의 자유설립주의와 산별노조

노동관계법에서는 '노동자는 자유로이 노동조합을 조직하거나 이에 가입'할 수 있도록 하고 있으므로 노동조합의 설립은 자유롭다. 따라서 산별노조나 지역별노조 등 초기업단위 노조이든 기업별노조이든 관계없이 설립하고 활동할 수 있으며, 노동조합의 조직형태에 따라 상이한 법률이 존재하는 것도 아니다. 그러나 실제에 있어서는 기업별 단위노동조합이 지배적 조직형태를 차지하고 있는 우리나라의 특수성으로 인해 집단적 노사관계의 영역에서 집단적 자치는 기업별노조 대 개별 사용자의 구도하에서 형성되어왔다. 판례나 행정해석, 학설 등에 기한 지난 수십 년 동안의 법운용 역시 기업별노조를 당연한 전제로 하고 있었다. 외국의 예에서 알 수 있듯이, 엄밀히 말하면 기업별노조는 교섭력에서 사용자와 대등한 관계를 형성할 수 없고 노사간 세력균형을 통한 균형 있는 성장 역시 현실적으로 어렵다. 특히 중소기업의 기업별노조가 집단적 자치에 의해 사용자와 대등한 교섭력을 가지기는 어렵기 때문에 기업별노조에 대해 실질적으로는 정부와 사용자가 암묵적인 지원을 하는 시스템으로 운용되어왔다. 전임자급여지급문제도 결국에는 기업별노조가 대부분을 차지하는 현실에서 노사간에 타협의 산물로 관행화된 측면이 있다. 또한 이로 인해 집단적 자치영역에 속하는 다수의 사항에 대해서 법이 관여하고 개입할 수밖에 없는 부득이한 면이 있었고, 우리나라의 노사관계법의 형태가 규제적 · 개입적 요소를 다수 포함하고 있는 것도 여기에 기인하는 바가 있다고 평가할 수 있다.

그런데 최근 산별노조의 확산 움직임으로 인해 노사관계의 지형이 변화하고 있다. 집단적 자치의 전제가 되는 노사간 교섭력의 균형이 원칙적으로 가능할 수 있는 토대를 갖추기 시작하고 있는 것이다. 대등한 힘의 균형을 갖춘 노사관계가 가능한 산별노사관계에서 더 이상 노사자치로 해결할 사안에 국가가 개입하는 것은 바람직하지 않다. 거꾸로 노동조합이 사회적 약자가 아닌 사회적 강자의 위치를 가지는 경우도 있으므로 노사관계에 대한 전통적인 사고에 일대 변혁이 있어야 한다. 그런데 산별노조가 광범위하게 확산되고 있기는 하지만, 여전히 노사간에 기업별 의식이 잔존하고 있고, 이에 상응하는 사용자단체가 아직 제대로 결성되지 않고 있는 등 완전한 형태의 초기업별 노사관계로의 진전이 이루어졌다고 평가할 수는 없기 때문에 법과 제도적인 면에서 새롭게 정비해야 할 부분이 많이 있다. 결국 현재의 상황은 노사관계의 현실과 법률 모두 과도기적 상태에 있다고 하는 것이 정확하다. 바꾸어 말하면 기업별 노조형태를 전제로 한 관행과 법적용은 산별노조에 대해서도 여전히 유지되어 현실적으로 맞지 않으며, 산별노조에 적합한 법적용의 원칙과 모습이 뚜렷이 제시되지 않음으로써 혼란이 초래되고 있는 것이다. 즉, 과도기적 성격으로 인해 초기업단위 노조의 특수성이 반영되어야 할 영역에서는 기업별노조의 관행이 적용되어 혼란이 발생하고 있고, 기업별노조 체제하에서는 문제되지 않았던 것이 초기업단위 노조하에서 새로운 문제영역으로 부각되고 있으나 적절한 운용방향이 제시되고 있지 않은 것이다. 가장 대표적인 영역은 산별노조지부의 문제라고 할 수 있다. 산별노조지부와 기업별노조의 병존 여부, 지부의 단체교섭능력, 지부의 기업별노조로의 조직형태 변경 여부, 지부가 체결한 단체협약과 본조가 체결한 단체협약의 관계 등이 산별노조지부의 법적 지위와 파생하여 발생하는 쟁점이다.

산별노조의 운영과 관련한 쟁점

첫째, 산별노조의 운영과 관련하여 지금까지 가장 쟁점으로 부각되고 있는 것은 산별노조의 기업 내 지부·지회·분회의 법적 지위와 관련하여 발생하는 문제들이다. 복수노조 설립금지를 규정하고 있던 노조법 부칙 제5조 제1항과 관련하여 산별노조의 기업 내 지부와 기업별 단위노동조합이 병존하는 것이 복수노조 설립금지에 해당하는지 여부였다. 이 문제는 2011년 6월 30일까지의 한시적인 성격을 띠고 있기 때문에 2011년 7월부터는 소멸할 성질의 것이다. 하나의 사업에서도 다수의 복수노조가 허용되는 경우에는 설립에 제약이 없어지기 때문이다.

둘째, 지부가 체결한 단체협약과 본조가 체결한 단체협약의 관계가 문제되고 있다. 이는 2004년 보건의료노조가 체결한 단체협약의 지부단체협약 변경권이 문제로 부각되었다. 이에 대해 서울대지부가 반발하면서 지부협약을 독자적으로 체결하려는 움직임을 보였으며 결국 서울대병원 지부노조는 2005년 4월 1일 대의원대회에서 조직형태 변경을 결의하여 보건의료노조를 탈퇴하고 민주노총의 공공연맹에 속한 기업별노조로 재출범했다. 따라서 지부협약과 본조협약의 관계를 명시적으로 규정한 보건의료노조 단체협약 제10장 제2조의 효력, 즉 만약 서울대지부가 산별협약의 기준을 넘는 독자적인 지부협약을 체결했다면 그 지부협약의 효력은 유효한지 여부가 법적으로 다투어지지는 않았으나, 향후에도 이 쟁점은 부각될 가능성이 많다.

셋째, 산별노조의 출범 이후 상당수의 기업 내 지부가 조직형태를 변경하여 기업별노조로 환원되는 사태가 발생하고 있다. 과기노조지부에서 기업별노조로 조직형태를 변경한 S평가원 사례가 있고, 2005년 6월 금속노조의 포항지회 중 하나가 조직형태 변경을 통해 기업별노조로 조직형태를 변경했다. 이와 같이 산별노조의 기업 내 지부가 다시 기업별노조로 조직형태를 변경하는 것이 용인될 것인지가 문제되고 있다.

넷째, 기업 내 지부의 독자적인 단체교섭능력 유무, 노조법 시행령 제7조의 존치 여부도 산별노조지부의 법적 지위와 파생하여 발생하는 쟁점이다.

다섯째, 복수노조시대를 대비한 이른바 '교섭창구 단일화 제도'는 또 다른 문제를 산별노조에 던져주고 있다. 원론적으로 볼 때 교섭창구 단일화

제도는 노동조합의 조직형태와 직접적인 관련성을 가지는 제도는 아니지만, 실제로는 교섭창구 단일화 제도의 적용대상이 어떻게 설정되는가에 따라 기업별교섭을 사실상 강제하는 제도가 되기 때문이다. 기업단위의 교섭창구 단일화 제도가 산별노조의 산별교섭에 부정적인 영향을 미칠 수도 있다. 산별노조가 있다고 하더라도 교섭창구 단일화는 사업 또는 사업장에서 과반수를 차지하는 노조만이 가질 수 있기 때문에 산별노조의 기업지부나 지회가 그 사업장에서 전체 조합원의 과반수가 되지 않는 경우 자칫 교섭창구 단일화 절차에서 소외될 가능성도 있다.

산별교섭, 어떤 문제가 있는가

산별교섭이란 동종 산업 내 다수의 기업에 적용될 단체협약의 체결을 목표로 하는 교섭방식이며 하나의 기업에 적용될 단체협약의 체결을 목표로 하는 대각선교섭 등은 전형적인 산별교섭의 예로 보기 어렵다. 다만, 산별노조가 공동요구안을 제시하고 다수의 대각선교섭을 진행하는 사례도 있다.

산별노조가 설립되면 우선 산별교섭을 핵심과제로 삼는다. 기업별노조에서 해결하지 못하는 비정규직 문제를 비롯하여 다양한 정치적, 경제적, 법률적 문제를 산별교섭으로 풀어낼 수 있다는 기대감이 크기 때문이다. 그럼에도 산별교섭은 상당한 시일이 지나야 제 궤도에 진입하게 된다. 2001년도에 산별노조로 전환한 금속산업노조가 2005년에 이르러서야 금속사용자협의회를 구성한 것만 보더라도 산별노조의 설립이 곧 산별교섭의 정착으로 이어지기는 어렵다. 산별노조는 가장 먼저 교섭의 파트너인 사용자단체를 구성하라는 압력을 행사한다. 자칫 본래적인 근로조건 교섭은 시작해보지도 못하고 교섭파트너를 누구로 할 것인가를 놓고 노사간에 지리한 신경전을 펴기도 한다. 외국의 경우에도 산별노동조합이 처음 만들어졌을 때 노동조합을 인정하라는 파업부터 시작한 역사가 있다. 우리도 마찬가지로 산별노조가 만들어지면 자동적으로 사용자단체가 구성되는 것이 아니므로 교섭의 파트너로서 단체협약체결권을 가진 사용자단체를 요구하는 것은 당연한 일이다. 그러나 동종 산업이라 하더라도 각 기업의 규모, 형태, 기업문화 등이 다른 입장에서 하나의 통일된 단체교섭안을 만들어 노동조합과 단체교섭을 하기란 쉬운 일이 아니다. 결국 노동조합의 파업압력에 굴복하는 형태로 산별사용자단체나 협회가 단체교섭의 당사자로 부각되는 과정을 겪을 것이다. 산별교섭은 수십 번 또는 수백 번의 교섭을 한꺼번에 처리한다는 장점이 있지만 자칫 3중교섭으로 교섭에 시간이 더 걸리고 이중으로 교섭을 하는 불합리한 점도 나타난다.

경총에서 발표한 자료를 중심으로 금속산별교섭의 문제점을 몇 가지로 나누어 정리하면 다음과 같다. 금속노조는 가장 걸림돌로 작용하던 금속사용자협의회를 구성하고 단체교섭의 당사자로 법인설립을 했으므로 큰 산은 넘었지만 여기에서 제시되고 있는 문제는 앞으로 산별노조를 중심으로 계속 제기될 것으로 판단된다.

사용자단체 구성 관련 문제점
○ 금속노조가 '실질적 사용자단체 구성'에 집착하는 이유는 상시적 교섭채널 확보, 산별교섭 참여 사업장의 이탈 방지, 산별협약 이행 강제, 산별교섭 미참여 사업장에 대한 산별협약 일률적 적용, 완성차사 등 산별미전환 사업장의 산별전환 촉진 등에 있음
 - 금속노조는 실질적 사용자단체의 필수요소로 정관상 회원사의 노사관계에 대한 규제·조성권 및 체재권, 이사회와 사무국 구성(대표 선임 포함), 법인 등록 등을 들고 있음
 - 사용자단체 구성 시 산별문제 이슈화를 초래함으로써 산별전환 문제가 산별 미전환 사업장의 현장 핵심쟁점으로 부각될 가능성이 높음
○ 따라서 충분한 사전검토 없이 사용자단체를 구성하는 것은 사용자 측에게 막대한 유, 무형

의 피해를 초래할 것임
  - 따라서 사용자단체 구성 시 문제점, 사용자단체 존재 시 효율적 교섭시스템(교섭대상 범위 등, 삼중교섭구조 개선 등), 사용자단체의 역할과 한계 등에 대한 충분한 검토가 필요함

사용자 측의 문제점

○ 대부분의 사용자들은 "싸워봤자 안 되니까 아예 빨리 적당히 들어주자"는 '철저한 패배주의의 함정'에 빠져 있음

○ 또한 단기적, 사업장 관점에서 산별교섭을 접근하는 우를 범하고 있음
  - 노무담당 임원들이 대부분 공장장으로 현장 차원의 노무관리(단기적 노사관계의 안정을 통한 생산라인의 지속 가동)에만 치중하고 있음

○ 일부 사용자는 금번 교섭을 자신들의 지명도를 높이는 계기로만 활용함으로써 전략적 대응 내지 공동 대응을 어렵게 하고 있음

○ 일부 사용자들은 사용자 측으로부터 교섭권을 수임한 C&B 노무법인이 집단노사관계 경험 부족 등 많은 문제점을 개선하려는 노력은 없이 사용자단체 사무국 운영 및 대표 선임 등에만 욕심을 내고 있다고 비판하고 있는 것으로 전언됨

금속노조 교섭행태의 문제점

○ 금속노조는 삼중(산별/지부별/지회별) 교섭구조, 교섭대상 혼재 내지 중복, 규모·업종·특성 등을 무시한 획일적 교섭군 등 불합리한 교섭체제를 유지함으로써 교섭 효율성을 저해하고 교섭비용 증가를 초래함

○ 금속노조는 벼랑끝 전술, 법과 원칙마저 무시하는 파업만능주의 등 투쟁적 교섭 및 파업행태를 지속하고 있음
  - 금속노조는 사용자 측 교섭대표의 대표권을 부인하고, "사용자는 안을 제시할 수 없다" 내지 자신들의 요구안은 "토씨 하나 고칠 수 없다"고 주장한 바 있음

○ 또한 금속노조는 사업장 순회교섭 및 절대 다수의 참관인 고집, 사용자 측 교섭위원에 대한 자격 시비, 노조 교섭위원의 위협적 언사 등 비합리적 교섭행태를 지속하고 있음

Part 4

■■■ 불법파견과 위장도급: 도급과 파견의 구별기준

FRENEMY

PARTNERS

26 일 시킨 사람이 법적 책임을 진다는 원칙

노동법의 제1원칙: 일 시킨 사람이 책임을 진다

노동법의 제1원칙은 일을 시킨 사람이 노동법상의 의무를 부담한다는 것이다. 계약 당사자가 아니라도 사용종속관계에서 다른 사람의 노동력을 활용했다면 노동법상의 각종 의무를 이행해야 하는 사용자의 위치에 서게 된다. 왜냐하면 노동법은 사회적 약자인 노동자의 경제적, 사회적 지위향상을 목적으로 하기 때문이다. 형식적으로 계약을 한 사람보다 실질적으로 일을 시킨 사람을 의무이행자로 해석하는 것은 그렇게 하지 않을 경우 노동자 보호에 치명적인 약점이 발생하기 때문이다. 예를 들어 계약 형식은 도급으로 되어 있어도 근로계약과 마찬가지로 도급업체에서 수급업체 근로자를 지시·감독하는 경우 도급업체와 근로계약이 체결된 것으로 보아 도급업체를 노동법상의 사용자로 인정한다. 또한 도급계약을 맺고 있으면서 파견과 마찬가지로 수급업체의 노동자를 도급업체에서 지시·감독하는 경우에는 파견으로 인정해서 파견법을 적용한다. 파견법은 합법파견에만 적용되는 것이 아니라 불법파견의 경우에도 당연히 적용된다는 것이 노동법의 제1원칙을 확고하게 뒷받침해준다.

도급계약을 맺고 있더라도 실제로 수급업체의 노동자를 도급업체에서 지시감독을 하면 도급업체와 수급업체의 노동자는 묵시적 근로계약이 체결된 것으로 본다. 이럴 경우 수급업체의 실체성은 부정되고 도급업체만 남게 되므로 도급업체는 노동법상의 모든 사용자 책임을 지게 된다. 일을 시킨 도급업체가 사용자가 되고, 형식적인 계약 당사자인 수급업체는 아무런 법률관계가 없는 것으로 의제된다. 수급업체는 겉으로 존재하지만 노동법의 적용에서는 도급업체만이 사용자가 된다. 또한 도급계약을 맺고 있으면서 수급업체의 실체성이 인정되는 경우 수급업체가 노동자를 지시·감독하는 경우에는 합법적인 도급으로 인정되지만, 만약 도급업체에서 수급업체 소속 노동자를 지시·감독하는 경우에는 위장도급으로서 불법파견이 된다. 불법파견의 경우에도 파견법이 적용되기 때문에 2년이 지난 경우에는 도급업체가 수급업체 노동자를 고용할 의무가 있다. 2007년 파견법 개정 전에는 고용의제가 적용되었기 때문에 2년이 지난 시점부터 곧바로 도급업체의 노동자로 간주된다.

바지사장: 법인격부인과 묵시적 근로관계의 인정

바지사장은 보통 술집 등 유흥업소에서 실질적인 경영자는 뒤에 있으면서 형식적으로 힘없는 사람을 사장으로 앉혀놓고 법적인 책임을 피해나가는 형태를 말한다. 최근에는 바지사장을 내세워 상장사 자금을 빼돌리는 수법이 늘어나고 있다고 한다. 매스컴의 보도에 따르면 법원이 2000년대 중반부터 횡령 혐의에 대한 처벌을 강화하자 횡령세력들은 명의를 내세울 '바지사장'을 고용해 이를 피해간다. 횡령 '몸통'은 고리 사채를 끌어다 기업 경영권을 인수한 뒤 바지사장을 통해 내부유보금 등 회삿돈을 횡령해 사채를 갚고 인수한 주식과 회사자산을 팔아 돈을 챙긴다. 이 과정에서 바지사장은 몸통을 대신해 일체의 책임을 지는 조건으로 리베이트를 받는다. 바지사장은 2년~6년 정도의 징역을 살고 나오면 20억~30억 원을 챙길 수 있기 때문에 원해서 지원하는 경우도 있다고 한다.

노동문제에서 바지사장은 법인격부인이론을 통한 묵시적 근로계약관계에서 나타난다. A기업은 B사내협력업체와 도급계약을 체결하고 있지만 B업체의 대표는 형식적으로 대표이사로 등재되어 있을 뿐, A기업이 노동자의 채용에서부터 퇴직까지의 모든 근로조건을 정하고 실제로도 A기업의 관리자들이 B업체 노동자에게 지시·감독을 하는 경우가 여기에 해당한다. 형식적으로는 B업체가 노동자들의 채용과 근로조건을 결정하는 것 같지만 B업체는 실권이 없고 A기업이 시키는 일만 할 뿐이다. 도급기간이 끝나면 B업체와 재계약을 맺지 않고 다른 C업체에 넘겨주게 되는데 이럴 경우 노동자들은 B업체로부터 해고를 당하게 된다. 실질적으로는 A기업이 지시감독을 했음에도 형식적으로 B업체와 근로계약을 맺고 있었기 때문이다. 이럴 경우 대법원 판례는 B업체의 법인격을 부인하는 이론을 도입해서 B업체의 실체를 인정하지 않는다. B업체의 실체를 인정하지 않을 경우 B업체에 소속되어 있던 노동자는 A기업과 근로계약을 맺은 것으로 간주하는데 묵시적 근로계약관계를 인정한 것이다. 묵시적 근로계약관계를 인정하면 A기업이 부당해고를 한 것이 되고 A기업은 노동법상의 모든 책임을 저야 한다.

바지관리자: 불법파견과 고용의제, 고용의무

바지관리자는 최근에 나온 판례의 결론이다. D기업에서 E업체를 사내협력업체로 계약을 한 경우 E업체의 실체가 있고 관리자들이 존재할 경우 법인격을 부인하거나 묵시적 근로계약관계를 인정하기 어렵다. 이럴 경우 E업체의 실체는 존재함에도 실질적으로는 D기업이 노동자를 지시·감독하는 경우 D기업이 노동법상의 책임을 지는지, 아니면 E업체가 노동법상의 책임을 지는지 문제가 된다. 도급계약의 경우 성과 또는 결과책임을 묻는 형식이기 때문에 과정에 대한 책임을 묻는 근로계약과 차이가 있다. 파견계약은 근로계약을 맺은 파견기업이 일을 시키는 것이 아니라 사용기업이 지시·감독을 한다는 특수성이 인정되는 계약이다. D기업과 E업체가 형식적으로는 도급계약을 맺고 있지만 실질적으로는 D기업이 E업체 근로자들을 지시·감독하는 경우 E업체의 실체가 인정되기 때문에 합법적인 도급이 아니라 도급이라는 형식을 빌린 파견이 된다. 이를 보통 위장도급이라고 하며 위장도급은 특별한 사정이 없는 한 불법파견이 된다. 왜냐하면 제조업의 직접 생산 공정에는 파견근로자를 사용할 수 없을 뿐만 아니라 파견허가를 받지 않았기 때문이다.

형식적으로 E업체의 관리자를 통해서 일을 시켰다고 하더라도 컨베이어벨트 작업공정에서 D기업의 근로자와 E업체 근로자가 혼재해서 작업을 했고, D기업 근로자가 휴가, 병가 등으로 빠질 경우 E업체 근로자가 그 자리에서 같은 일을 했다면 E업체 관리자는 D기업의 노무대행기관에 불과하기 때문에 바지관리자에 불과하다. E업체의 관리자는 실권이 없으며 D기업이 정한 것을 단지 전달하는 전달자일 뿐이다. E업체의 관리자가 E업체 대표의 지휘를 받는 것이 아니라 D기업의 지휘를 받는 것이므로 E업체 관리자는 바지관리자라는 것이다.

일을 시킨 사람이 책임진다는 보편적인 원칙은 사회적 약자인 노동자보호를 위해서 포기하지 말아야 할 제1의 원칙이다. 이러한 원칙이 지켜지는 사회가 공정하고 밝은 사회가 된다.

27 실질이 형식을 앞선다는 원칙

노동법의 제2원칙: 실질이 형식을 앞선다

노동법의 제1원칙은 일을 시킨 사람이 노동법상의 의무를 부담한다는 것이다. 노동법의 제2원칙은 '실질이 형식에 앞선다'는 원칙이다. 하나의 사례를 들어보자. 고등학교를 졸업하지 못한 사람이 고등학교 졸업학력만 응시할 수 있는 회사에 입사원서를 내는 방법은 두 가지가 있다. 하나는 고등학교 졸업장을 위조하는 방법이고 다른 하나는 친구의 고등학교 졸업증명서를 가지고 친구 이름으로 취업하는 방법이다. 졸업장을 위조하는 것은 큰 범죄행위이므로 섣불리 행동에 옮길 수 없지만, 예전에는 친구의 이름을 빌려서 친구 행세를 하면서 직장생활을 한 경우가 종종 있었다. 만약 친구 이름을 빌려서 취업을 한 경우 이러한 사실이 발각되면 당연히 채용 취소 사유가 되고, 회사에서는 채용을 취소하거나 아니면 해고조치를 하게 될 것이다. 대부분은 회사의 조치를 수용하고 회사를 떠나겠지만, 그렇지 않고 부당해고구제신청이나 해고무효확인소송을 통해서 법적인 다툼을 벌이는 경우도 예상할 수 있다. 이렇게 법적인 다툼을 할 때 본인의 이름으로 소송을 제기할 것인지, 명의를 빌린 친구의 이름으로 할 것인지가 문제이다. 근로계약은 당연히 친구의 이름으로 되어 있고 친구 행세를 했기 때문에 친구의 이름으로 소송을 제기해야 한다는 주장도 가능하다. 한편 실제로 근로를 제공한 사람은 본인이기 때문에 친구 명의가 아닌 본인의 명의로 소송을 제기해야 한다는 논리도 성립한다.

이것이 형식주의와 실질주의가 충돌하는 모습이다. 형식적으로 근로계약을 체결한 명의인은 친구 이름이지만 실제로 근로를 제공한 당사자는 본인이기 때문이다. 형식을 존중한다면 명의인인 친구가 소송의 당사자가 되어야 한다. 반대로 실질을 존중한다면 자신의 노동력을 사업장에 제공한 본인이 당사자가 된다. 강의를 하면서 이러한 사례에 대한 질문을 던지면 대부분의 수강생들은 근로계약의 당사자인 친구 이름으로 소송을 제기해야 한다는 답변을 한다. 그러나 정답은 본인 이름으로 소송을 제기해야 한다는 것이다. 만약 근로계약에 명시되어 있는 친구 이름으로 소송을 제기한다면 당사자 적격에 어긋나기 때문에 당연히 각하될 사안이다. 형식적인 당사자는 친구이지만 실질적인 당사자는 본인인 사건에서 노동문제의 특성상 실질적으로 근로를 제공한 본인이 소송 당사자가 되는 것이다. 왜냐하면 노동력을 제공하는 근로계약이나 고용계약은 제3자를 통해서 노무를 제공하는 것이 아니라 반드시 본인이 직접 노무를 제공하고 제3자를 대체할 수 없기 때문이다. 또한 노동문제는 형식보다는 실질을 존중하고, 실질적으로 사회적 약자인 노동자들을 보호하려는 목적을 가지고 있어서 계약서상의 문언보다는 실제 운영되는 내용을 먼저 검토해야 한다.

도급의 형식을 띠고 있지만 실제는 근로계약인 경우

실질이 형식에 앞선다는 원칙은 도급형태의 노무공급계약에서 많이 문제가 된다. A기업이 B기업에 사업의 일부는 도급을 주면서 B기업 소속 노동자 C를 직접 지휘·감독하는 경우가 대표적이다. 계약 형식 면에서는 도급이라는 형태를 띠고 있지만 B기업의 실체가 인정되지 않고 사업으로서의 독립성이 없는 상태에서 B기업 소속 노동자인 C를 자기 회사의 노동자인 양 일을 시키는 것이 실제적인 모습이라면 C는 A기업과 묵시적 근로계약을 맺고 있다고 해석한다. 형식적으로는 도급계약이지만 실질적으로는 근로계약인 셈이다. 이럴 경우 형식적인 계약보다는 실질적인 지휘·

감독을 중요하게 생각해서 B기업의 법인격을 부인하고 A기업이 C를 직접 채용한 것과 같은 법률효과를 발생시키는 것이 판례의 입장이다. 형식적으로는 A기업과 B기업의 노동자인 C는 아무런 관계도 없다. 그럼에도 A기업이 C를 자신의 노동자와 마찬가지로 직접 일을 시켰기 때문에 묵시적인 근로계약관계를 인정한 것이다. 만약 B기업이 C를 해고하는 경우 노동자는 B기업을 상대로 부당해고구제신청을 하는 것이 아니라 A기업을 상대로 부당해고구제신청을 할 수 있다. 왜냐하면 이미 A기업과 근로계약이 체결되어 있는 것으로 의제하기 때문이다. 노동법상의 모든 책임은 A기업이 지는 것이다.

도급의 형식을 띠고 있지만 실제로는 파견인 경우

도급의 형식을 띠고 있지만 실제로는 파견형태로 운영하는 경우에도 문제가 된다. D기업이 E기업에 사업의 일부를 도급을 주면서 E기업 소속 근로자 F를 지휘·감독하는 경우가 대표적이다. 앞의 사례에서는 B기업이 사업으로서의 독립성이나 실체성이 없기 때문에 직접 근로계약관계를 인정했지만 E기업이 사업으로서의 독립성이나 실체성이 있다면 근로자 F를 D기업의 근로자로 간주하기는 어렵다. 이럴 경우 형식적으로는 도급계약을 맺고 있지만 실질적으로는 파견과 같은 모양을 하고 있어서 파견으로 해석하는 것이 판례의 태도이다. 도급이 도급다워야 하는데, 계약은 도급으로 한 상태에서 운영을 파견과 같이 한다면 이는 파견법상의 파견으로 인정한다. 근로자파견은 파견회사가 파견근로자를 고용한 후 그 근로계약을 유지하면서 사용기업의 지휘명령을 받으며 근로를 제공하는 것을 말한다. E기업이 파견회사가 아님에도 실질적으로 파견과 같이 운영하므로 파견회사로 인정하고 D기업을 사용기업으로 인정해서 근로자파견관계로 간주하는 것이다. 그런데 수급회사인 E기업은 도급계약을 체결했기 때문에 근로자파견에 대한 허가를 얻지 않았을 것이므로 이는 불법파견이 된다. 이렇게 불법파견이 될 경우 D기업과 E기업은 3년 이하의 징역 또는 2천만 원 이하의 벌금의 형사처벌 대상이 되며, 근로자는 차별구제신청이 가능함은 물론 2년이 지나면 D기업은 근로자 F를 고용할 의무를 부담한다. 따라서 도급은 도급다워야 하고, 파견은 파견다워야 하며, 근로계약은 근로계약다워야 한다. 형식과 실질이 충돌할 경우 실질적인 관계를 먼저 고려하는 것은 약자인 노동자를 보호하기 위한 노동법의 중요한 원칙이다.

28 도급과 파견의 구별기준

파견과 도급의 차이점

근로자파견과 도급의 구별에 있어서의 핵심은 '지휘 · 명령권'을 누가 행사하는가에 달려 있다. '근로자파견'이 사용사업주가 직접 그 사업을 수행하면서 파견사업주가 고용한 노동자를 파견받아 해당 업무에 투입하고, 그 근로자를 지휘 · 명령하여 노동력을 제공받는 것이라면 '도급'은 수급사업자가 원사업자로부터 위탁받은 업무를 수행하기 위해 노동자를 고용하고 직접 그 노동자를 해당 업무에 투입, 지휘 · 명령함으로써 노동력을 제공받는 것이다. 따라서 원칙적으로 도급에서는 원사업자가 수급사업자의 노동자에 대해 업무상의 지휘 · 명령권을 행사할 수 없다. 만약 원사업자가 수급사업자의 노동자에 대해 업무상의 지휘 · 명령권을 행사한다면 이는 그

계약의 명칭·형식 등이 도급계약으로 되어 있다고 하더라도 사실상의 운영이 파견법상 근로자파견(사용사업주가 파견노동자를 지휘·명령하는 것)과 같은 것이 되어 파견법의 규율을 받게 된다.

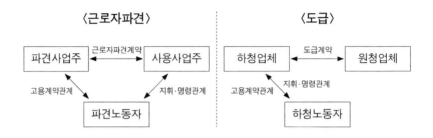

파견과 도급의 구별 방법

근로자파견과 도급을 구별하는 결정적인 기준은 결국 '지휘·명령권'을 누가 행사하는가 하는 것이며, 지휘·명령권을 누가 행사하는가의 문제는 지휘·명령권 행사를 추정할 수 있는 여러 가지 징표들을 '종합적으로' 고려하여 판단한다. 주의할 점은 도급에서도 원사업자는 도급계약의 이행을 확보하기 위해 수급사업자와 함께 그 이행보조자인 수급사업자의 노동자에 대해 일정한 '지시권'을 행사할 수 있다고 보는 것이 일반적이라는 것이다. 따라서 원사업자가 수급사업자의 노동자에 대해 단순히 업무지시를 한 번 한 것을 두고 근로자파견으로 인정되는 '지휘·명령권'을 행사했다고 결론 내려서는 안 된다.

구체적으로 보면, 현실에서는 근로자파견적인 요소와 도급적인 요소가 복합되어 있는 경우가 많을 것이다. 예를 들어 사내하도급에서 수급사업자의 노동자에 대한 지휘·명령권을 원사업자도 행사하고, 수급사업자도 행사하는 경우가 있을 수 있다. 이 경우 만약 대부분의 지휘·명령권을 수급사업자가 행사하고 있다면, 설령 원사업자가 업무지시를 몇 번 했다고 하더라도 이를 원사업자가 지휘·명령권을 행사하는 것으로 보고 근로자파견으로 결론을 내리기는 어렵다.

결국 근로자파견인지 아니면 도급인지를 판단하기 위해서는 누가 주도적으로 지휘·명령권을 행사했는지를 보아야 한다. 이를 위해 지휘·명령권 행사를 추정할 수 있는 여러 징표들에 대해 누가 그 권한을 행사했는지를 각각 조사·파악한 후 이들을 모두 모아서 종합적인 결론을 도출해야 한다. 즉, 전반적으로 볼 때 누가 지휘·명령권을 주도했는지를 판단하여 결론을 내려야 한다는 것이다.

구별 순서와 구별징표

근로자파견과 도급은 모두 3자 관계를 그 특징으로 한다. 근로자파견은 파견사업주·사용사업주·파견노동자로 구성되며, 도급은 원사업자·수급사업자·수급사업자의 노동자로 구성된다. 따라서 3자 관계가 성립되지 않는다면 애초부터 근로자파견인지 도급인지를 구별할 필요도 없게 된다.

여기에서 문제가 되는 것은 바로 '도급'에서 수급사업자가 사업주로서의 실체가 없는 형식적·명목적 존재에 불과한 경우가 된다. 이 경우 수급사업자는 사업주로서의 실체가 없으므로 결국 원사업자와 (수급사업자가 고용한) 노동자만 남게 되어 양자관계가 되며, 원사업자와 수급사업자의 노동자는 묵시적 근로계약관계에 있는 것으로 추정한다. 이와 같은 경우, 판례는 수급사업자에 대해 업무수행의 독자성이나 사업경영의 독립성을 갖추지 못한 채, 원사업자의 일개 사업부서로서 기능하거나 노무대행기관의 역할을 수행한 것으로 본다(예: 현대미포조선 사건, 대법원 2008.7.10 선고, 2005다75088).

따라서 근로자파견인지 도급인지를 판단하기 위해서는 먼저 3자 관계가 성립되는지의 여부를 살펴보아야 한다. 그 결과 3자 관계가 아닌 양자관계만 남는다면, 원사업자와 (수급사업자가 고용한) 근로자 간에 직접고용관계를 추정하여 노동관계법을 적용해야 한다. 그러나 수급사업자가 사업주로서의 실체를 갖추고 있다면, 비로소 근로자파견인지 도급인지를 판단할 실익이 있다.

2007년 4월 19일 노동부·법무부·검찰이 함께 마련한 「근로자파견의 판단기준에 관한 지침」에는 사업주로서의 실체를 갖추고 있는지를 판단하는 징표로서 ① 채용·해고 등의 결정권, ② 소요자금 조달 및 지급 책임, ③ 법령상 사업주 책임, ④ 기계·설비·기자재의 자기 책임과 부담, ⑤ 전문적인 기술·경험과 관련된 기획 책임과 권한의 다섯 가지를 제시하고 있다. 이와 같은 다섯 가지 징표들을 종합적으로 검토해볼 때, 원사업자가 주로 그 권한을 행사하고 있다면, 수급사업자는 사업주로서의 실체를 갖추고 있는 것으로 인정받기 어려울 것이며, 반대로 수급사업자가 주로 그 권한을 행사하고 있다면 수급사업자는 사업주로서의 실체를 갖추고 있는 것으로 인정받을 수 있을 것이다.

한편 수급사업자의 실체가 인정된다면, 다음 단계로 위에 제시한 사업주 실체 판단 요소 다섯 가지와 아래 제시하는 지휘·명령권 판단 요소 다섯 가지를 종합적으로(열 가지) 고려하여 근로자파견에 해당하는지 아니면 도급에 해당하는지의 여부를 판단하며, 특히 아래 ①②③은 그 주요 판단 기준이 된다. 「근로자파견의 판단기준에 관한 지침」에는 지휘·명령권 판단의 징표로서 ① 작업배치·변경결정권, ② 업무 지시·감독권, ③ 휴가·병가 등의 근태관리권 및 징계권, ④ 업무 수행에 대한 평가권, ⑤ 연장·야간·휴일근로 등의 근로시간 결정권의 다섯 가지를 제시하고 있다.

법원의 판단에 의한 구분

구분	업체	지방(행정)법원	고등법원	대법원
직접고용관계 인정	코스콤	직접고용관계 ('08.7.18)	-	-
	현대미포조선	도급관계 ('04.5.20)	도급관계 ('05.11.9)	직접고용관계 ('08.7.10)
	남우관광	직접고용관계 ('07.7.19)	계류 중	-
	SK	근로자파견관계 고용의제 부정 ('02.1.25)	근로자파견관계 고용의제 인정 ('03.3.13)	직접고용관계 ('03.9.23)
근로자파견 관계로 판단	한국마사회	근로자파견관계 고용의제 부정 ('06.5.26)	근로자파견관계 고용의제 부정 ('07.9.21)	근로자파견관계 고용의제 인정 ('09.2.26)
	SK와이번스	근로자파견관계 고용의제 부정 ('04.6.18)	근로자파견관계 고용의제 부정 ('06.2.10)	근로자파견관계 고용의제 인정 ('08.10.23)
	예스코	근로자파견관계 고용의제 부정 ('06.12.26)	근로자파견관계 고용의제 부정 ('07.10.5)	근로자파견관계 고용의제 인정 ('08.9.18)
	현대자동차 (아산공장)	근로자파견관계 고용의제 인정 ('07.6.1)	계류 중	
	동원아이엔씨	근로자파견관계 고용의제 인정 ('04.11.26)	-	-
	대한송유관공사	근로자파견관계 고용의제 부정 ('02.10.22)	근로자파견관계 고용의제 부정 ('03.12.18)	상고심절차특례법 제4조에 따른 심리불속행 기각 ('04.4.16)
도급관계로 판단	현대자동차 (울산공장)	도급관계 ('07.7.10)	도급관계 ('08.2.12)	근로자파견관계 고용의제 인정 (2010.7)
	부산교통공단	도급관계 ('05.12.23)	도급관계 ('06.7.5)	상고심절차특례법 제4조에 따른 심리불속행 기각 ('06.11.24)
	경기화학공업	-	도급관계 ('97.11.13)	도급관계 ('99.11.12)

| 기타 | 코스콤 | 직접고용관계 부정
파견 · 도급 미구별
('08.7.18) | - | - |
| | 현대중공업 | 직접고용관계 부정
지배 · 개입
부당노동행위 인정
('06.5.16) | 직접고용관계 부정
지배 · 개입
부당노동행위 인정
('07.4.11) | 직접고용관계 부정
지배 · 개입
부당노동행위 인정 |

1) 직접고용관계 인정

수급사업자의 실체를 부정하고 원사업자와 하도급업체 노동자 간의 직접 고용관계를 인정한 사례

○ (주)코스콤 사건(서울남부지방법원 2007가합10338, 2008.7.18)
○ (주)현대미포조선 사건(대법원 2005다75088, 2008.7.10)
○ 남우관광(주) 사건(서울중앙지방법원 2004가합96700, 2007.7.19)
○ SK(주) 사건(대법원 2003두3420, 2003.9.23)
※ SK 주식회사 사건: '위장도급' 형식으로 근로자를 사용하기 위해 인사이트코리아라는 법인격을 이용한 것에 불과하고, 실질적으로는 참가인이 원고들을 비롯한 근로자들을 직접 채용한 것과 마찬가지로서 참가인과 원고들 사이에 근로계약관계 존재

2) 근로자파견관계로 판단

수급사업자의 실체를 인정하면서 근로제공의 실질이 근로자파견관계라고 판단한 사례

○ 한국마사회 사건(대법원 2007다72823, 2009.2.26)
○ SK와이번스(주) 사건(대법원 2006두5700, 2008.10.23)
○ (주)예스코 사건(대법원 2007두22320, 2008.9.18)
○ 현대자동차(주) 아산공장 사건(서울중앙지방법원 2005가합114124, 2007.6.1)
○ (유)동원아이엔씨 사건(서울중앙지방법원 2003가합96857, 2004.11.26)
○ (주)대한송유관공사 사건(대법원 2004두1728, 2004.4.16)
※ 현대자동차 사건: 하청업체들이 사업주로서의 독립성을 상실하여 피고의 노무대행기관으로 평가될 정도로 명목적 · 형식적이지 않음. 다만, 자동차 부품 조립업무가 도급업무로 적

합하지 않아 보이고, 대금지급방식, 현대자동차의 근태관리 등을 종합하면, 근로자파견계약에 해당

○ 도급계약을 체결했으나 그 실질이 근로자파견으로 판단되면 파견법을 적용. 즉, 파견허가를 받지 않았거나 파견대상 업무, 파견기간 등을 위반하였다면 불법파견이 되며, 2년을 초과하여 파견근로자를 계속 사용하였다면 사용사업주가 그 파견근로자를 직접 고용해야 함 (금지업무는 즉시 직접고용)

○ 종전 파견법(2007.7.1 이전)은 고용의무가 아닌 고용의제를 규정하고 있었던바, 그 고용의제 규정이 불법파견에도 적용되는지에 관하여 논란이 있었고 하급심 법원의 판결도 엇갈리고 있었으나, 대법원은 2008.9.18 (주)예스코 사건에서 불법파견에도 고용의제 규정이 적용된다고 입장을 정리(2007두22320, 전원합의체, 대법관 전원 의견일치)

3) 도급관계로 판단

수급사업자의 실체를 인정하면서 근로제공의 실질이 도급관계라고 판단한 사례

○ 현대자동차(주) 울산공장 사건(서울고등법원 2007누20418, 2008.2.12)
○ 부산교통공단 사건(대법원 2006다49246, 2006.11.24)
○ 경기화학공업(주) 사건(대법원 97누19946, 1999.11.12)
※ 부산교통공단 사건: 하청업체들이 독립된 법인으로서 채용·징계 등 권한을 갖고, 근태관리, 교육훈련 등을 한 점 등에서 부산교통공단이 일부 출·퇴근을 파악하는 등을 하였다 하여 직접고용관계나 근로자파견관계라 할 수 없음

4) 기타 사례

기타 수급사업자의 실체를 인정하면서 원사업자와 해당 노동자 간의 직접 고용관계를 부정했으나, 근로제공의 실질이 근로자파견관계인지, 도급관계인지에 관해서는 명확한 판단을 하지 않은 사례

• (주)코스콤 사건(서울남부지방법원 2007가합13702, 2008.7.18)
• 현대중공업(주) 사건(서울고등법원 2006누14072, 2007.4.11)

• 현대중공업(주) 사건(서울고등법원 2006누13970, 2007.4.11)

근로자파견과 유사개념

구분	내용
근로자 공급	○ 공급계약에 의해 근로자를 타인에게 사용하게 하는 것. 다만, 파견법에 의한 근로자 파견 제외(직업안정법 제4조 제7호) - 따라서 근로자공급은 사실상 지배하에 있는 근로자를 타인에게 공급하여 사용하게 하는 것에 한정되고, 고용계약 관계에 있는 근로자를 타인이 사용하게 하는 근로자 파견과는 구별 - 노조법에 의한 노동조합만이 국내 근로자공급사업 가능(직업안정법 제33조) 예) 항운노조가 유일하게 근로자공급사업 허가를 받아 선주에게 소속 조합원들을 공 급하여 하역작업에 종사토록 하고 있음
도급	○ 당사자 일방이 어떤 일을 완성할 것을 약정하고, 상대방은 그 일의 결과에 대해 보수 를 지급할 것을 약정함으로써 성립하는 계약(민법 제664조) - 원사업자와 수급사업자의 근로자 간에 지휘·명령 관계를 상정할 수 없다는 점에서 사용사업주와 파견근로자 간에 지휘·명령 관계가 있는 근로자파견과 구별 - 도급인지, 근로자파견인지의 구별은 계약의 명칭·형식 등에도 불구하고 사실관계 를 기준으로 판단
위임	○ 당사자 일방이 상대방에 대해 사무처리를 위탁하고 상대방이 이를 승낙함으로써 성 립하는 계약(민법 제680조) - 위임인과 수임인근로자 간 지휘·명령 관계를 상정할 수 없다는 점에서 근로자파견 과 구별되고, 일의 완성을 목적으로 하지 않고 위임 사무의 처리활동 그 자체를 목 적으로 한다는 점에서 도급과 구별
용역	○ 거래의 대상이 상품이 아닌 서비스(용역)인 계약으로서 용역업체에 일정한 업무를 맡겨 수행하도록 하는 형태이며 계약내용에 따라 도급, 위임 등에 해당될 수 있음 ※ 경비용역사업(경비업법), 청소용역사업(공중위생관리법), 기술용역사업(엔지니어 링기술진흥법) 등
사내 하도급 (사내하청)	○ 하청업체의 주된 작업이 원청업체 사업장에서 이루어지고 원청업체의 생산시설을 이용하여 수행하는 도급의 유형으로 하청업체가 자체 생산한 물품을 원청업체에 납 품하는 사외하청과 구분
소사장제	○ 사내 분사 경영의 한 유형으로, 주로 동일사업장에서 근무하던 근로자(반장, 중간관 리자 등)에게 일부 생산라인이나 제조공정을 도급을 주는 경우가 대부분, 사내하청 의 초보적인 단계라 할 수 있음

목적

이 지침은「파견근로자 보호 등에 관한 법률」(이하 '법'이라 한다)에 위반한 고용형태를 효과적으로 단속함으로써 근로자파견제도의 적정한 운영을 기하기 위해 법 제2조 제1호의 규정에 의한 '근로자파견'과 근로자파견이 아닌 것을 구분함에 있어 그 판단의 기준을 정하는 것을 목적으로 한다.

구성 주체

법 제2조 제1호에 의한 '근로자파견'은 근로자파견사업을 행하는 자인 '파견사업주'와 근로자파견계약에 의해 파견노동자를 사용하는 '사용사업주' 및 파견사업주가 고용한 근로자로서 근로자파견의 대상이 되는 '파견노동자'라는 삼자관계로 구성이 된다.

〈근로자파견의 관계〉

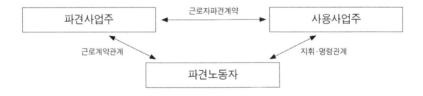

판단의 체계

1) 판단 순서

① 법 제2조 제1호의 '근로자파견'에 해당하는지의 여부는 노동자와 고용계약을 체결한 파견사업주, 수급인, 수임인 등(이하 '파견사업주 등'이라 한

다)에 대하여 사업주로서의 실체를 인정할 수 있는지를 먼저 판단한다.

② 파견사업주 등이 사업주로서의 실체가 인정되지 않는 경우에는 당해 노동자를 고용하지 않고 사용하는 사용사업주, 도급인, 위임인 등(이하 '사용사업주 등'이라 한다)이 당해 노동자를 직접 고용한 것으로 추정하여 노동관계법 위반 여부를 판단한다.

③ 파견사업주 등이 사업주로서의 실체가 인정되는 경우에는 당해 노동자가 사용사업주 등의 지휘·명령을 받는지 여부를 조사하여 당해 고용관계가 '근로자파견'에 해당하는지를 판단한다.

2) 판단방법(종합적 판단)

법 제2조 제1호의 '근로자파견'에 해당하는지의 여부는 아래의 1) 및 2)의 각 호를 종합적으로 고려하여 판단한다. 이 경우 2)의 ①, ②, ③은 근로자파견인지를 판단하는 주요 기준으로 본다.

판단의 기준

1) 파견사업주 등에 대한 사업주로서의 실체 판단

사용사업주 등과 파견사업주 등 사이에 체결된 계약의 명칭·형식 등에도 불구하고, 파견사업주 등에게 다음 각 호의 권한이나 책임이 존재하지 않는 경우에는 파견사업주 등의 실체가 인정되기 어려우므로 법 제2조 제1호의 근로자파견의 정의 중에서 "파견사업주가 근로자를 고용한 후 그 고용관계를 유지"하는 것으로 보지 아니한다. 다만, ④, ⑤는 단순히 육체적인 노동력을 제공하는 경우에는 적용되지 아니한다.

① 채용·해고 등의 결정권: 채용면접표, 취업규칙, 근로계약서, 신규채용자 안전교육, 기타 해고 관련 서류 등을 확인

② 소요자금 조달 및 지급에 대한 책임: 사무실 임대차 계약서, 사업체 설립비용 부담 여부, 주식회사의 경우 주금 납입 경위 및 주식 소유 비율, 기성금 및 수당 지급방법 등을 확인

③ 법령상 사업주로서의 책임: 4대 보험 가입증명서, 주민세 및 사업소세 등 각종 세금 관련 자료, 근로소득 원천징수 관련 자료, 사용사업주 등과 파견사업주 등 사이에 체결된 계약서·임원 간 순환근무 여부, 기타 단체교섭 관련 서류 등을 확인

④ 기계, 설비, 기자재의 자기 책임과 부담: 사용사업주 등이 지급하는 기계나 설비, 기자재의 내역과 유·무상 여부를 확인하고, 무상으로 제공할 경우 그 필요성 및 정당성을 확인

⑤ 전문적 기술·경험과 관련된 기획 책임과 권한: 기획 관련 작성서류, 사용사업주 등과 파견사업주 등 사이에 체결된 계약서 및 동 계약이 단순 노무제공인지 여부, 사업계획서, 파견사업주 등의 업무수행능력 및 소속 근로자 자격증 유무 등을 확인

2) 사용사업주 등의 지휘·명령에 대한 판단

사용사업주 등과 파견사업주 등 사이에 체결된 계약의 명칭·형식 등에도 불구하고, 사용사업주 등이 당해 근로자에 대해 다음 각 호의 권한을 행사하는 경우에는 법 제2조 제1호의 근로자파견의 정의 중에서 "파견사업주가 …… 사용사업주의 지휘·명령을 받아 사용사업주를 위한 근로에 종사하게 하는 것"으로 판단한다.

① 작업배치·변경 결정권: 작업계획서, 인력배치 계획서, 관련 회의자료, 기타 작업배치 관련 서류 및 관행 등을 확인

② 업무 지시·감독권: 일일 작업지시서, 안전교육 일지, 조회 개최 여

부, 업무 관련 지시 전달 방법 등을 확인. 특히 직접 고용한 근로자와 혼재하여 같거나 유사한 업무에 종사토록 하는 경우에는 업무 지시·감독권 행사 여부를 보다 신중히 검토. 계약서상 업무의 목적이나 내용이 지나치게 추상적이어서 사용사업주 등의 지시를 통해 비로소 구체화되는 불확정한 상태에 놓여 있거나 또는 업무 전반을 망라하는 것으로 되어 있어 특정 업무에 한정되지 않는 경우에는 업무 지시·감독권이 인정될 수 있음에 유의

③ 휴가, 병가 등의 근태 관리권 및 징계권: 휴가, 결근, 조퇴, 외출, 지각원, 출근부, 기타 징계 관련 서류 등의 확인

④ 업무수행에 대한 평가권: 업무수행 및 실적에 대한 평가서, 파견사업주 등의 직원이 현장에서 감독·평가하는지 여부, 잘못된 업무수행이 발견된 경우에 있어서의 조치 관행 등을 확인

⑤ 연장·휴일·야간근로 등의 근로시간 결정권(다만, 작업의 특성상 일치시켜야 하는 경우에는 제외한다): 연·월차 유급휴가 사용내역, 일일 근무현황, 기타 근로시간 관련 서류 등을 확인

불법파견 예방 및 도급(위임·위탁) 업무의 적법한 운영을 위한 자율점검표

점검항목		점검결과			
		매우 그렇다	그렇다 에 가 깝다	그렇지 않다에 가깝다	전혀 그렇지 않다
파견사업 주 등의 실체 판단을 위한 고려요소	채용 해고 등의 결정	1. 우리 회사는 '도급업체 등'의 근로자 채용, 해고 등의 인사권에 개입하거나 어떠한 영향력도 행사하지 않는다. ①	②	③	④
	소요 자금 조달 지급 책임	2. '도급업체 등'은 도급업무 수행을 위해 필요한 자금이나 관리능력을 충분히 보유하고 있다. ①	②	③	④
		3. 도급사업 수행을 위한 소요자금 조달과 지급의 책임은 전적으로 '도급업체 등'에게 있다. ①	②	③	④
		4. 도급계약 조건과 무관한 일체의 금품을 '도급업체 등'의 근로자에게 직접 지급하지 않는다. ①	②	③	④
	법령 상사 업주 책임	5. '도급업체 등'은 4대 보험 가입 등 소속 노동자에 대한 법령상의 책임을 자체적으로 부담하고 있다. ①	②	③	④
		6. '도급업체 등'의 계약 이행을 담보하기 위하여, 이행보증·위약금·공사지연에 대한 지체보상금 등을 계약서에 규정하고, 실제로 적용하고 있다. ①	②	③	④
		7. '도급업체 등'의 사무실과 작업장은 우리 회사와 구분되어 있다. ①	②	③	④
	기계, 설비, 기자 재의 책임 과 부담	8. '도급업체 등'은 우리 회사로부터 제공받은 설비·기자재 등의 명세, 분실 및 손망실 시 변상·반납 등의 절차에 관하여 별도 규정을 두어 관리하고 있다. ①	②	③	④
		9. 우리 회사가 '도급업체 등'에 제공한 설비, 기자재 등의 보수 및 수리 등은 '도급업체 등'이 담당하며, 우리 회사는 필요한 협조를 한다. 다만, '도급업체 등'의 요청에 따라 우리 회사가 직접 보수나 수리를 하는 경우는 '도급업체 등'이 필요한 비용을 부담한다. ①	②	③	④

		점검항목	점검결과			
			매우 그렇다	그렇다에 가깝다	그렇지 않다에 가깝다	전혀 그렇지 않다
	전문 기술 경험 관련 기획	10. '도급업체 등'이 수행하는 업무에 대해 전문적 기술(자격)이나 경험을 갖출 것을 도급계약의 조건으로 하고 있으며, 이는 법률의 규정에 의하거나 생산(제공)하는 물품(서비스)의 특성상 필요불가결하다.	①	②	③	④
	책임 권한 작업	11. '도급업체 등'은 자신이 보유한 전문적 기술·경험을 자기 책임과 권한하에 사용한다.	①	②	③	④
	배치 변경 결정	12. '도급업체 등'의 노동자에 대한 작업 배치·변경의 권한은 '도급업체 등'에 있다.	①	②	③	④
지휘 명령권 행사의 주체 판단을 위한 고려요소	업무 지시 감독	13. '도급업체 등'의 노동자의 업무 수행 방법, 수행 속도, 근로의 장소와 시간을 지시하고 감독하는 것은 전적으로 '도급업체 등'의 권한이다.	①	②	③	④
		14. 계약 이행에 관한 주문·지도 등은 '도급업체 등'이 선임한 현장대리인(책임자)을 통해 행하며, '도급업체 등'의 노동자에게 직접 요구하지 않는다.	①	②	③	④
	휴가 등 근태 관리 와 징계	15. '도급업체 등'의 노동자에 대한 휴가, 병가의 승인이나 징계의 권한은 '도급업체 등'에게 있다.	①	②	③	④
		16. '도급업체 등'의 노동자의 지도 교육과 규율 유지에 대한 모든 책임을 진다.	①	②	③	④
	업무 수행 평가	17. 우리 회사는 '도급업체 등'의 노동자의 근무 태도를 감독·평가하지 않는다.	①	②	③	④
		18. 우리 회사는 '도급업체 등'의 노동자의 잘못된 업무수행이 발견될 경우 해당 노동자에게 직접 기술지도 또는 시정을 요구하지 않는다.	①	②	③	④
	연장 휴일 등 근로 시간 결정	19. '도급업체 등'의 시업 및 종업 시간, 휴식시간, 휴일 등은 전적으로 '도급업체 등'의 권한이므로, 우리 회사가 결정하거나 지시를 하지 않는다.	①	②	③	④
		20. '도급업체 등'의 연장·야간·휴일근로는 '도급업체 등'이 자율적으로 결정하며, 어떠한 경우에도 우리 회사가 결정하지 않는다.	①	②	③	④

• 지은이

研堂 구건서 공인노무사는 고입, 대입 검정고시를 거쳐 독학사로 학위(법학)를 취득했으며, 고려대학교 노동대학원에서 노동법학과정을 수료했다. 현재 열린노무법인 대표, 중앙노동위원회 공익위원, 내비게이터십스쿨 교장으로 노사관계, 노동법, 내비게이터십, 자기계발 전문가로서 외부강의와 컨설팅을 통해서 노사관계 안정, 개인과 조직의 통합, 행복한 성공을 위해 열정을 바치고 있다. 주요 저서로는 『근로기준법』, 『노사혁신프로젝트』, 『석세스 내비게이터십』 등 20권이 있으며 『퓨처오브워크』와 『마스터풀코칭』을 번역했다.

mobile: 010-3968-5454
office: 02-521-5454
email: labor54@hanmail.net

전혜선 공인노무사는 숭실대학교 노사관계대학원에서 석사학위를 취득했으며, 현재 열린노무법인 대표, 한국공인노무사회 부회장, 한국선진노사연구원 이사장, 산업안전공단 사외이사 및 겸임교수로서 10대 건설회사 자문과 노사관계 강의로 활발한 활동을 하고 있다. 주요 저서로는 『성공하는 기업의 현장노무관리』, 『성공하는 기업의 산업재해 및 산재보상 실무』, 『건설업의 글로벌 인재관리 방안』 등이 있다.

mobile: 010-4309-5735
office: 02-521-5454
email: y-labor@hanmail.net

프레너미 파트너스
복수노조시대 리더들을 위한 노사관계 변화전략과 필수 법률지식

ⓒ 구건서 · 전혜선, 2011

지은이 | 구건서 · 전혜선
펴낸이 | 김종수
펴낸곳 | 도서출판 한울

책임편집 | 박록희

초판 1쇄 인쇄 | 2011년 5월 2일
초판 2쇄 발행 | 2011년 9월 26일

주소 | 413-756 파주시 교하읍 문발리 535-7 302
         121-801 서울시 마포구 공덕동 105-90 서울빌딩 3층(서울 사무소)
전화 | 영업 02-326-0095, 편집 02-336-6183
팩스 | 02-333-7543
홈페이지 | www.hanulbooks.co.kr
등록 | 1980년 3월 13일, 제406-2003-051호

Printed in Korea.
ISBN 978-89-460-4438-8 03320

* 가격은 겉표지에 표시되어 있습니다.